数智赋能冷链配送

马玉杰　谭炳强　主编

天津出版传媒集团
天津科学技术出版社

图书在版编目（CIP）数据

数智赋能冷链配送 / 马玉杰, 谭炳强主编. -- 天津：天津科学技术出版社, 2023.11
ISBN 978-7-5742-1684-6

Ⅰ.①数… Ⅱ.①马… ②谭… Ⅲ.①冷冻食品 - 物流管理 - 物资配送 Ⅳ.①F252.8

中国国家版本馆CIP数据核字(2023)第229242号

数智赋能冷链配送
SHU ZHI FUNENG LENGLIAN PEISONG

责任编辑：田　原
责任印制：兰　毅

出　　版：	天津出版传媒集团 天津科学技术出版社
地　　址：	天津市西康路35号
邮　　编：	300051
电　　话：	（022）23332399
网　　址：	www.tjkjcbs.com.cn
发　　行：	新华书店经销
印　　刷：	河北万卷印刷有限公司

开本 787×1092　1/16　印张 15.75　字数 270 000
2023年11月第1版第1次印刷
定价：88.00元

《数智赋能冷链配送》

主　　编：马玉杰　谭炳强
副 主 编：张婷婷　李　娜　王延荣
　　　　　李　蕾　王永桐
参　　编：李　婧　都文爽　魏玲玲　刘　玫
　　　　　殷　霞　何　妍　李延秀
工作单位：
　　　　　马玉杰（青海交通职业技术学院）
　　　　　谭炳强（国防大学联合勤务学院）
　　　　　张婷婷（青海交通职业技术学院）
　　　　　李　娜（青海交通职业技术学院）
　　　　　王延荣（青海交通职业技术学院）
　　　　　王永桐（天津交通职业学院）
　　　　　李　蕾（青海交通职业技术学院）
　　　　　李　婧（青海交通职业技术学院）
　　　　　都文爽（青海高等职业技术学院）
　　　　　魏玲玲（青海农牧科技职业学院）
　　　　　刘　玫（天津交通职业学院）
　　　　　殷　霞（青海交通职业技术学院）
　　　　　何　妍（青海交通职业技术学院）
　　　　　李延秀（青海交通职业技术学院）

前 言

自 21 世纪以来,我国冷链物流行业得到了迅速发展。特别是近 10 年来,冷链物流走上了快速发展的轨道。冷链物流的社会关注度大大提升,各种资本也纷纷投入,冷链物流基础设施的规模和水平大大改善。

冷链物流是一个复杂的系统工程。无论是从事冷链物流运作,还是运营管理、技术开发及学术研究等,均需要掌握以下知识要点:易腐货物理化性质、制冷系统与制冷原理、冷链物流装备、冷链物流作业与组织、冷链物流技术条件、冷链物流信息与安全风险管理、冷链配送与销售等。本书的主要作者及团队从 20 世纪 80 年代起就已经开始从事易腐货物的冷链运输条件、冷藏车与冷藏集装箱等运输装备技术开发、易腐货物在冷链中的品质变化的研究,21 世纪初以来又研发了冷链运输单元模拟试验台、多温冷藏车、冷板冷藏车、蓄冷技术、冷链装备优化设计,以及开展冷链物流标准化建设、冷链物流安全研究、冷链物流规划等,对冷链物流相关问题进行了大量的理论与实证研究。本书从冷链物流全流程、全方位和理论与实际相结合的角度,对冷链物流体系进行了重建,旨在为读者提供一个较系统全面的冷链物流知识框架。

本书是在编者多年的研究和教学积累的基础上编写而成的,凝聚了很多人的劳动与研究成果。

本书在编排上注重理论与实践相结合,并突出实践环节。本书共分为五个学习项目,具体内容如下。

项目一:冷链物流配送基础。主要包括冷链物流的发展、配送及技术等内容。

项目二:冷链配送技术与装备。主要包括冷链配送技术、冷链物流配送标准化体系。

项目三:数智赋能冷链配送运营。主要包括冷链配送中心、配送管理、配送业务和配送技术。

项目四：冷链配送行业应用与典型案例。主要介绍冷链配送的实际应用。

项目五：冷链配送质量安全与追溯。主要包括易腐物品的保存方法、冷链配送监管制度和冷链配送"最后一公里"。

在此，对书中所引文献的作者表示衷心感谢，对为本书的编写与出版提供帮助的单位和个人表示衷心感谢。

由于作者水平所限，书中疏漏之处在所难免，敬请读者批评指正。

目 录

项目一：冷链物流配送基础 ··· 001

　　任务一：冷链与冷库 ·· 001

　　任务二：冷链物流 ··· 018

　　任务三：冷链配送 ··· 034

　　任务四：数智赋能冷链技术 ·· 047

　　思考题 ·· 052

项目二：冷链配送技术与装备 ·· 053

　　任务一：数智赋能冷链配送技术 ··· 053

　　任务二：数智赋能冷链配送装备 ··· 071

　　任务三：冷链物流配送标准化体系 ·· 092

　　思考题 ·· 098

项目三：数智赋能冷链配送运营 ·· 099

　　任务一：冷链配送中心规划 ·· 099

　　任务二：冷链配送管理 ·· 107

任务三：冷链配送业务 ································· 121

　　任务四：智能配送技术 ································· 142

　　任务五：数智赋能冷链即时配送 ·························· 162

　　思考题 ··· 170

项目四：冷链配送行业应用与典型案例 ························ 171

　　任务一：冷链配送行业应用 ······························ 171

　　任务二：冷链配送节能管理 ······························ 191

　　任务三：数智赋能冷链配送案例解析 ······················ 196

　　思考题 ··· 202

项目五：冷链配送质量安全与追溯 ···························· 203

　　任务一：冷链配送与产品安全 ···························· 203

　　任务二：冷链配送监管 ································· 214

　　任务三：冷链配送追溯体系 ······························ 217

　　任务四：冷链"最后一公里" ···························· 231

　　思考题 ··· 241

参考文献 ·· 242

项目一：冷链物流配送基础

> **学习目标：**
>
> 1. 了解冷库与冷链的工作原理；
> 2. 了解智慧物流的功能和运营方式；
> 3. 熟悉冷链物流的现状；
> 4. 掌握冷链配送的主要模式；
> 5. 了解数智赋能冷链技术的重要性。

任务一：冷链与冷库

一、冷库概述

（一）冷库的概念

冷库（图 1-1），又称冷藏库，是指用于储存和冷冻保鲜物品的设施。它是一种特殊的储存设备，得到了广泛应用。将能源利用效率提高到最佳是冷库设计的一个重要考虑因素，目的是减少冷却所需的制冷剂和电能，从而实现节能。

冷库是一个重大的技术成果，与人们的日常生活密切相关。食品安全和保鲜在农业、食品加工和零售领域中具有关键作用，而冷库正是实现这一目标的核心设施之一。现代冷库不仅可以确保食品保鲜，而且可以节约能源和减少碳排放。所以，冷库的设计和建设应该考虑设备运行的安全和节能减排的绿色发展要求，以确保其既能够发挥冷冻保鲜的功能，又能可持续发展，为人们带来实际的经济效益。

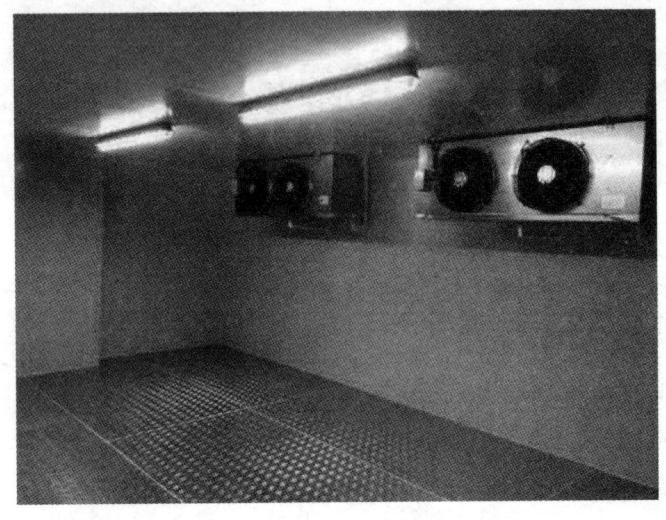

图1-1　冷库

冷库的设计和建设必须考虑多种因素，具体如下。

1. 温度

建设冷库的目的是将其内部温度设定在较低的水平，低至-40 ℃甚至更低，以便储存大多数食品，如肉类、蔬菜、水果、乳制品、冰激凌和海鲜。不同的食品需要不同的温度，设计师必须精确地控制这些温度，并根据需要调节空气循环和通风，以确保食品的质量安全。环境温度、门禁及其他安全措施也必须得到充分的考虑。

2. 制冷系统与冷却方式

制冷系统可以是压缩机、吸收式冷水机或基于其他制冷剂的系统。在冷库中，预冷器、蒸发器、控制阀和传感器等多种组件将协同工作，以确保空气循环和温度均匀分布。通过风扇或其他传输设备，空气将被输送到各个存储区域，以保持相应的温度和湿度水平，防止发霉、滋生细菌或腐烂。

3. 能源效率和环境影响

制冷系统的能源效率发挥着重要作用，冷库使用的冷冻剂类型和数量，应该考虑环境影响，并尽可能地减少对大气层的污染。适当的维护和保养也是必要的，这样可以确保设备以较高水平稳定运行，并减少不可预测的停机时间和修理成本。

（二）冷库的组成

冷库主要由以下几部分组成。

1. 保温材料

保温材料是冷库中不可缺少的主要部分，保温的好坏将直接影响冷库的耗能情况，目前较具有代表性的保温工艺主要为聚氨酯组合保温、聚氨酯喷涂保温、聚苯乙烯板保温三种。聚氨酯组合保温是以聚氨酯泡沫为保温材料，表面由彩钢板制成，根据客户要求的尺寸定做加工，安装较为方便快捷，保温效果也较为理想，是冷库中使用频率较高的一种保温形式，但价格高于其他保温形式。聚氨酯喷涂保温就是将聚氨酯泡沫直接通过设备喷涂于冷库建筑墙体表面，其特点是施工速度快，整体保温无缝隙。但缺点也非常明显，即喷涂现场必须具有 10 kW 以上的三相电源才能满足喷涂机器工作。聚苯乙烯板保温是以聚苯乙烯板（以下简称聚苯板）为主要保温材料，聚苯板之间的缝隙通过复合泡沫填充，由于其价格较低，保温效果较好，故在冷库中使用较多。

2. 电控系统

电控系统的主要功能为自动控制及显示库温，对制冷机组进行保护和监控，电控系统在氟机冷库中多集成在一个电控箱内，称为库智能电控箱。

3. 制冷机组

制冷机组主要由制冷压缩机、冷凝器、储液罐、过滤器、电磁阀、压力表总成等零部件组成。其中，制冷压缩机是冷库最为核心的部分；冷凝器分为风冷凝器和水冷凝器两种，主要用于将冷库内的热量排出室外，即散热。

4. 蒸发器

蒸发器是冷库内产生冷气的主要部件，分为直冷式和风冷式两种。直冷排管又名直冷式蒸发器，传统工艺用铜管制成，但由于近年来铜的成本太高，故已经被淘汰。目前多采用铝合金高效蒸发器，其优点是高效、节能、安装方便、使用寿命长、冷库内湿度稳定、对冷库内摆放的货物无严格要求等，但建设成本略高于风冷式。制冷风机又名风冷式蒸发器，是较为普遍的制冷形式，其优点是建设成本低、安装方便、快捷，缺点是冷库内相对湿度低、耗能高、对库内摆放货物有严格要求。

5. 风冷凝机组

风冷凝机组是用风冷凝器作为散热器的制冷机组，在氟机冷库中较为常见和使用。

6. 水冷凝机组

水冷凝机组是用循环水或一次性水源散热的制冷机组,主要在冷库放热量较大的场所使用。其缺点是对水循环系统要求较高,冬季结冰等,故在北方未被广泛推广。

(三) 冷库的类型

现实生活中常见的冷库有以下几种类型。

1. 根据制冷剂不同分类

(1) 氨机冷库。顾名思义,氨机冷库是以液氨为制冷剂的制冷设备。液氨制冷是 20 世纪 60 年代最具代表性的一种制冷方式,直至现在仍用于大型冷库中。但由于耗能高,操作成本高,使用过程中具有一定的危险性等缺点,氨机冷库逐步被氟机冷库所取代。

(2) 氟机冷库。氟机冷库是以氟利昂为制冷剂的制冷设备。由于现代技术的不断完善,氟机冷库已经基本取代氨机冷库。

2. 根据库温及使用目的的不同分类

(1) 速冻库。库温在 -25 ℃以下,多用于生鲜食品及肉类的速冻,如鲜肉、果蔬、水饺等,目的在于生鲜食品在快速低温的作用下能有效保持原有营养成分及色泽。速冻库由于要求库温低,制冷量大,故与冷冻库和冷藏库相比,其制冷设备配置及成本比较高。速冻库根据使用中对湿度、空间等要求的不同还可分为搁架式速冻库和风冷式速冻库。

①搁架式速冻库。搁架式速冻库(图 1-2),又名直冷式速冻库,即需要速冻的货物直接放在制冷搁架上进行冷冻,与风冷式速冻相比,具有速冻速度快,货物水分流失少等特点,但建设成本高于风冷速冻库。

图1-2 搁架式速冻库

②风冷式速冻库。风冷式速冻库内的冷空气通过制冷风机直接排出,主要特点是建设成本低,安装方便快捷,但具有风干货物的缺点,多用于速冻那些经过包装的货物。

(2)冷冻库。又名冻结物储藏库,是目前最为常见的冷库形式,其库温为$-25 \sim -10$ ℃,主要用于冷冻货物及食品的储存,其目的在于保存经过冷冻过的物品。根据使用要求同样分为直冷式及风冷式两种。目前直冷式成本略高于风冷式。

(3)冷藏库。冷藏库库温为$2 \sim 8$ ℃,类似家用冰箱中的冷藏间,主要以风冷式为主,多用于果蔬食品的冷藏保鲜,由于冷冻库可兼用冷藏库的特点,故目前使用建设数量较少。

3. 根据蒸发器不同分类

(1)直冷式冷冻库。直冷式冷冻库是最为常见的冷库,即通过制冷顶排管直接对流使冷库降温,优点是高效节能,空间利用率高,制冷设备工作压力稳定,库温均匀,库内湿度高等。

(2)风冷式冷冻库。风冷式冷冻库也是目前较为常用的冷库。除制冷设备配置大小之外,与风冷式速冻库基本相同,都是通过制冷风机直接对冷库降温,优点是安装方便快捷,建设成本低。缺点是耗能高,寿命短,对库内摆放货物有严格要求。

(四) 冷库的分区

主库是冷库的主体,可按生产加工工艺和商品冷加工工艺的要求分为生产加工区、贮藏区、进出货及操作区。这三个区域可由以下部分组成:

1. 冷却间

冷却间是冷却畜肉类或果品蔬菜等产品的场所。畜肉类冷却间的功能是把屠宰加工后的胴体或分割制品,在规定的时间内冷却至 $0 \sim 4$ ℃,然后贮存或直接供应市场。这种冷却又分为缓慢冷却和快速冷却。前者是在 -2 ℃的库房内,经过 $12 \sim 20$ 小时冷却到 $0 \sim 4$ ℃;后者是在 $-25 \sim -7$ ℃的库房内,仅经 $0.5 \sim 8$ 小时冷却至 $0 \sim 4$ ℃。

果蔬冷却间是把采摘和收获的果蔬整理后,迅速冷却降温,然后进库贮藏或进入市场。果蔬冷却的方式有水冷式、风冷式、差压式和真空式冷却等。

2. 冻结间

冻结间是用来冻结食品的场所。冻结间可以是有隔热围护结构的建筑物内设的冻结设备,也可以是带有隔热设施的冻结装置。常见的冻结间有搁架式冻结间和风冻间。冻结装置除了平板冻结机外,大多采用连续冻结,如流态化冻结机、螺旋式冻结机、隧道式冻结机、液氮冻结机等。其冻结方式有风冻式、接触式、半接触式、浸渍式和喷淋式等。

3. 制冰间和冰库

制冰间的建筑不同于冷库,建筑物本身一般不需要隔热,但制冰设备需要隔热设施。如盐水制冰的制冰池,其四周和底部均需设隔热层,顶部要加木盖。管冰机和颗粒冰机的蒸发器也应隔热。片冰机和板冰机的周围应设置隔热板。

冰库又称贮冰间。冰库的建筑一般和冷却物冷藏间相通。通常冰库的冷却系统接入 -15 ℃的蒸发温度系统,以保持冰库 $-10 \sim -4$ ℃的库温。冰库的围护结构应做隔热处理。冰库一般采用光滑排管作冷却管。库内可设有提冰和堆垛设备。

4. 原料暂存间

速冻蔬菜厂、冷饮品厂和冷冻食品厂等均设有原料暂存间,用于贮藏大量到货的季节性商品,或者生产加工中的原料和半成品等。原料暂存间根据需要应设有冷却降温系统,维持其一定的低温存放环境。

5. 解冻间

解冻间一般用于冷冻食品加工厂，通过用空气、水或微电解液等方法，对冻结物原料进行加热，使其温度升至 $-2 \sim 0$ ℃，以便于分割加工。

6. 低温加工或包装间

根据食品卫生的要求，食品加工和包装一般需要在 $6 \sim 15$ ℃室温的车间内进行。这样的车间必须设置冷却设备，并考虑操作人员对新鲜空气的要求。

7. 冷却物冷藏间

冷却物冷藏间库温范围为 $-5 \sim 20$ ℃。根据不同的商品及贮存期要求，确定相应的冷间温、湿度。冷却物冷藏间多用于贮存水果、蔬菜、鲜蛋、花卉、中药材，以及高档家具和衣物等商品。用于贮存鲜活商品的冷间，还须设有通风换气装置和充氧设备。

8. 冻结物冷藏间

冻结物冷藏间库温范围为 $-35 \sim -18$ ℃。一般肉类的冷冻贮藏温度为 $-25 \sim -18$ ℃，水产品的冷冻贮藏温度为 $-30 \sim -20$ ℃，冰激凌制品的冷冻贮藏温度为 $-30 \sim -23$ ℃。某些特殊的水产品要求更低的冷冻贮藏温度，达 -40 ℃以下。我国通常采用的冻结物冷藏间温度为 $-30 \sim -18$ ℃。

9. 穿堂

穿堂又称川堂，即冷库货物进出的通道，也是联系各库（间）的交通枢纽。穿堂按温度要求的不同，有低温、定温（也称中温）和常温三种。定温穿堂有利于货物进出时的质量保证和冷库节能，其温度范围为 $5 \sim 10$ ℃。若有特殊要求，可为 0 ℃左右，甚至更低。

10. 月台

月台即供货物装卸的台架。为适应装卸作业，则有铁路月台、汽车月台和联系月台之分。大中型冷库的铁路月台，应视机械保温列车的长度或车辆节数而定，一般有128米、

220米等不同长度。汽车月台的长度，按冷库的体型、货物吞吐量和运输方式加以确定。月台宽度一般为 $6 \sim 9$ 米，小型月台为 $4 \sim 6$ 米。月台的高度可取 $0.9 \sim 1.4$ 米，视运输车辆而定，也可设置月台高低调节板。铁路月台应高于钢轨面1.1米。

冷库月台有敞开式和封闭式两种。前者多为罩棚式，设有大跨距的立柱，立

柱中心至月台边缘留 1.2～1.5 米间距，月台边缘距铁路中心线的距离为 1.75 米，以适于火车装卸；后者用于汽车装卸，装卸货不受天气影响。

11. 门斗

门斗一般设在冷库或冷间内，在冷藏门的内侧，其作用是减少库内外的热湿交换。门斗有保温型和非保温型、固定式和非固定式之分，通常与冷藏门配套的风幕和透明塑料门帘组合在一起，可以有效地阻止库内外的热湿交换。

12. 楼梯和电梯间

多层冷库设置楼梯和电梯间，作货物运输和人员上下之用。楼梯和电梯间应符合消防和安全生产要求，其大小和数量视货物吞吐量而定，位置以方便货物进出为准。冷库电梯常用 2 t 型和 3 t 型，其运输能力分别为 13 吨 / 小时和 20 吨 / 小时。

（五）冷库发展现状

1. 国外冷库行业现状

国外冷库行业发展较快的国家主要有日本、美国、芬兰、加拿大等国。日本是亚洲最大的速冻食品生产国，-20 ℃以下的低温库在冷库中占 80% 以上。20 世纪 70 年代以前，国外冷库普遍采用以氨为制冷剂的集中式制冷系统，20 世纪 70 年代后期逐渐采用以 R22 为制冷剂的分散式制冷系统。美国和加拿大 80% 以上的冷库都以 R717 为制冷剂。自 20 世纪 80 年代以来，分散式制冷系统在国外发展很快，冷却设备由冷风机逐步取代了排管；贮藏水果冷库中近 1/3 为气调库；在冷库建造方面，土建冷库正向预制装配化发展，自动化控制程度比较高。比较著名的装配式冷库制造商有芬兰的辉乐冷冻集团（HUURRE），其库板 HE-3 由无氟绝缘聚氨酯板和两层镀锌的钢层组成，轻便易拆卸，施工期短，气密性好，空间利用率高。

近年来，国外新建的大型果蔬贮藏冷库多是果品气调库，如美国使用气调库贮藏的苹果达到冷藏苹果总数的 50%～70%；英国气调库库容达 22 万吨。日本、意大利等发达国家已拥有 10 座世界级的自动化冷库。

2. 国内冷库行业现状

我国自 1955 年开始建造第一座贮藏肉制品的冷库，1968 年建成第一座贮藏水果的冷库，1978 年建成第一座气调库。1995 年，开封空分集团有限公司首次引进组装式气调库先进工艺，并在山东龙口成功建造 15 000 吨气调冷库，开创了国内大型组装式气调冷库的成功先例，用户亦取得了较好的经济效益。1997年，该公司在陕西西安建造了一座10 000吨气调冷库，其气密性能达到国际先进水平。该公司气调冷库分布在山东、河南、北京、湖南、新疆、陕西、天津、四川等省（自治区、直辖市），并获得较好的信誉。广东、北京等省（直辖市）先后引进了大约40座预制装配式冷藏库，总库容约为7.5万吨。

近几年来，我国冷库建设发展十分迅速，主要分布在各水果、蔬菜主产区以及大中城市郊区的蔬菜基地。据统计，全国现有冷冻冷藏库容量已达500多万吨，其中外资、中外合资和民营冷库容量约为50万吨，国有冷库450多万吨，分属于内贸、农业、外贸和轻工系统，其中内贸系统冷库容量达300多万吨，占全国总量的60%以上。我国商业系统拥有果蔬贮藏库面积达200多万m^2，仓储能力达130多万吨，其中机械冷藏库为70多万吨，普通库为60多万吨。

果品蔬菜保鲜一般采用最低温度为-2 ℃的高温库，水产、肉食类保鲜采用温度在-18 ℃以下的低温库。我国的贮藏冷库大多数为高温库。

大型冷库一般采用以氨为制冷剂的集中式制冷系统，冷却设备多为排管，系统复杂，实现自动化控制难度大。小型冷库一般采用以氟利昂为制冷剂的分散式或集中式制冷系统，在建造方面以土建冷库偏多，自动化控制水平普遍较低。装配式冷库近几年有所发展。

国内专业生产制冷设备及建造冷库的厂家很多，如开封空分集团制冷工程公司为国内第一家组装式冷库生产厂家，已形成从几立方米库容小型室内库到几万立方米的大型室外库，从高温库、低温库、冻结库到综合库，从全组装式冷库到土建结构内部贴板的混合式冷库，从普通冷库到多品种、多规格的气调冷库系列产品。此外，大连制冷设备厂等的制冷设备在冷库行业领域中所占比重较大，天津森罗科技发展有限责任公司采用双面彩钢聚苯乙烯保温板建造的装配式冷库在国内发展较快。国家农产品保鲜工程技术研究中心（天津）研制开发的微型节能冷库在国内农村各地已广泛推广。据统计，我国生产企业已生产建设大、中、小型装配库约800座，室内装配式冷库约2.5万套（座）。2014年，仅苏州市就新建保鲜冷库38座，占江苏省的40%。

（六）冷库发展存在的问题

1. 空间利用率低

传统的冷库设计一般高5米左右，但在实际操作应用中，尤其是无搁架层的冷库利用率低于50%。当物品堆码的高度达到3.2米时，外包装为纸箱的食品，因重压变形、吸潮等原因极易出现包装破裂、倒塌等现象，导致食品品质降低，造成较大的经济损失。

2. 周年利用率低

以兰州市为例，大多数冷库每年5～10月份贮藏荷兰豆、西兰花、花椰菜、大白菜、甘蓝、百合等新鲜蔬菜，然后以冷藏车、简易汽运等方式运至广州、上海、杭州等南方城市进行销售，冷库闲置期长达6个月。兰州肉联厂低温冷库贮藏肉制品、速冻食品、雪糕、冷饮等，利用率相对较高。而其他冷库中仅有少量冷库在10月至翌年4月份贮藏水果，其余时间基本关闭闲置，周年利用率仅能达到50%。

3. 部分冷库设计不尽规范，存在诸多安全隐患

国内很多冷库属于无证设计、安装，缺乏统一标准、缺乏特种设备安全技术档案的现象较为普遍。操作人员未经专业培训，无证上岗，管理人员安全意识淡薄。部分容积在500立方米以上、以氨为制冷剂的土建食品冷库，其库址选择、地基处理、制冷设备安装等严重不符合《冷库设计规范》（GB 50072-2001）的要求，存在诸多安全隐患。许多冷库名为气调库却达不到气调的目的，部分低温库一建成就面临停用或只能按高温库降级使用的局面。

4. 制冷系统维修措施不力，设施设备老化严重

制冷机的正常维修周期一般为运转8 000～10 000小时即应进行大维修；运转3 000～4 000小时进行中维修；运转1 000小时进行小维修。适时对制冷系统进行维修、保养，可以及早消除事故隐患。国内大多数冷库，尤其是20世纪90年代以前建的冷库，设施设备陈旧，管道严重腐蚀，墙体脱落，地基下陷，压力容器未定期检验，普遍开开停停，带病运营现象十分严重。

5. 冷库节能措施未引起足够的重视

冷库属于耗能大户。有数据表明：蒸发器内油膜增加0.1毫米，会使蒸发温度下降2.5 ℃，电耗增加11%。冷凝器中存在油膜、水垢，蒸发器外表结霜等均会导致蒸发温度下降，耗电增加。另外，低温库冻结间或速冻装置进货后压缩比小于8时，应先采用单级制冷压缩；当蒸发压力降下来后，其压缩比大于8时再改用双级压缩制冷方式，而许多低温冷库一开机就启用双级压缩机，使冷库能耗加大。

6. 自动化控制程度低

国外冷库的制冷装置广泛采用了自动控制技术，大多数冷库只有1～3名操作人员，许多冷库基本实现夜间无人值班。而我国冷库的制冷设备大多采用手动控制，或者仅对某一个制冷部件采用了局部自动控制技术，对整个制冷系统做到完全自动控制的较少，货物进出、装卸等方面的自动化程度普遍较低。

7. 商业冷库价格竞争激烈

近几年，随着冷库数量的增加，除部分食品生产企业、科研单位自备用于存放食品原料或用于科研实验的冷库外，商业冷库出租、转让频繁，行业内低价竞争激烈，加之高温库和低温库比例失衡以及地理位置的差异，存贮肉类及速冻食品的低温库供不应求，大量的高温库闲置待用，导致大多商业冷库经营企业经济效益不佳。

（七）冷库的未来发展趋势

从市场对冷库的需求趋势来看，我国现有的冷库容量还十分不足，今后冷库的发展趋势主要表现在以下几个方面：

1. 建设规模

果蔬产区应集中建设气调冷库，规模应以大、中、小型相结合，以发展中型为宜。机械气调库的建设应择优推广预制生产、现场装配模式的冷库工程化工业产品。果蔬产地适于建单层冷库和中小型冷库。塑料薄膜、大棚、大帐、硅窗、塑料薄膜小包装等气调设施是我国近期推广、发展的重点。经济较发达的城市可发展中型冷库，建立冷冻食品贮藏批发市场。中小型冷库可向社会开放，提供有偿的仓库服务、信息服务、经营后勤服务。

2. 冷链物流

我国完整独立的冷链系统尚未形成，市场化程度很低，冷冻冷藏企业有条件的可改造成连锁超市的配送中心，形成冷冻冷藏企业、超市和连锁经营企业联合经营模式。建立食品冷藏供应链，将易腐、生鲜食品从产地收购、加工、贮藏、运输、销售，直到消费者的各个环节都处于标准的低温环境之中，以保证食品的质量，减少不必要的损耗，防止食品变质与污染。

3. 制冷设备

制冷设备业应着力开发国际市场先进、通用的60 HP以下各档次分体式或一体化且配有电子技术的自动化机组，将计算机与自动化技术广泛地应用于整个制冷系统的自动控制中，以促进冷冻冷藏行业升级换代，延长产业链，降低工程造价。

4. 整体规划

冷库行业必须在有关部门的统一协调下，加强整体规划与协调，大力发展冷链物流体系。同时，要防止盲目重复建设，以保证我国冷冻冷藏行业持续、健康、稳定的发展。

总之，从冷库的现状与发展趋势来看，果品恒温气调库发展迅速，低温库比例有所增加，适合农户建造使用的微型冷库异军突起，装配式冷库及以氟利昂为制冷剂的分散式制冷系统推广力度正在加大，冷库设计更加趋于优化，自动化控制程度逐步提高，安全生产和质量监督等政府管理部门对冷库的监管力度大大加强。国内冷库行业正朝着采用发泡聚氨酯或聚苯乙烯板隔热材料的轻便预制装配化、低温大型化、管理及进出库货物装卸自动化、果蔬冷库恒温气调化、冷风机代替排管和广泛使用氟利昂制冷剂等操作方便、灵活多样、高效安全、环保节能的方向发展。

二、冷链概述

（一）冷链的概念

冷链（cold chain）是指某些食品原料、经过加工的食品或半成品、特殊的生物制品和药品在经过收购、加工、灭活后，在产品加工、贮藏、运输、分销和零售、使用过程中，其各个环节始终处于产品所必需的特定低温环境下，从而减少损耗，防止污染和变质，以保证食品安全、生物安全、药品安全的特殊供应链系统。

2020年11月8日，海关总署会同交通运输部、卫生健康委、市场监管总局等部门研究制定了《进口冷链食品预防性全面消毒工作方案》。

（二）冷链的构成

食品冷链由冷冻加工、冷冻贮藏、冷藏运输及配送、冷冻销售四个方面构成。

1. 冷冻加工

包括肉禽类、鱼类和蛋类的冷却与冻结，以及在低温状态下的加工作业过程；也包括果蔬的预冷、各种速冻食品和奶制品的低温加工等。这个环节主要涉及的冷链装备有冷却、冻结装置和速冻装置。

2. 冷冻贮藏

包括食品的冷却储藏和冻结储藏,以及水果蔬菜等食品的气调贮藏。它保证了食品在储存和加工过程中的低温保鲜环境。此环节主要涉及各类冷藏库/加工间、冷藏柜、冻结柜及家用冰箱等。

3. 冷藏运输及配送

包括食品的中、长途运输及短途配送等物流环节的低温状态。它主要涉及铁路冷藏车、冷藏汽车、冷藏船、冷藏集装箱等低温运输工具。在冷藏运输过程中,温度波动是引起食品品质下降的主要原因之一,所以运输工具应具有良好性能,在保持规定低温的同时,更要保持稳定的温度,远途运输尤其重要。

4. 冷冻销售

包括各种冷链食品进入批发零售环节的冷冻储藏和销售,它由生产厂家、批发商和零售商共同完成。随着大中城市各类连锁超市的快速发展,各种连锁超市正在成为冷链食品的主要销售渠道,这些零售终端大量使用了冷藏/冻陈列柜和储藏库,由此逐渐成为完整的食品冷链中不可或缺的重要环节。

(三)冷链的管理制度

为保证产品质量,冷藏产品在验收、储存、运输等环节应保持冷链不断,温度的控制和检测、设施设备维护等应符合要求,因此冷库必须遵守以下管理制度。

1. 冷链相关概念

(1)冷藏产品是指对产品储存、运输有冷处、冷冻等温度要求的产品。

(2)冷处是指温度符合 2~8 ℃的储存运输条件。

(3)冷冻是指温度符合 –25~–10 ℃的储存运输条件。

(4)产品冷链物流是指产品生产企业、经营企业、物流企业和使用单位采用专用设施,使冷藏产品从生产企业成品库到使用单位仓库的温度始终控制在规定范围内的物流过程。

2. 冷藏产品的收货、验收

(1)冷藏产品的收货应在阴凉处,不得置于阳光直射处、热源设备附近或其他可能会提升周围环境温度的位置。

(2)冷藏产品收货时,用温度探测器检测其温度,做好货物交接,填写"冷链验收记录表"。

(3)储存条件在 2~8 ℃的产品可在待验区验收,储存条件在 2 ℃以下的产品需在冷库验收，所有的冷藏产品在1小时内完成入库，按要求放置在相应的货位。

（4）对退回的产品，接收时视同收货，严格按照验收流程操作，并做好记录，必要时送检验部门检验。

3. 冷藏产品的储存、养护

（1）冷库根据产品的库存量，对冷藏产品实行动态管理，分区存放。

（2）冷藏产品储存的温度应符合说明书上规定的储存温度要求。

（3）储存冷藏产品时应按冷藏产品的品种、批号分类码放。

（4）冷藏产品应按规定进行在库养护检查并记录。发现质量异常，应先行隔离，暂停

发货，并做好记录。

（5）养护记录应保存至超过冷藏产品有效期1年以备查，记录至少保留3年。

4. 冷藏产品的发货

（1）拆零拼箱和出库复核应在冷藏产品规定的储存温度下进行。出库复核完成后，冷藏产品应放在与规定的储存温度相应的发货区，等待发货。

（2）装载冷藏产品时，冷藏车或保温箱应预冷至符合产品储存运输温度。

（3）冷藏产品由库区转移到符合配送要求的运输设备的时间，冷处产品应在30分钟以内，冷冻产品应在15分钟以内。

5. 冷藏产品的运输

（1）公司应配备能确保冷藏产品温度要求的设施设备和运输工具。

（2）采用冷藏车运输冷藏产品时，应根据冷藏车标准装载。

（3）采用保温箱运输冷藏产品时，应根据保温箱上的参数选择合适的保温箱。

（4）运输人员出行前应对冷藏车及冷藏车的制冷设备、温度记录显示仪进行检查，要确保所有的设施设备正常并符合温度要求。

（5）委托第三方专业运输公司运输的，需审核该公司资质、冷链运输能力。

（6）有温度记录仪跟踪的应要求承运单位在"温度记录仪发放签收单"上签字确认，并由承运单位负责返还温度记录仪。

（7）物流部指定专人负责冷藏产品的出库跟踪，产品到达时应与客户做好交接，记录到货时间（精确到分钟）和到货温度，并请客户确认。冷链记录表至少保存5年。

6.冷藏产品的温度控制和监测

（1）冷藏产品应进行24小时连续、自动的温度记录和监控，温度记录时间间隔不得超过30分钟。

（2）冷库内温度自动监测布点应经过验证，符合产品冷藏要求。

（3）自动温度记录设备的温度监测数据可读取存档，记录至少保存3年。

（4）温度报警装置应能在临界状态下报警，应有专人及时处置，并做好温度抄表报警情况的记录。

（5）制冷设备的起停温度设置应合理。

（6）冷藏车在运输途中要使用自动监测、自动调控、自动记录及报警装置，对运输过程进行温度的实时监控并记录，温度记录时间间隔不超过20分钟，数据可读取。

（7）采用保温箱运输时，根据保温箱的性能验证结果，在保温箱支持的符合产品储存条件的保温时间内送达。

（8）应按规定对自动温度记录设备、温度自动监控及报警装置等设备进行验证，保持准确完好。

7.冷藏产品储存、运输的设施设备管理

（1）冷库应有自动监测、自动调控、自动记录及报警装置，并配备备用发电机组或安装双回路电。

（2）冷藏产品运输方式选择应确保温度符合要求，应根据产品数量、路程、运输时间、储存条件、外界温度等情况选择合适的运输工具，宜采用冷藏车或保温箱运输。

（3）物流部指定负责冷库管理工作的人员，具体负责冷藏产品的管理和冷库的管理。

（4）保温箱应根据不同材质、不同配置方式以及环境温度进行保温性能测试，并在测试结果支持的范围内进行运输。

（5）冷藏产品储存、运输设施设备应有验证方案、定期维护方案和紧急处理方案，有专人定期进行检查、校准、清洁、管理和维护，并有记录，记录至少保存3年。

（6）建立健全冷藏产品储存、运输设施设备档案，并对其运行情况进行记录，记录至少保存3年。

(四)冷链物流产业现状

1. 我国冷链物流产业现状

国内的冷链物流产业存在着很大的发展空间,着重体现在速冻食品、水果蔬菜等产品的储藏和运输上。据不完全统计,自1995年以来,中国速冻食品的产量以20%的速度递增,近三年来甚至以35%的高速度递增,远高于全球9%的平均增长速度。

中国是世界上最大的水果、蔬菜生产国,2005年,全国水果总需求量达到7 400万吨,人均需求量为55.72千克。2010年,中国水果总需求量约达到8 000万吨,人均需求量相应达到57.31千克。同年,中国蔬菜总需求量为29 517万吨,人均222.25千克。2010年,中国蔬菜总需求量约达到30 408万吨,人均需求量相应为217.84千克。

按说如此大的冷冻冷藏需求市场必然带动冷链产业的大幅度上升,但是就现状来看,我国冷链产业却有严重滞后的现象,不能充分满足人们日益增长的需求,这种状况在大型城市中尤为凸显。

2. 我国与发达国家冷链市场的差距

欧美、日本等发达国家或地区的农产品进入冷链系统流通的在90%以上,而我国目前进入冷链系统的蔬菜类比重只占到全部蔬菜的5%,肉类只占到15%,水产品也只有23%。即使是使用冷链运输的产品,在从产地到流入集贸市场拆散零卖的过程中冷链也存在中断的现象,并不完整。

发达国家已形成完整的农产品冷链物流体系,生鲜易腐农产品已经占到销售总量的多半,并且在不断增长。发达国家采用冷链物流减少了农产品损耗,降低了成本,从而间接增加了农产品产量和农业产值。

国内很多产品在食品物流配送中都不用冷藏车。以北京为例,大约有70%以上的食品配送只采用普通运输车辆来配送,不但食品冷链物流采用率比较低,而且越到末端越不能保证冷链的严格性。

我国冷链布局过于分散,全国冷库总容量现有880万吨。这些冷库主要分散在各水果蔬菜主产区、大中城市郊区的蔬菜基地和满足城区冻肉储备任务的储藏基地,无法为易腐食品流通系统提供有效的低温保障,因此冷库建设仍存在很大缺口。

国内大型城市由于国际化程度加强,这些城市对高质量冷链服务的需求相当庞大。我国整个冷链物流产业市场还有很多需要完善的地方，如国内冷链物流企业很少提供一体化服务，就像一座房子只有大体骨架，却缺少屋内的家具一样，企业只实现了初步的冷链物流基本功能，在产业运营规模上还有很大的提升空间。

国家发改委在 2010 年 7 月 28 日发布的《农产品冷链物流发展规划》中就明确提出，要"争取到 2015 年，推动全社会通过改造、扩建和新建，达到增加冷库库容 1 000 万吨的目标"，同时在政策、资源整合、资金投入、人才培养等方面给予大力支持。

（五）冷链物流产业未来发展

未来，我国冷链物流产业将实现一体化冷链物流配送，这不仅要求企业拥有充裕的资金，而且在软件管理方面也是很大的考验。

在硬件设施、软件管理上，农产品冷链物流技术将得到高速发展，物流管理水平将不断提高；专业的农产品冷链物流将形成规模，共同配送将成为主导；物流企业将向集约化、协同化、全球化方向发展。

在人才利用上，冷链物流产业应完善教育培训体系，培养出更专业的行业优秀人才。教育部门应引导和推动高等院校设置冷链物流相关学科专业，开设相关课程，鼓励技术创新，发展农产品冷链物流职业教育。

在法律法规、体系建设方面，政府应为农产品物流的发展提供有力的宏观管理保障机制。

冷链物流产业对推动我国经济与社会协调发展发挥着重要作用，冷链物流配送系统的形成，必将带动一些相关产业，像速冻产业和蔬菜产业提高到一个新水平。我国冷链物流产业的发展，将有效缩短我国与发达国家之间的差距，扩大农产品出口量。从我国国情出发，我国冷链物流产业将完善相应技术标准，将各环节联系起来形成一个系统化的模式，把握市场需求，遵循市场规律，实现冷链物流产业建设性地稳定发展。

任务二：冷链物流

冷链物流本质是通过低温使物品保鲜，同时对物品进行物流配送的过程。我国冷链物流泛指冷藏冷冻类食品在消费者消费之前的生产、运输、销售环节必须处于规定温度之下的储存状态，以此保证食品质量的一个复杂的高科技低温物流配送系统。冷链物流是随着人类需求的改变、科学技术的进步以及制冷技术的发展而建立起来的。冷冻技术构成冷链物流的基础核心，而制冷技术则成为冷链物流的手段。

一、智慧冷链物流

2017年以来，物联网、大数据、O2O、共享经济等新技术与模式给各行业带来了一场前所未有的重大产业革命，其中，智慧物流以其强大的颠覆性爆发出了惊人能量，成为社会各界的焦点领域。

国务院于2017年10月13日发布的《关于积极推进供应链创新与应用的指导意见》明确指出，要"应用供应链理念和技术，大力发展智慧商店、智慧商圈、智慧物流"。创业者、物流服务商、电子商务企业、制造企业、零售企业、投资机构等纷纷涌入智慧物流领域。尤其是资本方的大力支持，为我国推进智慧物流建设注入了源源不断的活力与发展动力。2017年9月，车联网公司大东车慧完成A+轮融资，融资额数千万元；2017年10月，智慧物流方案提供商知藏科技完成Pre-A轮融资，融资额同样数千万元；2018年2月14日，积极发力智慧物流的京东物流完成中国物流行业最大单笔融资，融资总额高达25亿美元，投资方包括高瓴资本、红杉中国、腾讯、中国人寿、工银国际等多家资本企业。

事实上，智慧物流并非一种新生事物，其概念早在2009年就被正式提出。很多大型制造企业、零售企业等在智慧物流建设方面投入了大量资源，但因为智慧物流建设的长期性、复杂性，缺乏可供借鉴的成功案例，交通、通信、相关技术与设备不完善等诸多不利因素,所以实践效果远未达到预期水平,更多的是实现了分拣、仓储、装卸等某一物流环节的智能化、智慧化,与真正的智慧物流仍有很大差距。

近两年,物联网、大数据、云计算、人工智能等技术在物流领域的应用不断深入,为智慧物流建设提供了强大推力。智能制造、智能家居、智慧城市等相关概念的推广普及,使"智慧物流"从专业术语成为大众热词。

智慧物流给物流业带来的变革,并非简单地体现在引进人工智能、智能机器人、智能仓储管理系统、智能传感设备等新技术与设备方面。关键是它颠覆了物流业沿用多年的传统思维模式、商业模式及管理理念,引导广大创业者及企业积极创新,不断丰富并完善众包物流、云仓储、智能配送等新兴业态。

智慧物流建设是一项长期而复杂的系统工程,它不仅需要对物流业本身进行改造升级,还需要制造业、零售业等诸多产业做出相应调整。以数据共享为例,完善的物流计划必然是建立在对生产数据、库存数据、订单数据、销售数据等各类数据进行实时共享的基础之上的,这需要实现供应商、渠道商、零售企业、物流服务商之间的信息系统无缝对接,使数据能够自由、实时流通。

(一)智慧物流的概念及功能

1. 智慧物流的概念

根据中国物联网校企联盟对"智慧物流"的定义,智慧物流指的是借助集成智能化技术,让物流系统模仿人的智能,具备学习、感知、推理判断、解决问题等能力,对物流过程中出现的各种难题进行自行解决。也就是利用各种互联网技术从源头开始对商品进行跟踪、管理,让信息流快于物流,以便在货物流通过程中及时获取信息,对信息进行分析,做出决策。简单来说,智慧物流就是借助传感器、RFID(radio frequency identification,射频识别)、移动通信技术让货物配送实现自动化、信息化、网络化。

根据IBM公司对"智慧物流"的理解,智慧物流指的是借助信息技术,在物流各环节实现感知功能、规整功能、智能分析功能、优化决策功能、系统支持功能、自动修正功能、及时反馈功能的现代综合性物流系统。

2. 智慧物流的功能

智慧物流的主要功能包括以下几点。

(1)感知功能。智慧物流会利用各种先进技术获取物流各环节的信息,包括商品运输、存储、搬运、流通、配送、信息服务等，对物流数据进行实时采集，以便准确掌握货物、车辆、仓库等方面的信息，让感知智慧初步实现。

（2）规整功能。智慧物流借助互联网将通过感知收集到的信息传送到数据中心，构建数据库。智慧物流对数据类型进行科学划分，然后根据分类将数据加入数据库，将各类数据按要求进行规整，从而使数据的联系性、开放性、动态性等特性得以有效实现，并借助数据与流程的标准化使跨网络系统实现整合，让规整智慧得以实现。

（3）智能分析功能。智慧物流利用智能的模拟器模型对各种物流问题进行分析。物流企业要根据问题提出假设，在实践的过程中对假设进行验证，并找出新问题。在这个过程中，物流企业要将理论与实践结合起来。在运行的过程中，系统会自行调用原有的经验数据，发现物流活动中的漏洞，实现发现智慧。

（4）优化决策功能。物流企业要根据特定需求，结合不同的情况对物流成本、物流时间、物流质量、物流服务、碳排放等因素进行评估，基于概率风险进行预测分析，找出最合理、有效的解决方案，从而做出科学、准确的决策，实现创新智慧。

（5）系统支持功能。系统支持功能指的是智慧物流的各环节相互关联、互通有无，可以对数据进行共享、对资源进行优化配置的系统。该系统能为物流过程各环节提供有效支持，让各环节实现协作。

（6）自动修正功能。以前面各项功能的实现为基础，系统自动按照最佳的问题解决方案、最快捷的路线运行，对问题进行自动修正，并自动备份，为日后查询提供方便。

（7）及时反馈功能。及时反馈功能指的是物流信息能实现实时更新。对于系统修正与完善来说，反馈环节必不可少，应贯穿于智慧物流的每个环节，让物流行业的从业人员可以对物流运行情况进行实时了解，使物流系统问题得到更好解决。

（二）智慧物流的架构组成

按照服务对象与服务范围，智慧物流体系可划分为三个层面：一是企业智慧物流，二是行业智慧物流，三是区域或国家的智慧物流。

1. 企业智慧物流层面

企业智慧物流的实现要求物流企业引入最新的信息技术、传感技术，使货物仓储、运输、包装、搬运、配送等环节全都实现智能化，从而培育一批信息化水平较高、拥有较强示范带动作用的智慧物流企业。

2. 行业智慧物流层面

行业智慧物流的实现关键在于做好三方面的建设，分别是建设智慧区域物流中心、建设区域智慧物流行业、构建预警与协调机制。

（1）智慧区域物流中心。对于区域物流活动来说，区域物流信息平台是中枢，与物流系统的各层次、各方面相连，将商流、信息流、物流等联系在一起。因此，要想构建智慧区域物流中心，就必须做好区域物流信息平台建设。

要构建智慧区域物流中心还要建设智慧物流园区。智慧物流园区兼具信息平台的先进性、电子商务的安全性、供应链管理的完整性等特性，其基本特征是商流、资金流、信息流能实现快速运转，充分满足企业对信息的需求，以共享信息为基础构建政府部门监督、行业管理与市场规范化管理的协同机制，保证物流信息及时、准确、高效、畅通。在智能技术的作用下，运输实现了合理化，仓储实现了自动化，包装实现了标准化，装卸实现了机械化，加工配送实现了一体化，信息管理实现了网络化。

（2）区域智慧物流行业。以快递行业为例，区域智慧快递行业的构建要引入各种先进技术，开发、利用新技术，在自动报单、自动跟踪、自动分拣等系统的支持下建设信息主干网，构建PC与笔记本电脑、无线通信与移动数据交换系统。借助这些系统，快递企业不仅能实现对快件的实时跟踪，也能有效降低服务成本。

（3）预警与协调机制。物流企业要深入研究，做好监测工作，开拓、挖掘基础数据，对数据进行统计，对相关信息进行收集，及时反映问题，构建系统、完整的预警与协调机制。

3. 区域或国家智慧物流层面

智慧物流企业要在政府引导与支持下构建一个交通同制、规划同网、铁路同轨、乘车同卡的物流支持平台，以实现协调制度、推动资源互补、满足需求等目标，最终推动经济增长。同时，这个物流支持平台还要聚焦功能互补、错位发展等目标，做好运输服务网络建设，这一网络包括快速公路货运网、港口集疏运网、航空运输网、内河货运网，实现多渠道、多方式联运。

此外，智慧物流网络中的各个物流节点也要实现智慧化，以对整个物流网络进行优化。从长期发展来看，这些物流节点不仅承担着一般的物流职能，也承担着指挥、调度等职能。

（三）智慧物流的实施基础

（1）对于智慧物流体系来说，信息网络是基础。离开发达的信息网络，智慧物流系统就无法收集信息，交换共享、指令下达等操作也都无法实现。如果失去准确、实时的供应信息、需求信息、控制信息，智慧物流系统就无法筛选、规整、分析信息，无法发现物流过程中存在的问题，无法做出创造性的决策，智慧物流系统的构建也就无法实现。

（2）智慧物流系统的构建需要引入数据挖掘与商业智能技术，筛选、规整、分析、处理海量信息，提取其中有价值的信息，以辅助系统做出智慧决策。在此基础上，智慧物流系统才能自动生成解决方案，为决策者提供有效参考，推动技术智慧与人的智慧有效结合。

（3）智慧物流系统的构建要以物流运作与管理水平为保障。只有物流运作与管理水平达到一定的程度，信息系统才能实现有序发展，才能达到改善业绩的目的。因此，只有将智慧物流系统和水平较高的物流运作与管理结合起来，才能完成智慧物流系统的构建，将其协同、协作、协调效应发挥出来。

（4）智慧物流的实现离不开经验丰富的物流经营人才与专业IT人才的努力。智慧物流属于专业密集型与技术密集型行业，如果没有相关人才，信息筛选、信息分析、信息应用等工作就无法开展，应用也就无法与技术实现有效结合。

（5）要建设智慧物流，传统物流必须向现代物流转变。智慧物流要求产品实现智能追溯，物流实现可视化智能管理，物流配送中心与企业供应链实现智能化。这一切都要以综合物流为基础来实现。如果传统物流不能转变为现代物流，智慧物流就无法实现系统智能，只能实现局部智能。

（6）智慧物流系统必须让物流技术、智慧技术与其他技术有机结合。具体来看，这些技术包括新传感技术、条形码技术、RFID技术、视频监控技术、无线网络传输技术、互联网技术、基础通信网络技术、移动计算技术、EDI（电子数据交换）、GPS（全球定位系统）等。只有如此，才能实现感知智慧、发现智慧、规整智慧、创新智慧、系统智慧，让智慧物流成为现实。

（四）智慧物流的主要运营方

智慧物流的主要运营方包括第三方物流企业、物流园区、大型制造企业。

1. 第三方物流企业

第三方智慧物流系统与传统的第三方物流系统不同，在第三方智慧物流系统下，顾客可以直接通过互联网下单，系统会自动对订单进行收集、整理，使其实现标准化，并利用EDI将订单传送给第三方物流企业。第三方物流企业收到订单之后就会利用各种智能技术与设备对货物信息进行自动处理，对数据进行实时收集，提升数据的透明度，以便对货物、车辆、天气、仓库等信息进行准确掌握。同时，企业还可以借助模拟器模型对运输成本、时间、碳排放等要素进行评估，将货物按时、安全地送交到顾客手中。

2. 物流园区

智慧物流园区建设要对信息平台是否先进、电子商务是否安全、供应链管理是否完整等内容进行充分考虑，保证物流园区的资金流、商流、信息流实现快速流转。另外，智慧物流园区的通信基础设施、信息平台系统能够借助各种信息手段支撑行业管理，使行业管理水平不断提升。智慧配送中心能帮助用户准确、适时地订货，防止断货、缺货等情况发生，保证货物预订、发出、配送等信息顺畅流通。

3. 大型制造企业

在大型制造企业模式下，制造企业的每件物品都必须能提供自身及与之相关的其他物品的信息，而且这些信息必须能实现互通。如此一来，每件物品就都拥有了数据获取、处理及通信能力，大量智慧物品聚在一起就形成了一个网络。以这个网络为基础，所有的物品信息都能相互联通，就能形成物联网。在物联网环境下，企业能及时获取商品的库存信息、生产信息及市场信息，借助规整智慧对这些信息进行处理可以发现其中隐藏的问题、风险与机遇，再通过创新智慧做出科学决策，以最短的时间生产出满足市场需求的产品，让企业效益最大化。

二、冷链物流发展

（一）冷链物流发展的现状

1. 市场需求大

新时期随着我国总体经济实力的不断提升，普通民众的经济收入也在不断改善，因此人们对于生活质量的要求也在不断提升，体现在食品方面便是人们对其新鲜度的要求越来越高，对冷链食品的需求量逐渐增大，这为冷链物流提供了较大的发展空间,从此冷链物流开始与人们的日常生活密不可分。冷链物流的配送以肉制品、奶制品、乳制品为主,这些物品的需求量逐年提升,为冷链物流的发展提供了较大的市场空间。

2. 发展时间短、程度低

我国冷链物流发展时间较短,仍然处于初级阶段,冷冻技术、运输技术落后,整个系统组织化程度低,导致运送产品最终品质较低。我国冷链物流系统应用于物流的成本占到系统总成本的70%以上,该比例的国际标准在50%以下。据统计,我国每年在冷链物流的物流系统上的损失达到780多亿元人民币,数量巨大。再看冷藏物流发展较为成熟的美国和日本,其冷藏物流的冷藏率达到100%,物流最终产品的品质非常高。美国和日本的冷藏物流已经形成一个完整的系统,功能健全,运输线路和运输方法多样,并且对运输设备利用EDI和GPS功能进行实时跟踪与监测,如此健全完整、有组织的冷链物流系统保证了运输食品的质量和安全。

3. 我国冷链物流专业化研究程度较低

与欧美发达国家相比,我国冷链物流产业的专业化研究程度较低。现在欧美一些发达国家已经针对冷链物流的相关部分,如物流公司如何保证产品运输速度和质量、如何提升客户满意度等都进行了专业的学术研讨,同时通过立法予以支持和保证。国外冷链物流企业注重与客户的互动,倾听客户的反馈意见。而我国冷链物流因为发展时间较短,系统内部存在诸多缺陷,很多想法碍于系统缺陷而无法实施,反过来又严重阻碍冷链物流的发展。

4. 流通过程越来越复杂

随着市场发展,现在冷链物流市场客户对于多品种、小批量产品的需求越来越多。另外,由于缺乏行业规范和标准,冷链物流企业间竞争越来越激烈,运输距离越来越远,造成冷链物流流通过程的复杂性越来越高,管理困难。

(二)冷链物流发展的意义

我国是农业大国,果蔬产业在国内生产总值仅次于粮食,成为占第二、三位的农村经济支柱产业。据联合国粮农组织统计,2022年,我国水果总产量26 142.2万吨,占世界果品总量近四分之一,其中园林水果产量16 588.2万吨,瓜果产量9 554万吨。但是,由于我国果蔬产业基础薄弱,农民组织化程度低,果蔬采收和流通设施落后,果蔬优质率低,因此造成果蔬采后腐损严重,物流成本高。因此,发展冷链物流对于我国经济发展有重大意义。

1. 降低农产品流通损耗

我国果蔬冷链流通率仅为10%左右，冷藏运输率仅为10%，而果蔬损耗率高达30%。若冷藏运输率提高10个百分点，则农产品流通损耗率将降低3个百分点。如果将果蔬损耗率从当前的30%降低到5%，则每年可增收1 000多亿元，几乎可以节省1亿亩耕地。

2. 减少农产品流通费用

据测算，我国果蔬流通费用占终端产品市场价格的60%以上，其中损耗成本占整个流通费用的70%左右，远高于国际标准50%的水平。水果蔬菜市场销售价格中损耗成本占42%。若流通损耗率降低5个百分点，果蔬流通费用中损耗成本占比将减少到56%，最终销售价格也将明显降低。

3. 提高农产品质量安全

目前我国大部分初级农产品都是以原始状态投放市场，冷链物流技术发展十分滞后，直接影响到最终消费品的质量安全。食品冷链物流是一项系统工程，从生产到消费的各个环节均有一套严格的技术指标体系，对不同产品品种和不同品质均要求有相应的产品控制与储存时间，保证农产品流通过程的质量安全。

4. 促进农民增收

由于我国农产品冷链物流技术落后，流通损耗率高，每年有价值超过数千亿元的农产品在流通过程中损失掉，影响农民增收。发展食品冷链物流一方面有利于降低农产品损耗，直接提高农民收入，另一方面有利于提高农产品流通的产业化程度、组织化程度、信息化程度、标准化程度等，有利于解决目前我国农产品"小生产与大市场"的对接以及买卖"双难"等问题，引导农民科学生产、稳定供给，大大提高农民收入水平。

5. 提高生活质量

随着生活水平的不断提高，人们对生活质量的要求也在提高，从而扩大了对冷链物流的需求。当代社会，生活节奏比较快，使得人们对方便、卫生、快捷的产品的需求不断增加，而冷链物流所配送的物品，如速冻食品、冷链药品等正好满足了这一需求，受到人们的欢迎。冷链物流业的发展适应了人们不断增加的对冷冻、冷藏物品的需求，提高了人们的生活质量。

三、冷链物流的发展环节

易腐货物的特性决定了其供应链系统对冷链物流的特殊需求,发展冷链物流是易腐货物在供应链中保证质量的基础,要求冷链各环节具有更高的组织协调性。

(一)冷链固定装置

冷链固定装置,又称冷链地面设施,包括易腐货物的收集、加工、贮藏、分配等各环节的机构与设备。

(二)冷链流动装置

冷链流动装置,又称冷链运输工具,包括铁路、公路、水路、航空冷链运输工具和冷藏集装箱。从产地生产、加工或由设在产区的预冷站加工出来的易腐货物,经由长途冷链运输(铁路、水路)运到贮藏性冷库长期贮藏,再(或)运到大中城市的分配性冷库或港口冷库暂时贮存。当需要时,它们将由短途冷链运输(公路)从分配性冷库运到各销售点的小型冷库或冷柜,再销售给消费者。

(三)冷链的主要环节

冷链的主要环节如图 1-3 所示。

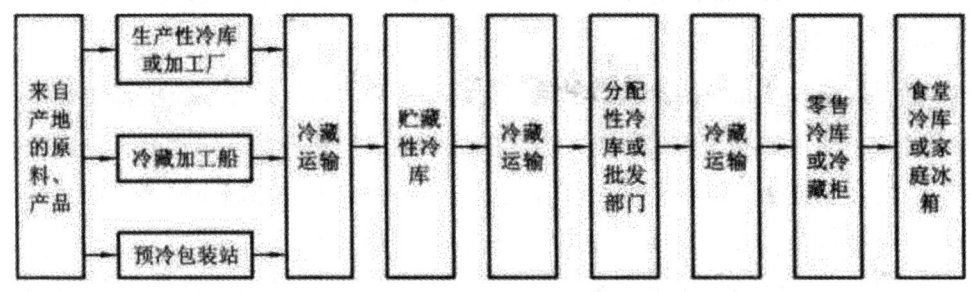

图 1-3　冷链的主要环节

1. 预冷

预冷是在冷藏运输和冷藏之前的冷却以及快速冻结前的快速冷却工序,是指食品从初始温度(常温 30 ℃左右)迅速降至所需要的终点温度(0～15 ℃)的过程。

果蔬等易腐农产品在采摘之后含有大量的水分,高温季节采收的果蔬本身带有大量的田间热,呼吸作用很旺盛,成熟衰老变化速度快。研究数据表明,果蔬在常温(20 ℃)下存放 1 天,就相当于缩短冷藏条件(0 ℃)下 7～10 天的贮藏寿命。而且不经预冷处理的果蔬在流通中损失率达到 25%～30%,经过预冷处理的果蔬损失率仅为 5%～10%。预冷对保证良好的贮运效果具有重要的意义。

由于预冷在冷藏运输当中的重要性，很多发达国家早已将预冷作为果蔬低温运输和冷藏的一项重要措施而广泛应用于生产中。在日本，强制通风、差压、水冷等多形式的预冷设施分布于全国各地的果蔬产地附近，采摘之后的果蔬会立刻进行产地预冷。目前，日本 90% 以上的果蔬都必须经预冷后贮藏、运输。

2. 流通加工

流通加工是指在产品从生产者向消费者流动的过程中，为了促进销售、维护产品质量和实现物流的高效率所采取的使物品发生物理和化学变化的措施，主要包括包装、分级、分割、计量、分拣、贴标签条码、组装等。

3. 冷链运输

冷链运输是指使用装有特制冷藏设备的运输工具来运送易腐货物。在整个运输过程中，低温能够降低货物的新陈代谢，抑制微生物的生长，保持易腐货物的良好外观、新鲜度和营养价值，从而保证货物的商品价值，延长货架期。冷链运输与普通意义上的运输相比，有以下突出的特点：

第一，使用装有特制冷藏设备的运输工具；

第二，运送的对象是易腐货物，主要指易腐食品（如水产品、畜产品、水果和蔬菜等生鲜食品）以及花卉苗木、药品疫苗等；

第三，在整个运输过程中要保证适宜的低温条件，通过降低温度抑制易腐货物自身的新陈代谢，抑制微生物的生长繁殖，以保持食品的原有品质，包括鲜度、色、香、味、营养物质。

常见的冷链运输包括铁路冷链运输、公路冷链运输、水路冷链运输、航空冷链运输和多种方式联合运输。

4. 仓储

冷链仓储是利用温控设施创造适宜的温湿度环境并对易腐货物实施存储与保管的行为，只有让商品处于规定的最佳温湿度环境下，才能保证存储商品的品质和性能，防止变质，减少损耗。

冷链仓储系统主要包括冷库，各类制冷货架、搬运设备、托盘，温湿度监控系统与管理信息系统等。规范的冷链仓储的装载单元、集成单元，包括货品的包装单元尺寸、托板尺寸和其他配套设施，是确定整个冷链标准的基础。

冷链仓储对存储设备、存储环境的要求很高，在对冷链仓储系统进行规划设计时,由于冷链仓储的装载单元、集成单元的非标准化、定制化直接关联所有冷链对接设施的技术尺寸,是冷链仓储设施进行规划设计的基础技术数据来源之一,直接影响仓储系统解决方案的确立、规划设计与优化、存储设备库容量及其搬运设备的运行效率。实现冷链仓储的单元化、标准化,可通过对资源的最佳配置让冷链仓储系统在为客户提供满意服务的同时,降低物流系统总成本,获得最佳经济效益。

四、冷链物流现状及发展趋势

冷链物流包括原料生产、加工、运输、配送、销售的全过程。供应链的每个环节都可能因为操作不当而出现产品质量与食品安全问题。虽然近年我国的冷链物流发展迅速,但是就整体而言与国外相比还存在着相当大的差距。

(一)冷链物流发展中存在的问题

冷链物流发展到今天仍然存在很多问题,具体包括如下几点。

1. 关于冷链物流管理的体系制度并不完善

虽然我国出台了相关的法规,但管理部门更多地关注除冷链物流以外的方面,如产品的产地、卫生问题等,而没有更多地强调冷链的质量,故目前那些使用全程冷链物流的企业为了树立自己的品牌,而自定标准来运作冷链物流。管理部门需要强化食品供应链规则的执行和监督,引导企业向正规的冷链物流发展,而不能完全靠公司为了品牌而自律。

2. 硬件和软件等设施不完备

冷链物流硬件除诸如运输和储存等基础设施的不足之外,信息技术欠缺和管理水平不高也是令其发展滞后的重要原因。第三方物流也需要积极开展工作和培养人才来发展和壮大自己,有些企业虽然投入较大,基础设施也非常先进,但是在管理等方面没有达到一定的水平。管理部门如何进一步为企业做好服务也是一个需要注意的问题,因为这毕竟是一个新兴的行业,需要得到包括管理部门在内的各方面的关心和支持。

3. 客户没有使用整体成本的概念

冷链物流的客户比较注重单价成本,而没有考虑如何通过使用合格和优质的物流服务商来减少货物的损失等,因为冷链物流中的消耗是可观的。这也是中国物流目前存在的较为严重的现象。

4. 提供冷链物流服务的大公司比较少

目前在政府出台政策规范冷链物流市场的同时，物流企业本身也要在降低成本和扩大规模等方面有所改进，尽快使自身经营形成一个良性循环。同时，这也需要与较大的客户有一个长期的合作过程，如果没有大客户的支持，物流企业是较难发展的。

5. 没有建立一个完整的冷链物流管理体系

我国冷链物流行业的管理人才比较紧缺，毕竟现代冷链物流在中国的发展时间还不是太长，物流行业又是一个附加值较高的领域，需要从传统领域内部一点一点培养起来。第四方的物流管理是输出管理，是一种重管理、轻资产的方式，而政府出台的物流企业的标准则要求拥有一定的固定资产，这会导致企业轻管理、重资产而产生资源浪费。如何建立一个完整的冷链物流管理体系将是所有企业必须解决的关键问题。

（二）中国冷链物流的现状

我国的冷链物流行业始于早期的进出口贸易，多用于跨国、跨地区的长远距离运输过程，应用领域有限，当时的政策、经济和技术环境也较为恶劣。时至今日，冷链物流已逐渐发展成为影响国计民生的一个重要行业，是现代物流的重要组成部分，行业的发展环境正逐步得到改善，冷链物流在工业生产、民众生活中应用得也越来越多。我国的现代物流是从传统的运输、仓储业发展而来的，随着物流行业的发展和市场日益细分，冷链物流正是一种专业的物流方向。冷链物流涉及门到门、端到端的整个供应链的运作与管理。

目前，我国冷链物流在发展的道路上迎来了很好的机遇。第一，随着人们生活水平的提高，食品安全受到前所未有的重视，有关食品经营、管理的各方都认识到发展冷链物流的重要性。第二，入世以后，零售业实行对外开放，沃尔玛、麦德龙、家乐福等零售巨头进入我国，它们的生鲜产品执行严格的物流供应标准，也对我国的冷链物流服务提出了更高的要求。

冷链物流是一条宽广的供应链，与国外相比，目前我国在这条供应链的运输、仓储等几乎各个环节都是比较薄弱的，亟待加强。我国的冷链物流市场正面临着快速发展的历史机遇和挑战。目前，我国的冷链物流建设还远远不能满足日益增长的需求。未来10年内，我国的冷藏车年均将增长28%以上，冷藏库年均增长30%以上。随着中国经济的发展，从冷饮、肉制品、蔬菜水果到鲜花、医药、电子产品，令许多人尚感陌生的冷链运输已经渗透到社会生活的方方面面。即便如此，从整个冷链物流行业而言，中国的冷链物流还未形成体系，无论是从中国经济发展的消费内需来看，还是与发达国家相比，差距都十分明显。进入21世纪后，我国一些经济较为发达或者食品资源较为丰富、集中的地方，冷链物流体系已初步建立和运作起来。有些地方，如广州、深圳等珠三角的冷链物流发展非常迅速，而且逐步走向规模化、专业化。随着国家对食品安全前所未有的重视，冷链物流在食品供应链条中的重要地位愈发凸显，冷链物流产业迎来重要的发展机遇。同时，中国庞大的市场需求与零售业的发达，要求对生鲜产品执行严格的物流供应标准，也进一步促进了冷链物流服务的发展。

（三）国内外的冷链物流发展状况比较

1. 冷链物流的执行标准比较

为了确保食品质量与安全，发达国家（如加拿大）政府一方面制定了一系列与冷链物流相关的法律法规和标准，如在加工、贮藏和运输环节制定严格的温度标准。禽类加工环境温度低于10 ℃，冷藏与运输温度不得高于4 ℃；另一方面实施严格专业的认证制度，实行市场准入。例如，加拿大全国目前共有经认证的有机农场2 500个，有机食品加工企业150家，有机产品认证机构46个。再如肉食品生产企业要利用HACCP（食品危害分析与关键控制点管理体系认证）来监督和控制生产操作过程，不但要求检查农药残留量，还要求检查生产厂家的卫生条件，对工作温度、肉制品配方以及容器和包装等做出了严格的规定。完善法律法规和标准，积极推进有机食品、HACCP及ISO等专业认证制度，实施原产地保护和地理标识管理等，是加拿大农产品冷链物流得以健康发展的重要保障。

而在国内，类似法规政策则相对少得多，同时在同类法律法规下，政策也相对过于宽松。例如，对禽类物品的加工温度控制就没有那么严格，大部分流入市场的禽类制品都是在常温下生产加工的。国内近年来在食品安全方面管理空前严格，但仍有大量质次价廉的易腐物品涌入市场，这也是某些农产品经营企业未严格执行冷链物流标准的后果。

2. 冷链技术比较

冷链技术的应用对保证食品品质起到了非常关键的作用，它与消费者的饮食安全息息相关，采用冷链运输的水果蔬菜在物流环节的损耗率仅为1%～2%，能较大程度延长保鲜期。冷链技术延长了食品的保质期，这是冷链物流发展的价值所在。在物流企业内，运用冷链技术改进易腐物品的收购、储存、加工、运输是物流企业在 21 世纪生存发展的关键。

国外冷链技术的发展相当成熟，冷藏品运输大多采用了自动温度检测设备以及自动温控设备，能实时地监督冷藏箱内的温度变化，从而保证运输的物品不会发生质变。我国目前的冷链设施和冷链装备不足，原有设备陈旧，冷链物流发展和分布不均衡，无法为易腐食品流通系统提供低温保障。我国在冷链技术的应用上仍落后于发达国家，这也是每年我国食品物流成本占到总成本 70% 的原因。

3. 冷链物流市场化程度比较

冷链物流市场化程度实质上就是第三方参与冷链物流的程度。在我国，大部分生鲜产品都是通过生产商自己运输或者销售商直接运输，较少有第三方物流的参与。第五次中国物流市场供求状况调查结果显示：商业企业物流执行主体 11% 为供货方，62% 由企业自己执行，第三方物流比例为 27%，而在冷链物流方面第三方物流企业就更少了。国外冷链物流市场化程度已经相当高了，如美国几乎所有的易腐物品行业都将冷链物流这一行业外包给一些有实力的冷链物流公司，这样使得冷链物流市场更加专业化，也节省了冷链物品流通的成本，有利于促进易腐物品的流通保值与安全。

4. 冷链物流的冷藏设备比较

易腐物品冷链物流的流通非常关键，目前我国食品冷藏运输率约为 10%，而欧洲、美国、日本等发达国家或地区则达到 80%～90%，究其原因，还是我国冷藏设备不够完善。

（四）冷链物流在中国的发展趋势

1. 冷链物流发展的基本建议

中国的冷链物流似乎陷入一个怪圈，一方面要求提供高质量冷链物流的服务商，而另一方面又往往使用价格便宜的非正规的服务商。因此，政府有关部门要强化食品的供应链规则的执行和监督，引导企业向正规的冷链物流发展，而不能完全靠公司的自律；同时，第三方物流也要积极开展工作和培养人才来发展和壮大自己。然而，有的企业虽然投入较大，基础设施也非常先进，但是在管理等方面没有达到一定的水平。

建造冷库已经不属于尖端技术，同时冷藏车也不是非常昂贵的，故基础设施的不足也就不是一个问题（特别是在中国资金过剩的今天），最难的是冷链物流管理人才的培养和建立一个运行良好的管理体系。中国冷链物流仍然缺乏管理人才，毕竟现代冷链物流在中国的发展时间还不太长。

虽然我国现代冷链物流发展的瓶颈和问题多多，但值得高兴的是，国家在这方面的法规越来越严，行业认知度越来越高，零售终端对供应商的要求越来越高，也在不断要求采用正规的冷链物流。这是社会发展的结果，也是我国冷链物流行业发展的机遇，更主要的是市场供求关系发展的一个重要趋势。另外，采用冷链物流还能提高产品本身的竞争力，一个能保证相应温度环境的产品要比不能保证温度环境的产品更受零售商的欢迎。例如，在华东地区，零售商和消费者对冷链的认识和需求均提高很快。随着越来越多的零售商和消费者关注产品背后的冷链物流，冷链物流行业将会有巨大的发展空间。

2. 遵循《"十四五"冷链物流发展规划》

《"十四五"冷链物流发展规划》（以下简称《规划》）紧密围绕冷链物流体系、产地冷链物流、冷链运输、销地冷链物流、冷链物流服务、冷链物流创新、冷链物流支撑及冷链物流监管体系等方面，对冷链物流的全流程、全环节、全场景提出了更高的发展要求。同时针对冷链物流"最先一公里"和"最后一公里"等行业难题提出了科学可行的指导方案。《规划》对"十四五"时期冷链物流高质量发展、健全现代冷链物流体系等具有重要的指导意义。

从《规划》中可以看出，现代冷链物流体系建设需要"点面结合"。数据显示，截至2020年，我国冷链物流市场规模超过3 800亿元，连续多年保持两位数增长势头。为保障冷链物流持续健康发展，《规划》提出形成衔接产地销地、覆盖城市乡村、联通国内国际的国家骨干冷链物流网络和建立现代冷链物流体系的总体目标，并从以下五个方面对冷链物流发展做出了"点面结合"的总体部署。

1. 规划合理，全面布局，打造现代冷链物流体系

打造"四横四纵"冷链物流骨干通道网络，建立"321"冷链物流运行体系，健全冷链物流服务和监管体系，从设施建设、网络布局、行业监管、技术应用等方面对新时代冷链物流高质量发展提出了更高的要求。

2. 物畅其流，紧扣三大关键环节，构建冷链物流"产—运—销"新通路

其一，完善田间地头冷链物流设施，鼓励布局产地冷链集配中心，健全产地冷链物流服务体系，推动解决冷链物流"最先一公里"问题。其二，提高冷链运输服务质量，强化冷链一体化运作，推动冷链运输设施设备升级，发展冷链多式

联运。其三，完善销地冷链物流网络，加快商贸冷链设施改造升级，鼓励城市冷链"近城不进城"，健全销地冷链分拨配送体系，通过发展中央厨房、夜间配送等新模式优化冷链配送资源，助力解决冷链物流"最后一公里"问题。

3. 服务为先，围绕细分品类，优化冷链物流服务

提高肉类、果蔬、水产品、乳品、速冻食品以及医药产品等"6+1"品类的冷链物流服务水平，重点关注多品类冷链物流配套设施和配送体系建设，提升冷链物流全品类、全链条服务保障水平，减少冷链流通损耗，强化多品类冷链物流质量管控。同时，进一步加强商品化处理、保鲜加工、检验检测检疫、渠道拓展、应急物流等多方面建设，综合提升全品类冷链物流服务水平，增强产品商品价值及安全保障。

4. 技术支撑，针对冷链物流智能化、绿色化提出五点新要求

其一，开展数字化冷库试点工作，构建全国性、多层级数字冷库网络。完善冷链物流信息平台建设，打通冷链物流行业信息数据壁垒。其二，加强智能分拣、智能温控等冷链智慧技术装备应用，推动5G、物联网、区块链等技术在冷链物流领域的广泛应用。其三，鼓励冷链物流企业加大绿色装备研发投入和基础设施改造，助力实现碳达峰、碳中和目标。其四，完善高品质农产品上行通道和高品质生鲜消费品下行通道，改善城乡冷链发展不均衡局面，推动城乡冷链网络双向融合。其五，打造冷链产业生态圈，创新"冷链物流+"新生态和新场景。

5. 监管有度，强化冷链物流配套管理措施，完善冷链物流监管和支撑手段

推动冷链物流相关法律法规、标准规范落地实施，健全政府行政监管手段，严格执行冷链食品溯源凭证制度。借助全程温控设备、智能温度感知等手段实现冷链物流智慧监管。创新冷链物流监管手段，充分发挥信用体系、舆论监督和行业组织作用，进一步规范冷链物流操作，确保行业规范发展。

任务三：冷链配送

冷链是由在低温环境中加工、运输与配送、储存、销售四个主要作业环节组成的。与发达国家冷链配送的成熟运作相比，我国冷链配送起步较晚，最近几年来鲜活农产品的物流配送理念在我国开始受到重视并在实践中得到大力发展。

配送是冷链物流中一个极其重要的环节，生鲜易腐食品从生产者到最终消费者的过程中，有80%以上的时间在配送运输上，冷链配送是处于非冷库环境中需要温度控制时间较长的一个环节。由于生鲜食品易腐变质的特性，食品必须在流通的全过程中持续保持适宜的温度，并迅速周转，因此冷链物流必须使加工、运输、仓储和销售等所有环节紧密衔接，并配以合适的设备、统一的管理，方能确保生鲜产品的质量。提高冷链配送的效率，意味着降低冷链食品在此过程中变质的风险，因此冷链配送问题就成为冷链物流研究的关键。

从当前的实践看，冷链配送是冷链物流系统中最为薄弱的一环，其集约化程度低、接货标准不一等一系列问题都在考验着冷链物流企业的生存与发展。

一、冷链配送概述

（一）冷链配送的概念

冷链配送是指在经济合理范围内，根据客户要求，在低温环境中对保鲜、冷冻等冷链食品进行拣选、加工、包装、分割、组配等作业，并按时送达指定地点的物流活动。"配"是对货物进行集中、分拣和组配；"送"是以各种不同的方式将货物送达指定地点或用户手中。

关于配送，有以下几点需要注意。

第一，冷链配送不是一般概念的送货，也不是生产企业推销产品时直接从事的销售性送货，而是从物流节点至用户的一种特殊送货形式。

第二，冷链配送不是供应和供给，它不是广义概念的组织资源订货、签约、进货、结算及对物资处理分配的供应,而是以供应者送货到用户的形式进行供应。

第三,冷链配送不是消极的送货发货,而是在全面配货的基础上,充分按照用户的要求进行服务,它将"配"和"送"有机地结合起来,完全按照用户要求的数量、种类、时间等进行分货、配货、配装等工作。

第四,冷链配送是一项有计划的活动。配送需要根据客户的需要,以及从事配送的企业的能力,有计划地进行的送货活动,以满足客户的需要。

配送运输通常是一种短距离、小批量、高频率的运输形式。如果单从运输的角度看,它是对干线运输的一种补充和完善,属于末端运输、支线运输。它以服务为目标,以尽可能满足客户要求为优先。从日本配送运输的实践来看,配送的有效距离最好在50千米半径以内,国内配送中心、物流中心的配送经济里程大约在30千米以内。冷链配送由于配送对象的易腐性和时效性,配送经济里程体现得更加明显。

配送是以现代送货形式实现资源最终配置的经济活动。从这个角度看,配送主要包含以下四点。

第一,配送是资源配置的一部分,根据经济学理论,它是经济体制的一种形式。

第二,配送的资源配置作用,是"最终配置",因而是接近顾客的配置。接近顾客是经营战略至关重要的内容。美国兰德公司对《财富》杂志所列的500家大公司的一项调查表明"经营战略和接近顾客至关重要",证明了这种配置方式的重要性。

第三,配送的主要经济活动是送货,这里强调现代送货,表明了和我国旧式送货的区别,其区别以"现代"两字概括,即配送是以现代生产力、劳动手段支撑的,依靠科技进步的,实现"配"和"送"有机结合的一种方式。

第四,配送在社会再生产过程中的位置,是处于接近用户的那一部分流通领域,因而有其局限性。配送是一种重要的方式,有其战略价值,但是它并不能解决流通领域的所有问题。

(二)冷链配送的基本流程

普通的物流针对的是一般的物品,不需要按固定的低温保存,而冷链配送则更具有挑战性,从物品准备、运输,到最终送至用户手中,有着更高的要求和规范。一般来说,冷链配送的基本作业流程包括物品准备、运输、存储和最终配送四个主要步骤。

1. 物品准备

在物品准备环节，冷链配送企业需要将冷链产品进行搬运、放置，并进行必要的分类检查工作，以确保物品的质量。同时，冷链配送企业还要保证物品装入采购板等冷藏载具中的一致性，以避免出现变形或液体渗漏等情况。

2. 运输

有效运输是冷链配送中不可缺少的一环。首先，交付部门需要运用冷藏车辆进行运输，控制冷链产品的温度变化，保证供应中维持预设的温度。其次，在运输过程中，运输工作人员要对发货状态进行及时的追踪和观察，避免出现运输时间过长，货温出现浮动现象。

3. 存储

存储也是完成冷链配送的关键一环，特别是由于不同的物品在温度、湿度和时间的需求上不同，需要特别注意货架、电子温湿度监控和冷藏设备等，保证所有冷链产品都处于最佳状态，不受外界环境因素的影响。

4. 最终配送

最终配送包括精准的配送时间规范，以及最大程度地保持冷链产品的完整性，从而达到保证最后用户能够收到温度符合要求的物品。

总之，冷链配送比传统的物流方式更加复杂，需要严格控制温度，保证物品完整和准时配送。因此，冷链配送的基本作业流程更显重要。

（三）冷链配送系统的构成要素

冷链配送系统的构成要素，主要包括配送对象、冷库、配送车辆、通路。

1. 配送对象

配送对象主要指适合应用冷链配送的食物，主要包括以下几类：①冷藏食品，如生鲜蔬菜（叶菜类、截切生鲜蔬菜）、果汁、牛乳、乳饮料以及日配品（豆腐、乳制品）、加工肉品（香肠、火腿）等适于在 $0\sim7\ ℃$ 保存的食品。②冰温食品，如畜肉品（牛肉、猪肉、羊肉）、禽肉品（鸡肉、鸭肉）、水产品（鲜鱼、鲜贝）等适于在 $-2\sim2\ ℃$ 保存的食品。③冷冻食品、冰品，如冷冻果蔬、冷冻调理食品（水饺、包子、比萨）、冰激凌等适于在 $-18\ ℃$ 以下保存的食品。

超冷链食品适于在 $-50\ ℃$ 以下保存，如生鱼片等，这类食品一般也分为冷藏食品（含冰温食品）与冷冻食品（含冰品、超冷链食品）两种。

2. 冷库

冷库作为保持稳定低温用来贮藏冷冻食品的仓库，在冷链配送系统中是重要的物流设施。现代冷库在功能增加后，并不限于进行货物储存，还可以进行温度控制下的配送加工，并进行冷链配送，是配送系统中不可或缺的重要构成部分。

3. 低温配送车辆

目前采用的低温配送车辆主要是自带压缩机组的冷藏车。冷藏车制冷的优点是能保持较长时间的低温，冷藏车车厢容积多为 15 立方米以上。这种低温物流制冷方式主要应用于大批量低温货物的长途配送，而不太适用于配送疫苗、样品与低温食品等多次少量的货物。

4. 通路

通路是指低温配送车辆经过的路径，对于冷链配送环节主要指城市道路。

（四）欧美发达国家冷链物流配送的发展经验

欧美发达国家由于早在 20 世纪七八十年代就经历了鲜活农产品供大于求的阶段，经过长期的发展，已经形成适合其国情的鲜活农产品现代物流配送业。美国农业发展长期稳定，农产品种类繁多，与农产品相关的贸易市场比较繁荣，使其拥有一个庞大而且高效灵活的食品冷链物流配送体系。现在，美国基本形成了从冷链食品加工、分拨、仓储到配送等所有环节的完善的食品冷链物流体系。美国通过资质审核认证建立了食品冷链物流标准体系、管理体系等。荷兰是欧洲食品冷链物流发展的典型代表，它充分利用位于欧洲中心这一有利的区位优势，成为欧洲配送中心。欧美发达国家冷链配送的经验总结如下。

1. 食品冷链物流配送专业化、规模化程度高

由于美国农业生产的主要模式是中小型农场，这在一定程度上很方便地使农产品物流实现规模化。在 20 世纪 80 年代末，在美国从事农产品物流的人员是专门从事农业的人员的四倍之多，农产品冷链物流行业拥有一批专业的人员。例如，美国早已实现了蔬菜的专业化冷链物流配送。在冷链物流配送过程中，美国的社会服务体系非常完善，多数农产品被批发销售给工厂，直接销售的很少。销售合作社、农商联合体、农产品信贷公司、批发商、代理商、零售商等成为连接农产品供需的物流主体，其中整个美国拥有合作社约 6 000 个。

2. 冷链配送基础设施完备

美国拥有十分完备的交通运输设施，公路、铁路、水路四通八达。生鲜食品

的装卸搬运主要采用螺旋输送机、斗式提升机以及可移式胶带运输机等。欧洲拥有健全的物流基础设施，特别是拥有完善的航空运输网络。以荷兰为例，该国以发展鲜活农产品闻名世界，主要因为它的冷链物流高效快捷。斯希波尔机场和鹿特丹港是荷兰冷链物流通往欧洲的两个非常重要的门户，通过这两个门户运往欧洲各地的生鲜农产品达到58%以上。鹿特丹港靠近荷兰重要的果蔬种植区，周边高速公路纵横交错，而且拥有发达的通往内地的水路运输网络。生鲜配送加工中心作为连接鲜活农产品供应链上、下游的关键性节点，在欧美发达国家鲜活农产品物流配送中发挥着重要的枢纽作用。例如，在荷兰，农产品市场附近大都建立起生鲜加工配送中心，该中心在收到鲜活农产品之后根据交易的具体情况、条件和规范，对农产品进行分类、调配、分割、包装和储藏，最后及时配送到各个客户。

3. 配送过程信息化程度高

欧美国家大多数的大宗食品或者包装商品都使用条形码，以此帮助企业对销售信息进行收集，所使用的条形码也让企业对所生产商品的物流状况和模式进行有效了解，借此来有效管理食品冷链物流活动。追踪系统在冷链物流的配送过程以及追踪相关信息过程中体现了其价值。例如，有些企业应用了食品质量安全追溯系统，还有一些农场主利用相关数据收集卡对禽类的免疫记录、饲养记录和健康记录等进行追踪。

二、冷链物流配送的特点及痛点

（一）冷链物流配送的特点

冷链物流是一项复杂的系统工程，整个过程的节点多，技术要求高，为达到以较低成本提供较高水平的服务进而促进销售的目的，冷链物流各环节之间要紧密结合，高度协调，优化资源管理。由于不同食品具有不同的特性，冷链物流要针对不同的食品提供与之相对应的物流配送条件，合理的配送服务在冷链供应中起着决定性作用。冷链物流配送的货物与普通物流相比具有以下特征。

1. 冷链产品的易腐性

冷链物流配送的货物通常比较容易腐坏，在运送的过程中由于各种原因导致生鲜食品品质逐渐下降。其中，温度是影响其品质的最重要因素。运送时保存环境温度越低，品质保持得越长久。并且，在生鲜食品从生产到消费的全过程中，每个环节都有不同的温度要求。食品品质的保鲜最长时间与温度的关系的量化对指导实际运作非常有意义。冷链发展较为成熟的美国即针对多种食品调查保存温度和所经过的时间对食品品质所造成的影响，即"时间-温度变化下的品质耐性"（Time-Temperature-Tolerance，T.T.T.）公式，在现实运作中，人们可按照数量公式估算易腐、生鲜食品的品质随时间和温度的改变而下降的情形。

2. 冷链产品的时效性

时效性即快速及时，以确保在客户指定的时间内交货。时效性是客户最重视的因素，也是配送运输服务质量的充分体现。冷冻、冷藏食品的可保存时间比较短暂，在运输过程中，运输距离越远、时间越长就越难以保证食品的新鲜度。由于运送时间的增加，对生鲜易腐食品品质所造成的不利影响可能导致食品不能食用；另外，运送时间过长可能导致食品销售量的下降，造成一定的经济损失，而这一损失应该由物流商承担。因此，生鲜食品销售商为了达到较高的服务水准，在货物到达销售端时，往往会有时间窗口（Time Windows）的限制，即物流商必须在事先约定的时段内送达。因此，事先规划配送路线、考虑时间窗口的限制，不仅可降低运输企业的营运成本，也可以提高销售商的服务水准，满足顾客的需求，实现了双赢。

3. 冷链配送的沟通性

配送属于直面顾客的末端服务，它通过送货上门服务直接与客户接触，是与顾客沟通最直接的桥梁，代表着公司的形象和信誉，在沟通中起着非常重要的作用，所以，冷链物流企业必须充分利用配送运输活动中与客户沟通的机会，巩固和发展公司的信誉，为客户提供更优质的服务。

（二）冷链物流配送的痛点

我国的冷链行业尚处于起步阶段，发展水平较低。我国每年消费的易腐食品将近10亿吨，需要冷链运输的超过50%，但只有10%左右的才能实现冷链运输。我国每年果品腐烂1 200万吨、蔬菜腐烂1.3亿吨，从数据推测，我国每年因为缺少冷链物流而浪费的农产品占到一亿亩耕地，占我国总耕地的5%左右。在运输环节，易腐保鲜食品的冷冻、冷藏运输只占运输总量的约20%，其余80%左右的禽肉、水产品、果蔬大多是用普通卡车运输，致使每年有100万吨的水果腐烂变质或贬值处理，捕捞的鱼类每年约有40万吨左右烂掉。由于冷藏运输效率低，易腐保鲜食品损耗高，整个物流费用占到易腐保鲜食品成本的70%，而按照国际标准，食品物流成本最高不能超过食品总成本的50%。

1. 中国冷链基础设施设备落后且分布不均，功能失衡

目前，中国冷藏保温车辆约有7万辆，而美国拥有20多万辆，中国冷藏保温汽车占货运汽车的比例仅为0.3%左右，按人均占有的冷库容积来看，美国是中国的5倍。此外，中国当前冷库结构不尽合理，导致功能失衡。例如，肉类冷库多，果蔬类冷库少；冷冻库多，保鲜库少；城市冷库多，农村冷库少；经营性冷库多，加工类冷库少；土建式冷库多，装配式冷库少；东部冷库多，中西部冷库少；等等。再以双汇的冷链物流为例，它虽有一定数量的冷库和冷藏运输车队，但服务功能单一，规模不大，服务范围小，跨区域服务网络没有形成，无法提供市场需求的全程综合物流服务。

2. 冷链标准缺乏监管，企业执行力度差

据统计，中国冷链相关标准已经超过200项，但所有这些标准都是推荐性标准。近几年，中国物流与采购联合会冷链物流专业委员会根据行业需要也制定了若干项冷链国家和行业标准，并进行了标准试点和宣贯工作，但是仅靠协会的力量是有限的，相关政府部门也应使用这些标准监管冷链物流领域的食品安全，不过目前这方面的监管还相当不完善，部分不良企业仍打着全程冷链的旗帜，却执行间歇性供冷进行经营，以此降低冷链物流的成本。发达国家对于冷链物流的重视已经上升到法规高度，如欧洲很多国家采用的《易腐食物国际运输及其特种运输设备协议认证》，对冷链运输和冷链设备进行了详细的规定要求，一旦企业违反其中的规定将面临罚款乃至法律制裁。

冷链物流是在食品加工技术和制冷技术的基础上发展起来的，是涉及食品安全、具有较高科技含量的一项低温系统工程。冷藏食品在物流过程中由于时间、温度、湿度因素而引起的品质降低具有累积关系，因此不同产品品种和不同品质均要求有相应的产品控制与储存时间的技术经济指标。所以，冷链物流企业要想做大做强，有必要在技术上明确肉类、冷饮、蔬菜等各大类具体产品的温度和湿度指标及储存期限，有一个统一、科学的推荐范围。此外，冷链物流企业在管理上也应制定统一的作业标准，如装卸速度、作业流程、验货制度以及运输、仓储、配送、销售各环节低温对接要求，形成一个企业标准，还有可能影响到整个行业，从而形成一个行业标准。

3. 冷链理念薄弱，易腐食品安全意识不强

这既体现在政府层面，也体现在消费者层面。我国管理部门往往相对重视食品生产环节，而缺乏对于冷链环节的监管和追溯。而美国的农业总投入仅有30%用于生产，70%则用于产后的保鲜、运输和监管。对于中国消费者而言，虽然居民家庭易腐食品消费占比已经超过30%，但大部分人还认识不到温度变化对于食品安全的影响。冷链可以保证消费者的食品安全，反过来消费者也应该认识到冷链的价值。很多消费者担心全程冷链物价会上涨，其实随着规模化、标准化的养殖和种植的推进，冷链物流的规模化、网络化、标准化可以减少浪费、提高品质，在这种情况下，物价上涨一定能够控制在大家可接受的范围内的。这可以从一些大型食品企业采用冷链物流的实际案例中体现出来。

冷冻产品在物流过程中涉及生产、运输、仓储、销售等多家企业，任何一家企业温度条件不规范都会导致产品质量受损，且无法逆转，如在装卸环节中，一些企业在常温下作业，装卸时间超长；在运输配送环节中，一些企业以保温车代替制冷车，超距离运输；在销售环节中，冷柜温度设置过高。这些不规范操作都会导致产品出现温度回升，影响产品的质量和储存期。

4. 市场细分不够明确

冷链物流适用的产品范围分为三类：一是初级农产品，包括蔬菜、水果；肉、禽、蛋；水产品；花卉产品。二是加工食品，包括速冻食品；禽、肉、水产等包装熟食；冷饮和奶制品；快餐原料。三是药品等特殊商品。不同种类商品对物流环境中的温度、湿度要求也各不相同。而我国冷库库温一般设置为 $0 \sim 4$ ℃ 和 $-22 \sim -18$ ℃ 两种，有少数冷库定为 -28 ℃ 以下。应该说，这种库温设计满足了大多数商品储存的温度要求，但不同商品的最佳储存温度并不完全一致，应从提高商品储存质量、延长保质期出发对产品进行细分，对不同商品设定其最适宜的储存温度。

（三）冷链配送痛点解决办法

1. 硬件上的提升必不可少

以美国为例，美国冷链物流当前正在大力发展火车温控集装箱，这也是基于铁路网络的优势。理想的冷链物流产业链应该是"产地预冷、冷链运输、市内配送中心、销售终端"四点一线，甚至可以直接从产地到终端。中间环节越少，成本越低，断链的可能性越低。管理部门应对产地冷库、市内配送中心等进行一定

的规划,并做好标准化工作,引导第三方冷链物流有序发展。另外,在实际操作过程中,运输管理信息系统能够全方位、多层次地对库存、出货、运输、结算等各环节进行有效管理和监督,这样一套完整的运输管理信息系统在整个供应链中显得尤为重要,它是企业物流部门及第三方物流机构应用的信息管理系统,可对企业运输过程中涉及的订单处理、运输、配送、承运商管理、运力管理、返单管理、应收应付管理以及退货管理等业务进行管理。

2. 跨界冷链带来的创新

跨界冷链拥有的承受市场冲击能力、竞争能力、整合能力是传统冷链物流企业所不具备的。目前冷链物流行业利润大多低于8%,并非高盈利行业,且专业化程度非常高。冷链物流企业需要通过与餐饮企业、生鲜电商企业跨界合作,在联合的基础上实现跨界多赢,创造出新的商业模式,带来行业新的发展机遇。

3. 创新驱动冷链跨越,突破传统业务模式

生产和消费连为一体,产业和生活同步成长,多元化的冷链物流时代即将到来。冷链物流企业将面对食品包装与物流包装的一致性、经销商服务管理、国际商贸分销管理、冷链物流整体外包、农产品品牌建设等机遇。为客户提供增值服务,逐步完善业务链,培养客户的黏性,建立长期稳定的伙伴关系,已经成为冷链物流的行业趋势。中国冷链物流的发展应不断完善冷链物流体系,一方面可以通过构建公共型冷库、企业联盟、复合型冷链物流系统、一体化冷链体系,实现中国冷链物流资源的合理配置,另一方面可以通过建立冷链物流中心、冷链物流信息中心、冷链物流集散中心、系统集成中心打造中国冷链物流的平台经济。

4. 在运输过程中应用多温层技术

多温层技术就是根据不同食物的不同保温要求,在冷藏和冷冻之间设置隔热层,这样能抑制植物的熟化,保持食物的原味,为不同食品创造更好的保鲜环境,真正做到保质、保品味、保营养。在传统的物流运输中,如果客户对运输的货物有不同的温度要求,就要把不同温度的产品装进符合要求的容器中,可能会造成容器的利用率很低,运输成本加大。有了多温层技术就可以解决这个问题,冷链物流企业可以在容器中设置隔热层,分别放入对温度要求不同的产品,提高了利用率,降低了成本。因此,多温层技术稳定性和实效性相当强,环保健康,更符合消费者需求。

总之,冷链物流行业与相关生鲜产业相互依存,只有共同致力于发展好冷链

环节才能使自己的生鲜食品惠及更多的人,才能给顾客更好的体验。冷链物流企业要把握好科技创新的大潮,依据当代科技的进步发展冷链运输环节,推动冷链物流行业应对行业变化。近几年来,随着航空港区、报税区的建成,特别是郑州作为国家的大型交通枢纽中心,正在朝着国际化大都市发展,而生鲜食品的国际化就需要冷链运输的参与,在校大学生要一起努力为我国的冷链运输事业贡献自己的一份力量。

三、数智赋能冷链配送模式

(一)冷链配送模式解析

1. 自营配送

所谓自营配送是指物流配送的各个环节由企业自身筹建并组织管理,实现对企业内部及外部货物配送的模式。这种模式有利于企业供应、生产和销售的一体化作业,系统化程度相对较高,既可满足企业内部原材料、半成品及成品的配送需要,又可满足企业对外进行市场拓展的需求。其优势总结如下:

(1)企业对供应链各个环节有较强的控制能力,易于与生产和其他业务环节密切配合,全力服务于本企业的经营管理,确保企业能够获得长期稳定的利润。对于竞争激烈的产业,企业自营物流配送模式有利于企业对供应和分销渠道的控制。

(2)企业可以合理地规划管理流程,提高物流作业效率,减少流通费用。对于规模较大、产品单一的企业而言,自营物流可以使物流与资金流、信息流、商流结合得更加紧密,从而大大提高物流作业乃至全方位的工作效率。

(3)企业可以在原材料和零配件采购、配送以及生产支持方面实施一体化战略,实现准时采购,增加批次,减少批量,调控库存,减少资金占用,降低成本,从而实现零库存、零距离和零营运资本。

(4)企业可以快速、灵活反应。企业自营物流配送模式由于整个物流体系属于企业内部的一个组成部分,与企业经营部门关系密切,以服务于本企业的生产经营为主要目标,能够更好地满足企业在物流业务上的时间、空间要求,特别是物流配送较频繁的企业,自营物流配送能更快速、灵活地满足企业要求。

其不足之处是企业建立配送体系的投资规模将会大大增加,在企业配送规模较小时,配送的成本和费用也相对较高,存在投资风险。一般只有实力较强的大企业才有可能进行自营配送。自营配送模式比较适合于连锁经营企业。连锁零售业完成常温物流中心的建设后，纷纷将企业内物流的重心偏向低温物流中心及生鲜食品加工中心，如北京京客隆、上海联华、上海农工商、华润万家等。

光明乳业位列中国乳业三甲之一，与蒙牛和伊利重点经营常温奶不同，光明乳业的巴氏杀菌鲜牛奶一直是其经营特色。由于自身战略的需要，光明乳业近两年来对冷链硬件的投入一直非常大，其硬件水平在业内堪称一流。2003年，光明乳业整合集团下属物流部门成立上海冷鲜物流有限公司，建成5个区域物流中心，21个销区物流中心，6个转运物流中心，在18个大中城市分布1 200多家专业便利店。目前，光明执行的温度标准严格控制在0～4℃，这为其"新鲜战略"提供了物流保证。每天下午，150名光明业务员按照各自的区划，来到上海的8 800家便利店、超市和大卖场，察看光明产品的销售情况，并将结果通过手中的PDA（"个人数字助理"，这种手持设备集中了计算、电话、传真和网络等多种功能）即时上传到光明物流中心。物流中心的计算机根据这些数据生成每一家门店所需产品的品种与数量工单，并指定具体的配送中心发货。在数据生成汇总的时候，所有的光明工厂则根据物流公司计算机中心出具的工单中的相应内容紧锣密鼓地进行生产。从头一天晚上9时30分到第二天上午11时，光明的冷藏车都按照既定的线路，根据光明物流中心电脑出具的工单，把货品送至上述8 800家门店。即时的信息处理系统为光明冷链物流提供了一个快速高效的信息平台，它让光明物流配送的误差控制在个位数的水平，让光明上柜（架）的产品尽可能保持最新鲜的水平。

2. 众包物流模式

众包物流模式是连锁超市与物流企业结盟运转的农产品物流模式。它通过大型卖场、连锁超市、物流企业等组织物流的运作，从而把农产品通过配送中心送到消费者手中；它利用拥有空闲时间与资源的大众群体进行配送，具有低成本、高效率的优势，有利于解决农产品配送难的问题。众包物流模式的典型案例是京东到家上线的众包物流模式"京东众包"，它是京东到家的延伸，提供超市商品、鲜花、外卖3类线下实体店优质资源的配送，在居住密集地区实现"2小时快速送达"服务。众包物流模式的优势如下。

（1）灵活性高。众包配送模式可以给物流行业带来极大的灵活性，它能够满足客户的特殊需求。客户可以添加新的物流服务，以满足特定地区或特定时间的需求，甚至可以利用这种众包方式让客户自己指定物流渠道，以节省成本。

（2）价格合理。众包配送模式的价格比传统的快递模式更为合理，可以满足客户的需求，更容易被消费者接受。由于消费者不需要承担过高的物流费用，这种模式可以帮助消费者节省成本，也可以降低物流行业的营销成本。

（3）更低的环境污染。众包配送模式采用各种移动电子设备，更加节能环保，可以减少污染，改善环境。众包配送模式可以向客户提供可持续的服务，而传统的快递模式则通常会造成污染。

（4）提高服务质量。众包配送模式的物流服务可以更好地满足客户的需求，这不仅可以提高客户满意度，也可以提高企业的服务质量，提高企业的品牌形象。

（5）减少人员成本。众包配送模式不但可以实现自动化服务，而且可以降低企业的人员成本。传统的物流模式需要大量的人力，而众包配送模式可以更好地利用信息化管理系统，更加快速地安排人员，提高企业的运营效率。

3. 第三方配送

第三方冷链物流（third-party cold chain logistics，即 3PCCL），指冷冻冷藏生产经营企业为集中精力搞好主业和节约成本，把原来属于自己处理的冷链物流活动，以合同方式委托给专业冷链物流服务企业，同时通过信息系统与冷链物流企业保持密切联系，以达到对冷链物流全程管理控制的一种冷链物流运作与管理方式。

第三方物流配送模式的优点有以下三点：

（1）专业的第三方物流将提供专业的物流服务。物流业务作为生产经营企业的非核心业务，如果投入大量的基础设施和设备、网络及庞大的人力成本，必然会在一定程度上削弱企业自身的核心竞争能力。

（2）生产经营企业自己做不到的事情，可以要求专业的第三方物流公司做到，还可以转移各种风险及潜在风险，包括管理风险、人员劳资风险、交通风险等。

（3）财务核算、成本控制更加清晰明了。

冷链食品企业通过把物流业务外包给专业的 3PCCL，然后专注于打造其核心竞争力，利用 3PCCL 的规模效益来降低自己的物流成本，是"双赢"的事情。例如，大众交通股份有限公司、锦江集团旗下的上海食品公司与日本三井物产株式会社合资成立了国内第一家专门从事低温食品物流的企业——上海新天天大众低温物流有限公司。该公司通过调查发现，上海每天有 6 700 万吨生鲜易腐食品上市，而且冷链食品的年消费增长率在 8% 以上。在超市等大卖场中，冷链食品所占比例达到 20% 以上，有非常广阔的发展前景。

（二）冷链配送模式选择

1. 矩阵图决策法

矩阵图决策法主要依靠矩阵图来判断采用哪种配送模式，如图1-4所示：

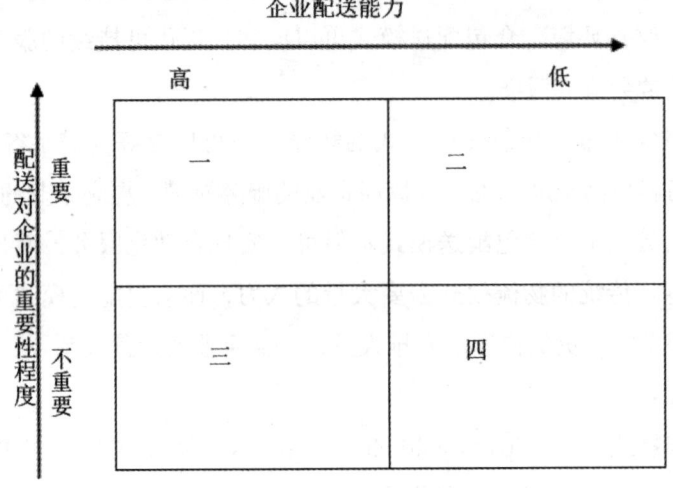

图1-4　配送矩阵图

一区：配送对企业重要，配送能力也强，可以自营配送业务。

二区：配送对企业重要，但企业配送能力低，不应该自营，应寻求与其他企业合作建设配送体系或者寻求第三方提供配送服务。

三区：配送能力强，与企业需求相比，配送能力可能过剩，可以为其他企业提供配送服务，消化过剩的能力。

四区：配送对企业不太重要，企业本身配送能力也不强，自营首先应该不考虑，如果有一定的配送需求，可以寻求第三方提供服务。

2. 比较选择法

通过比较成本与收益确定选择哪种配送模式。

（1）确定型决策。所谓确定型决策是指一个配送模式只有一种确定的结果，只要比较结果，就可以确定方案。

（2）非确定型决策。所谓非确定型决策是指每种自然状态下的结果都不是确定的，而且也不知道每种结果发生的概率，也就是说每种配送模式可能出现哪种结果是无法确定的。

（3）风险型决策。所谓风险型决策是指可以根据预测得到不同自然状态下的结果以及根据出现的概率进行预测。

任务四：数智赋能冷链技术

一、数智赋能的含义

数智赋能的意思是利用数字化知识可以使企业摆脱单一供给，并深度挖掘用户需求，探索多元的业务场景。

对企业进行数智赋能的主要方式包括以下四种。

（一）技术赋能

即利用信息技术，实现企业技术和业务能力的从无到有、从弱到强。这一过程中的关键技术包括物联网、云计算、大数据、人工智能以及信息安全。

（二）生态赋能

即利用运营经验等生态资源为企业赋能。生态赋能的关键在于生态的构建。

（三）市场赋能

即帮助企业发现新的市场空间和商业机会，并加快其产品商业化进程。

（四）市场赋能

即通过数字化人才培养提升企业创新能力。

二、数智赋能冷链关键技术

随着物联网的流行和市场发展，为了更好地降低冷链物流配送成本，物流行业涌现诸多智能监控类的硬件，以帮助实现物品的安全可追溯、质量可监控、订单信息可跟踪等，尤其是要借助大数据、物联网等技术的运用，实现冷链物流的数智赋能。这将能够大幅提升冷链物流配送的效率，并对整个冷链物流配送进行更好的管理把控。

大数据、物联网、云计算、智能机器人等新技术及装备作为冷链智慧物流的根基，可以广泛应用于物流产业，其在整个数智赋能冷链体系中起着关键的支撑作用。无人机、机器人等技术在近几年发展迅速,未来将会进一步与冷链物流行业结合,广泛应用于仓储、运输、配送等各个物流环节,其关键技术包括仓内技术、干线技术、最后一公里技术、末端技术、数据底盘等。

(一)仓内技术

目前仓内技术已相当成熟并得到广泛应用,主要有机器人与自动分拣、可穿戴设备、无人驾驶叉车、货物识别4类技术,可应用于仓内搬运、上架、分拣等操作。国外领先企业应用较早,并且已经开始商业化。国外企业,如亚马逊、DHL Express,国内企业,如京东、菜鸟、申通等已经开始布局。

(二)干线技术

干线技术主要是无人驾驶卡车技术。无人驾驶卡车将改变干线物流现有格局,目前虽尚处于研发阶段,但已取得阶段性成果,正在进行商用化前测试。

(三)最后一公里技术

最后一公里技术主要包括无人机技术与3D打印技术两大类。无人机技术相对成熟,目前包括京东、顺丰、DHL Express等国内外多家物流企业已经开始进行商业测试。3D技术尚处于研发阶段,目前仅有亚马逊、UPS等针对其进行技术储备。

(四)末端技术

末端技术主要是智能快递柜,是各大企业布局的重点。目前末端技术已实现一、二线城市商用覆盖,但受限于成本与消费者使用习惯等问题,末端技术未来发展存在不确定性。

(五)数据底盘

数据底盘主要包括物联网、大数据及人工智能3大领域。物联网技术与大数据分析技术互为依托,前者为后者提供部分分析数据来源,后者将前者数据业务化,而人工智能则是大数据分析的升级。大数据分析技术,通过对商流、物流等数据进行收集和分析,主要应用于需求预测、仓储网络、路由优化、设备维修预警等方面。三者都是未来数智赋能冷链发展的重要方向,也是数智赋能冷链能否进一步升级迭代的关键。

数智赋能冷链的关键技术总体包括感知层、网络传输层、数据存储层和应用服务层,具体而言,数智赋能冷链物流要从智能运输、智能仓储、智能配送、智能包装、智能装卸、智能信息处理等6个方面展开基础设施设备的研发,为数智赋能冷链保驾护航。

三、数智赋能冷链技术的优势

随着社会的经济发展和人民生活水平的提高,广大群众对食品质量和安全愈发重视,冷链物流在人民生活中的角色地位也越来越重,其中冷库作为冷链环节的重要一环,也在近几年得以迅猛发展,由传统冷库转型为智能冷库成为趋势。

(一)传统冷库的痛点与劣势

1. 空间利用率及仓储收益

智能冷库充分利用空间资源,其利用率是传统冷库的 2～4 倍。以冷库 7 000 m^2 为例,智能四向车冷库,货架高度 20 米,共计约 30 000 个货位,可储存 3 万吨货物。而山东某地传统冷库 7 000 m^2,4 层楼式结构,每层 8 米,有效货位约 15 000 个,智能库的库容约为传统库的两倍,所以每年的仓储收益可增加一倍以上。

2. 环保与保温

智能冷库大多采用 AB 门方式,可使库内温度恒定,库温波动 ±0.1 ℃,库内湿度 75%～90%,通过智能化传感器,可实时获取库内温湿度,以便于即时预警;传统冷库高峰期人工作业致使温度和湿度波动较大。所以,智能冷库的温湿度恒定更有利于冻品的储存品质,减少货损。

3. 效率及成本

智能冷库采用不同智能设备,由中央控制软件协同调度,可高效完成冻品的收发货和上下架,且速率恒定。传统人工库为"劳动密集"模式,依靠大量的人力和机械完成库内作业,在作业准确率、运行效率、成本和能耗等方面,智能冷库更有优势。

4. 投资产出分析

据不完全统计,国内智能冷库带来的投资回报率(ROI)4 年内普遍在 1:1.1 以上。这个结果代表不了所有的冷库改造案例,因为不同行业、不同企业的冷库改造,会因为业务形态、投资成本、当地政府补贴等因素而使 ROI 存在一定的差异。

(二)数智化冷链解决方案

1. 融合调度,便捷集成

数智化冷链解决方案针对复合智能场景中多设备调度及协同工作提供有效解决方案,在业务需求和调度算法的支撑下,贯穿多场景,实现降低成本,改善作业环境。它能够根据业务模式便捷地集成各类不同智能化设备，使其相互配合、共同发挥各自的最大性能，实现冷链的智能化改造。

2. 痛点及解决方案

（1）冻品超限问题。国际贸易中货物容易出现涨箱现象，导致码垛后超限严重及货物倾斜，产生亏吨。通过前期的行业及货品分析，数智化冷链在进行方案设计时会遵循货物情况划定合理的货位规格和空间，再借助自动缠膜、自动整形、设备偏移等技术最大程度地进行纠偏。

（2）货权安全问题。数智化冷链可以配合监管方、货主方为实现货权安全和有效监管，通过双密钥技术，在解押、提货节点进行多方密钥验证，实现合法的货转和提货，保证多方的合法权益。

3. 供应链延伸

针对冷链供应链物流的特点和痛点，智慧冷链综合服务平台建立了多仓库、多园区、多企业的"云仓"管理模式，将部分业务迁移至线上和手机端，实现客户随时随地地可视化仓储服务，同时打通口岸物流节点，完善物流链、闭环物流流程，提升服务质量。在仓储物流的基础上，这一平台依托区块链、电子仓单、云计算、大数据等技术，打造了供应链金融业务模式，实现了业务的横向扩展。

智能化、自动化、数字化、规范化、专业化、多元化、绿色化，是冷库的发展趋势，智慧冷链综合服务平台在冷库内集成多种先进智能化仓储设备，构建智能化方案设计，融合物联网、人工智能等技术实现货物从入库、存储到出库的全流程智能化、无人化监控管理，可为广大客户提供智能、高效、安全的冷链仓储及相关延伸服务。

四、数智赋能冷链技术应用

本节将以生鲜农产品行业为例，详细讲述数智赋能冷链技术应用的必要性。

根据《农产品仓储保鲜冷链物流建设研究报告（2021年）》的数据，我国作为生鲜农产品生产、消费及贸易大国，国内6 000多万吨的冷库仅能满足不到20%的存储需求，冷库资源呈现出严重不平衡的现象，致使生鲜农产品产后损耗率高达30%～40%。

冷链仓储物流是健全"从农田到餐桌、从枝头到舌尖"的生鲜农产品质量安全体系的重要保障，目前国内大部分地区的批发市场、农贸市场及农产品企业仓储物流相对比较落后，冷库比例较低、基础设施落后、数据可视化缺失，致使出现冷链"断链"问题，严重威胁产品质量和消费者安全，给企业运营管理带来极大难度。冷库作为冷链物流系统的枢纽，面临着新的机遇和挑战，生鲜农产品相关企业引进一套智慧冷库系统成为当务之急。

（一）生鲜农产品运输难点

生鲜农产品冷链仓储难点比较多，具体如下：

（1）由于冷库面积越大，制冷系统的费用越高，在土地成本不断走高的情况下，如何实现冷库空间利用最大化成为企业重点关注的问题。

（2）传统冷库依靠人工搬运、出入库，尽管保证了仓库的正常流通，但大大提高了用工成本和劳动强度，且人员身处低温环境作业，长此以往会给身体带来一定影响。

（3）传统冷库库内数据通过人工记录，容易出现物账不符等问题，不利于库存盘点和产品全程追溯，企业难以实现精益化管理。

（二）数智赋能冷链技术的意义

生鲜农产品仓储保鲜冷链物流设施建设是顺应行业发展的新趋势，对于提高生鲜农产品的供给保障能力具有战略意义。在这种情况下，数智赋能冷链技术集成仓储管理系统、智能装备、货架系统、自动识别技术及辅助配件等，可帮助企业建立深度感知的智慧仓储物流系统，实现生鲜农产品冷库存取、管理全程智慧化，提高冷库仓储作业效率和精益化仓储管理水平。

1. 空间利用率最大化

自动化立体库可采用高层货架存储单元物料，高度可按企业需求建设几层甚至几十层，使空间利用率相较于传统仓库提升 2～5 倍，自动化立体库可充分利用原有空间布局，科学规划冷藏库区、冷冻库区等，按产品品类、性质分区存储，有利于保障库内恒温恒湿，有效满足生鲜农产品的密集存储需求。

2. 降低人工成本，改善作业环境

冷库内配备穿梭机器人、堆垛机、提升机、AGV 搬运机器人等多种智能设备，实现自动化存储、智能化搬运，降低了人工作业误差，节约了人工成本，让冷库货品高效率周转。其中，德力集团自主研发的穿梭机器人可在 −25～40 ℃环境温度中平稳运行，在 WCS（调度监控系统）调度部署下，还可实现多车协同作业，满足高密度、高流量仓储需求，让出入库及拣选作业更加高效。

3. 提高企业精益化管理水平

冷库内部署 WMS（仓库管理系统）、WCS、三维可视化中央控制系统及 HMS（人机交互系统）等仓储管理软件，通过软硬件有机结合，实现仓储作业自动化、信息化、智能化、无人化，同时出入库的所有信息通过 RFID 自动识别技术实时记录，便于货品的全程追溯管理与监管，确保冷链不"断链"。另外，数字孪生技术的应用可真实还原项目场景，使得冷库全面数据化运营，提高企业精益化管理水平。

（三）数智赋能冷链技术的应用

数智赋能冷链技术应用于物流运输作业当中，不仅能够大大提升工作效率，而且能够保证产品运输的及时性与准确性。数智赋能冷链技术的广泛应用使很多企业的效益得到提升。比如，宁夏小任果业发展有限公司是国家级农业产业化龙头企业，为提高仓库空间利用率，满足多种农产品冷库存储需求，急需引入自动化立体库。德力集团采用"智能穿梭机器人立体库"解决方案，集成两向穿梭机器人、叉车、高精度货架，构建场内智能物流系统，覆盖冷冻库（-18 ℃）、保鲜库（0～5 ℃）等不同温层，实现了 5 458 吨货物存放，使仓库空间利用率提升至 90% 以上，满足了农产品"先进先出"的管理原则，降低了人工成本，提高了农产品周转效率，筑牢了食品安全防线，让冷链仓储服务更加智能高效。

思考题

1. 冷库的概念与作用分别是什么？
2. 冷链物流的发展过程是怎样的？
3. 简述智慧物流的重要性。
4. 冷链配送的特点和不足之处有哪些？
5. 什么是数智赋能冷链技术？

项目二：冷链配送技术与装备

> **学习目标：**
>
> 1. 了解智慧配送技术的重要性；
> 2. 掌握冷链保鲜技术的应用意义；
> 3. 熟悉冷链配送设备；
> 4. 了解冷链配送标准化体系构建标准。

任务一：数智赋能冷链配送技术

数智赋能冷链物流作为一项系统工程，涉及的技术领域非常广泛，在技术方面，现代物流技术仍然是冷链物流技术发展的基石，信息化、自动化的仓运配物流技术是支撑整个冷链物流体系运作的基础。在当今生活中，冷链也为人们日常物质生活水平的提高创造了条件，同样冷链的发展也需要技术的支持，冷链物流配送技术包括以下几个方面。

一、智慧配送技术

（一）智慧配送技术的含义

智慧配送是指通过先进的技术手段，对物流配送过程进行优化和升级，以提高物流配送效率和服务质量。

智慧配送不仅可以实现配送信息的自动识别、自动预警，而且能实现配送路径优化的智能管理，是物流智能配送的一大创新，它将极大地提高物流配送效率，降低配送成本。

传统物流配送作业主要存在分货、拣货、验货效率不高，补货滞后，配送路线重复导致配送成本过高等问题。物流转型时代，人们对配送管理环节中优化配送路径、智能补货提醒、准时收货发货、高效分拣及准确验货提出了更高的要求。

（二）智慧配送中运用的技术

针对目前配送管理中存在的主要问题，智慧配送项目的实施将实现配送路线的智能化决策、提货送货时快速验货、配送货物库区内快速分拣，从而大大提升配送作业的效率，降低配送成本。

智慧配送是指在配送管理业务流程再造基础上，利用RFID射频识别、网络通信、GIS等信息化技术及先进的管理方法，实现提货、送货、退货、回收管理的双向通信、补货提醒、配送路径优化等智能管理功能，以降低配送成本，提高配送效率，提升配送智慧管理能力。

1. 理论基础

智慧配送中的理论基础之一是运筹学。利益相反的各方在有限条件下如何决策，要依靠科学的数学模型和算法来进行求解。运筹学模型、算法的应用在企业中能在一定程度上降低成本，提高效益，提高服务质量，改善物流配送流程和方式。

2. 运输规划类技术

如何高效地运输是智慧配送的核心问题。要解决这一问题，必须制定科学合理的运输方案。在智慧配送中，运输规划类技术有很多，最常见的是基于GPS定位的路径规划。人们通过GPS对车辆的实时定位和道路信息的更新预测，可以优化物流配送的路径。

3. 大数据技术

智慧配送中的大数据技术，可以收集大量的数据信息，并通过数据分析，利用运筹学模型，设计出更优的运输方案。实时数据的收集、分析和反馈，是智慧配送的中流砥柱。大数据技术不仅可以使智慧配送企业通过分析数据，了解运输车队的运行状态，也能够改善交通流量和城市规划。

4. 人工智能技术

智慧配送中最令人瞩目的技术当属人工智能。人工智能是零售业、物流配送以及其他领域的重要技术，特别是在自动化领域中。人工智能可以对物流配送中产生的大量数据进行分析，然后进行模拟计算，从而实时优化分配道路和物流网络，确保物流配送快速、低成本、高效率地完成。

5. 物联网技术

物联网技术作为智慧配送的核心支持技术，是物流配送业务实现的基础。通过物联网技术，智慧配送可以实现多平台快速配送。而传统的物流配送无法做到这样高度的自动化和高效率，也无法支持几百甚至上千个物流配送点的配送。

（三）智慧配送技术设计要点

智慧配送工作主要有流程描述、需求分析、目标任务确定、功能设计、GIS设计等。

1. 实现配送信息自动识别

智慧配送技术应能够对需分拣的货物进行自动识别，多维检验，如库位、货架及货物信息是否一一对应，需分拣货物信息是否与便携式读写器提示信息一致等，同时能够在提货送货时完成货物的自动检验。

2. 实现配送信息自动预警

智慧配送技术应能够在分拣作业、提货送货作业中对出现的问题，如分拣货物错误、货物数量与订单要求不符等自动预警。

3. 实现配送路径优化智能管理

智慧配送技术应能够对配送路线进行智能优化，在提货送货点发生变化时，可根据实际情况对配送路线作调整；同时，根据配送评价，对配送班线、配送站点设置、配送路径、配送成本等作智能处理，及时更新。

4. 增设与配送作业紧密联系的功能

在智慧运输 GIS 系统的基础上，智慧配送技术应能够增设与配送作业紧密联系的功能，或者可以根据配送企业的作业需求，单独设计开发配送作业 GIS 系统专业版。

（四）智慧配送技术功能需求

在配送作业中，GIS 系统在设计上需要满足五大功能需求：信息查询功能、数据维护功能、配送路线设计及调整功能、辅助决策模块、配送评价模块。

智慧配送 DMIS（distribution management information system，配送管理信息系统），是向各配送点提供配送信息，根据订单查询配送能力，并发出配送指令，最后汇总及反馈配送信息的综合性极强的管理信息系统。该管理信息系统主要由以下几个模块组成：货物信息管理模块、订单管理模块、配送路线信息模块、配送事故管理模块、货物交接管理模块、配送业务结算管理模块、客户评价反馈管理模块。

RFID 分拣系统通过 RFID 进行出库品种及数量的指示，达到正确、快速拣货的目的。

目前，RFID 拣货系统主要有两类：一类是 DPS（digital picking system，摘取式 RFID 分拣系统）。DPS 是在仓库管理实现库位、货架及货物的 RFID 电子标签一一对应的基础上，出库信息通过系统处理传到相应库位、货架及货物的 RFID 电子标签上，发出亮光或声音信号，使得拣货人员按经济的拣货路径准确快速拣货。

另一类是 DAS（digital assorting system，播种式 RFID 分拣系统）。DAS 是在仓库管理中实现每一客户（包括各个门店、生产线等）的每一储存位上都贴有 RFID 电子标签，操作人员事先通过读写器将要分拣的货物信息输入系统，出库信息通过系统处理传到下订单的客户所在储存位上分货位置所在的 RFID 标签上，发出亮光或声音信号，使得拣货人员根据指令准确快速拣货。

智慧配送中贴放 RFID 标签的主要目的是实现货物快速分拣、配送提货送货检验及对市区配送班线专车进行检查的功能。因此，根据 DPS 及 DAS 分拣系统的特点，标签贴放有两套方案供选择，同时为满足检查配送班车的要求，特在配送班车上贴签。第一，在库区内库位、货架及货物上贴签。第二，在库区内客户存储位及货物上贴签，主要是为更好地为库区内货物相对集中的大客户服务，为更快地查询到客户所存货物所在位置，特在客户存储位上贴签；该标签是库区内客户信息的唯一标识，在进行分拣查询工作时，通过客户存储位标签与货物标签相对应，检验分拣货物是否正确。第三，在配送班车上贴签，主要是为了对车辆进行检查，检查是否符合市区内通行等相关要求。随着智慧物流项目的进行，配送班车不仅属于某配送企业，还将成为各配送企业的公共资源，因此，在配送班车上贴签，不仅能满足目前检查配送车辆的要求，也能为配送运力资源公共化后合理分配班车资源服务。

设置读写器分为设置固定式读写器和便携式读写器。固定式读写器是在配送班车停靠点设置，以读取班车信息，包括车辆信息、班车实际运行时间信息等。同时，将班车实际运行情况与系统内的运行计划进行比对，显示出入信息，以纠错改进。

设置便携式读写器包括在叉车、手推车等库管设备上设置读写器，在配送车辆内设置车载读写器，对操作人员配置手持式读写器等。

（五）智慧配送技术执行

智慧配送项目是最低层次的可交付成果，是项目工作的基础。项目执行首先要对每一个工作包的任务完成情况进行评估，检验其是否按要求完成。具体包括配送管理业务流程是否正确描述、项目的需求分析及功能设计是否准确，是否按照贴签设计进行贴签，是否按照读写器安装设计进行安装，固定式及移动式读写器联调系统是否正常运行，软件系统是否能根据实际操作情况及时更新后台数据库。

智慧配送项目的验收主要包括两部分：一是项目实施中的各项设备质量是否过关，包括标签是否完好；读写器是否在作业范围内可靠接收信息；配送管理信息系统及 GIS 系统是否按需求说明书实现等。二是项目实施后是否实现项目功能及预期目标。

智慧配送是最新的物流配送业态，其中用到的技术相当丰富。从理论到实践，从基础设施到人工智能，几乎涵盖了所有现代技术。通过智慧配送技术的支持，物流配送中的配送质量将不断提高，快递、物流配送服务将更加智能化，以适应社会的快速发展。

二、冷链保鲜技术

（一）冷链保鲜技术含义

冷链保鲜是指通过冷链技术将生鲜食品等商品从生产地运输到消费地的整个过程中，保持一定的温度控制，以保证商品在质量、安全和营养方面的完整性和可靠性。其中，冷链技术是指通过设备、物流和管理措施共同实现的一套系统性、连续性、全链条性的温度控制和保鲜技术。

（二）冷链保鲜的设备与管理

冷链保鲜是综合利用科技手段、物流管理、环境控制和质量控制等多个方面的知识和技术，全程对生鲜产品进行保温、保湿、保鲜的处理，以确保产品最大限度地保持新鲜、安全和高质量。

1. 采用专业的设备

冷链保鲜需要采用专业的冷链设备，如货车、配送车、冷库等，这些设备具备高效、运转平稳、温控稳定、防护性能好、易于清洗等优点。冷链配送企业通过智能温度控制器等设备对温度、湿度、照明等影响生鲜品质的环境因素进行监控，通过采用计算机控制、感应器智能感知等技术对加工、储存、运输等过程进行实时监控。

2. 严格的保鲜管理

冷链保鲜从收货、储存、运输到销售全程采用严格的保鲜管理。比如，对生鲜食品的温度、湿度、通风、照明等环境因素进行严格控制，避免过高或过低的温度、潮湿或干燥的环境，防止细菌滋生和氧化变质。

3. 有效实施冷链信息化管理

冷链保鲜物流管理系统能够完成冷链物流信息网络化管理、物流追溯、异常预警处理、质量追溯等工作，为冷链物流提供数据支持。

4. 健全的质量控制机制

冷链保鲜需要在生产、运输、储存等各个环节执行严格的质量控制制度，确保产品在质量和安全方面符合标准，如对生产设备、产品原材料等进行抽检和自检，对运输和储存过程中出现的问题及时地做出调整和改进。

（三）冷链保鲜中运用的技术

在食材配送行业中，冷链配送可以说是各大餐饮企业供应商的必备条件。供应商通过各项冷链技术，能够有效减少食材在运输过程中的损耗，极大地保证食材的品质，为客户的食品安全保驾护航。冷链配送涉及很多环节，与冷链配送有关的保鲜技术一般有预冷技术、速冻技术、规模化包装技术。

1. 预冷技术

预冷技术有很多种，国内常见的方法就是冷库预冷，利用冷风机将周围的热量带走，进而做到保存新鲜食材的作用。其他的预冷技术有真空预冷，这一技术就是将蔬菜水果放在密闭环境中，将空气和水汽抽取掉，强制水分蒸发，使得食材降低温度。设施设备要求不高的预冷技术还有冷水预冷、冰冷预冷、自然降温。顾名思义，它们分别是利用冷水、冰块、自然通风等降低食材温度，方法便捷。

2. 速冻技术

速冻一般是指运用现代冻结技术在尽可能短的时间内，将食品温度降低到其冻结点以下的某一温度。速冻技术针对的主要是肉类食品等，是为了保证食材较长时间地保存。常见的速冻技术是真空冷冻技术，这一技术能够大大抑制好氧菌，降低空气含氧量，延长肉品的货架期。另一种速冻技术是臭氧冷冻技术，臭氧作为高效消毒剂能够有效杀灭真菌，同时分解肉类激素，是保存肉类的重要方法。

3. 规模化包装技术

在食材配送中，蔬菜的需求量是巨大的，有些是需要包装的。规模化的包装主要有真空包装，即将空气和水分抽取干净，以抑制霉菌和其他好氧微生物的繁殖。这一包装技术大多只能延缓和抑制食材的氧化速度，而不能制止氧化作用。另外常见的包装方式是收缩包装，即将包装好食材的薄膜经过加热后收缩，贴紧食材的表面，防止食材的松散，便于运输和销售。

（四）冷链保鲜技术运输要求

冷链保鲜技术的运输要求主要包括快装快运、轻装轻卸、防热防冻、平稳运输。

中国因丢弃腐烂食品而造成的浪费每年达到700亿元人民币，占食品生产总值的20%之多。一些食品在运输过程当中因无法长期保鲜而被丢弃，这种浪费现象主要是由于缺少"低温运输"体系而造成的。在鲜活易腐货物运输中，除了少数部分确因途中照料或车辆不适造成死亡外，大多数是因为发生腐烂所致，发生腐烂的原因，对于动物性食品来说，主要是微生物的作用；对于植物性食品来说，主要是呼吸作用所致。低温可以抑制微生物的增长，减缓呼吸作用，达到延长鲜活易腐货物保存期限的目的。

低温运输过程必须依靠冷冻或冷藏专用车辆，冷冻或冷藏专用车辆除了需要有与一般货车相同的车体与机械之外，必须额外在车上设置冷冻或冷藏与保温设备。在运输过程中要特别注意必须是连续的冷藏，因为微生物活动和呼吸作用都随着温度的升高而加强，如果运输中各环节不能保证连续冷藏的条件，那么货物就有可能在这个环节开始腐烂变质。在运输时，应该根据货物的种类、运送季节、运送距离和运送地方确定运输方法。在运输过程中，尽量组织"门到门"的直达运输，提高运输速度，温度要符合规定。为保持冷冻货物的冷藏温度，可紧密堆码，水果、蔬菜等需要通风散热的货物，必须在货件之间保留一定的空隙，以确保货物的完好。

低温运输要求在中、长途运输及短途配送等运输环节的低温状态。它主要涉及铁路冷藏车、冷藏汽车、冷藏船、冷藏集装箱等低温运输工具。在冷藏运输过程中，温度波动是引起货物品质下降的主要原因之一，所以运输工具应具有良好性能，在保持规定低温的同时，更要保持稳定的温度，长途运输尤其重要。

（五）肉类、果蔬冷链保鲜

1. 肉类保鲜

肉与肉制品是人们日常生活中必不可少的食品。我国目前的生肉消费主要以热鲜肉与冷冻肉为主，肉制品消费中高温肉制品占有很大的比重。在经济发达国家，品质佳、卫生条件好的冷却肉已取代热鲜肉和冷冻肉，而成为生肉消费的主流，市场上的肉制品几乎都是低温加热肉制品。随着我国人民生活水平的提高和消费观念的更新，消费者在对肉类食品消费量日益增加的同时，对其品质也提出了更高的要求。因而，冷却肉及低温肉制品必然成为我国肉类消费的发展方向。

肉类食品的腐败变质主要是由于肉中的酶以及微生物的作用，使蛋白质分解以及脂肪氧化而引起的。肉类保鲜便是针对这几个腐败因素，采用不同的方法及方法组合，杀死腐败微生物或抑制其在肉类食品中的生长和繁殖，并控制脂肪氧化，从而达到延长肉类食品货架期的目的。多年来，各国的研究人员一直都在致力于研究各种有效的肉类食品保鲜技术。

肉类的防腐保鲜自古以来都是人类研究的重要课题，随着现代人生活方式和节奏的改变，传统的肉类保鲜技术已不能满足人们的需求，深入研究肉类的防腐保鲜技术势在必行。国内外学者对肉的保鲜进行了广泛的研究。目前，任何一种保鲜措施都有缺点，必须采用综合保鲜技术，发挥各种保藏方法的优势，达到优势互补、效果相乘的目的。肉类的腐败主要由三种因素引起：①微生物污染、生长繁殖；②脂肪氧化腐败；③肌红蛋白的气体变色。这三种因素相互作用造成肉类的腐败，即微生物的繁殖会促进油脂氧化和肌红蛋白变色，而油脂氧化也会改变微生物菌系并促进肌红蛋白变色。

（1）低温冷藏保鲜简介。低温保鲜是人们普遍采用的技术措施，鉴于我国的国情，冷链系统是肉类保鲜最为重要的手段。冷藏是肉品保存在略高于其冰点的温度，通常在 2～4 ℃ 之间，这一范围内大部分致病菌停止繁殖，但嗜冷菌仍可生长，最近发现单核细胞增生李斯特菌和小肠结肠炎耶尔森菌也可繁殖。细菌在肉中的生长速度相当快，在适宜的条件下，有些细菌繁殖时间只有 20 分钟或更短，实际上，一般情况下，如此快的速度绝对达不到，因为所有的环境条件同时满足是不可能的,细菌增长期的长短取决于菌种、营养成分及温度、PH和水分活性。

低温保鲜有以下缺点:①冷冻和解冻过程会因冰晶形成和盐析效应使肉的品质下降;②如包装不良,表面水分会升华而造成"冻烧"现象;③运输成本高。

(2) 肉类保鲜方法。在日常生活中,人们都有储藏保鲜肉及肉制品的习惯。肉与肉制品的储藏保鲜方法很多,传统方法主要有干燥法、盐腌法、熏烟法等;现代储藏方法主要有低温冷藏法、罐藏法、照射处理法、化学保藏法等。下面介绍常见的低温储藏法。

低温储藏法是在冷库或冰箱中储藏肉和肉制品的最为实用的一种方法。在低温条件下,尤其是当温度降到 -10 ℃以下时,肉中的水分就结成冰,形成细菌不能生长发育的环境。但当肉被解冻复原时,由于温度升高和肉汁渗出,细菌又开始生长繁殖。所以,利用低温储藏肉品时,必须保持一定的低温,直到食用或加工时为止,否则就不能保证肉的质量。肉的冷藏,可分为冷却肉和冷冻肉两种。

①冷却肉。冷却肉是主要用于短时间存放的肉品,通常使肉中心温度降低到 0~1 ℃。具体要求是,肉在放入冷库前,先将库(箱)温降到 -4 ℃左右,放入肉后,保持 -1~0 ℃之间,可保存 5~7 天。经过冷却的肉,表面形成一层干膜,从而可阻止细菌生长,并减缓水分蒸发,延长保存时间。

②冷冻肉。将肉品进行快速、深度冷冻,使肉中大部分水冻结成冰,这种肉称为冷冻肉。冷冻肉比冷却肉更耐储藏。冷冻肉一般采用 -23 ℃以下温度,并在 -18 ℃左右储藏。为提高冷冻肉的质量,使其在解冻后恢复原有的滋味和营养价值,也可用速冻法,即将肉放入 -40 ℃的速冻间,使肉温很快降低到 -18 ℃以下,然后移入冷藏室。冷藏温度越低,储藏时间越长。在 -18 ℃条件下,可保存 4 个月;在 -30 ℃条件下,可保存 10 个月左右。

2. 果蔬保鲜

果蔬保鲜主要利用的是冷藏保鲜库。

(1) 冷藏保鲜库含义。冷藏保鲜库采用机械制冷方式,将库内温度维持在适宜果蔬贮藏的温度。迄今为止,世界上经济发达国家都将机械冷藏看作贮藏水果和蔬菜的必要手段。由于机械冷藏的应用,使许多在常温下难以贮藏的水果和蔬菜产品能得到较长时间的贮藏和运输。

（2）冷藏保鲜库的构成。

①冷库的围护结构。冷库除要求有方便使用的平面设计外，还应有良好的库体围护结构，即牢固的库房框架建筑和经济的隔热防潮层，以保证冷库内稳定适宜的低温。

②制冷系统。制冷系统是冷库最重要的设备，是冷源。用于冷库制冷降温的部件包括蒸发器、压缩机、冷凝器、必要的调节阀门、风机、导管和仪表等，所有部件构成一个完整的密封系统。制冷剂在密封系统中进行压缩、膨胀的放热和吸热循环，使冷库中的热量排出库外，降低库内温度。人们通过控制仪表控制制冷剂供应量的大小和进入蒸发器的次数，来实现冷库内适宜的温度。制冷机一般有氨制冷机和氟制冷机，氨机常用在大型制冷设备中，小型设备常采用氟机。

制冷系统的组成及各部分的作用如下。

压缩机：压缩机是制冷机的心脏，其作用是推动制冷剂在系统中循环。

冷凝器：冷凝器的作用是排除压缩了的制冷剂中的热量，同时凝结为液态的制冷剂。冷凝器有空气冷却、水冷却和空气与水相结合的冷却方式。

蒸发器（冷风机）：蒸发器可使系统中液态制冷剂膨胀（蒸发），制冷剂在从液态变为气态的过程中吸收热量，降低库内温度。蒸发器使用时应控制好除霜，除了电气自动除霜外，还要经常人工观察结霜情况，一旦结霜过多，气体不能通过蒸发器，影响制冷能力，以致不能制冷。结霜过多时要人工除霜，然后调整控制设备中的除霜时间和除霜周期。

③冷库温度控制设备。冷库通过温度传感器监测库内温度，控制制冷压缩机、膨胀阀、电磁阀的工作来实现制冷，当达到所设置的温度时制冷机停止工作。温度控制设备还承担蒸发器的化霜、温度报警等控制。

三、气调保鲜技术

食品不仅是一种基本需要，还是衡量生活水平的一个标准。如今，消费者高度重视易腐食品的纯正口味、长保质期和有吸引力的外观包装。因此，食品工业应开发新的食品包装技术来满足客户的需求。由于社会的发展和顾客对高质量不断增加的需求，使用改良气体包装易腐食品成为一个市场趋势。

（一）气调保鲜技术的含义

气调保鲜包装，国外称 MAP 或 CAP，国内又称气调包装或置换气体包装、充气包装，它采用具有气体阻隔性能的包装材料包装食品，根据客户实际需求将一定比例的 $O_2+CO_2+N_2$，N_2+CO_2，O_2+CO_2 混合气体充入包装内，防止食品在物理、化学、生物等方面发生质量下降或减缓质量下降的速度，从而延长食品货架期，提升食品价值。

与传统的冷藏保鲜相比，气调保鲜具有保鲜品质好、贮藏时间长、工作能耗较低等多方面优点，可以延长果蔬贮藏时间5～10倍，还能保鲜贮藏一些因低温冷害不宜冷藏的热带、亚热带果蔬品种。关于果蔬的长期贮藏保鲜，目前还没有一致的说法，应该是对有较高保鲜附加值的果蔬品种保鲜3个月以上，对有一般保鲜附加值的果蔬品种保鲜6个月以上，保鲜效果应基本保持果蔬入藏前的原质、原状、原味，保鲜贮藏损失率为5%～10%，能自然延长果蔬的货架期（为冷藏的3倍时间）。

（二）气调保鲜库

气调保鲜库其实质是在冷藏库的基础上增加了气体成分调节设备。气调保鲜库比冷藏库更先进，它被认为是当今非常先进的果蔬保鲜贮藏设备及技术，气调保鲜在国外已广泛应用，气调保鲜库的应用可以较大限度地保持果蔬产品的新鲜度和商品性，以延长贮藏期和销售的货架期。

1. 气调贮藏的原理

气调贮藏是建立在对果蔬采后生理特性的深刻认识基础上发展起来的一项新技术。水果和蔬菜采收后，失去了水和无机物的供应，仍然是活的有机体，其主要代谢过程是呼吸作用。由于呼吸作用中同各种果蔬的生理生化过程有着密切联系，并制约着生理生化变化，因此必然会影响水果和蔬菜的采后品质、成熟、耐贮性、抗病性以及整个贮藏寿命。呼吸作用越旺盛，各种生理生化过程进行得越快，采后寿命就越短。因此水果和蔬菜在采后贮藏和运输过程中要设法抑制呼吸，但又不可过分抑制，应该在维持产品正常的生命过程前提下，尽量使呼吸作用进行得缓慢一些。

水果和蔬菜在贮藏过程中的呼吸强度与产品的消耗是紧密联系着的，呼吸强度越大所消耗的营养物质越多。因此，在不妨碍水果和蔬菜正常生理活动的前提下，尽量降低它们的呼吸强度，减少营养物质消耗，这是水果和蔬菜贮藏成败的关键。为了控制果蔬的呼吸强度，延长果蔬贮藏期，就必须了解影响果蔬呼吸强度的有关因素。影响果蔬呼吸强度的主要因素（除产品本身因素以外，如品种种类、成熟度、病虫害等）有贮藏温度、贮藏环境气体成分。温度是影响果蔬呼吸强度的重要因素，在一定范围内，随着温度升高，呼吸强度也随之增大。

2. 气调保鲜库设备

气调库主要由气密库体、气调系统、制冷系统、加湿系统、压力平衡系统以及温度、湿度、气体自动检测控制系统构成。

（1）气密库体。气调库库体不仅要求良好的隔热性，减少外界热量对库内温度的影响，更重要的是还要求具有良好的气密性，减少或消除外界空气对库内气体成分的影响，保证库内气体成分调节速度快，波动幅度小，从而提高贮藏质量、降低贮藏成本。气调库库体主要由气密层和保温层构成。气调保鲜库按建筑可分为3种类型：装配式、砖混式、夹套式。装配式气调库围护结构选用彩镀聚氨酯夹心板组装而成，具有隔热、防潮和气密的作用。该类库建筑速度快，美观大方，但造价略高，是目前国内外新建气调库最常用的类型。气调库采用专门的气调门，该门应具有良好的保温性和气密性。气调库建好后，要进行气密性测试。气密性应达到196 Pa压力下，半降压时间不低于10～20分钟。

（2）气调系统。要使气调库达到所要求的气体成分，并保持相对稳定，除了要有一定要求气密性的库体外，还要有相应气体调节设备、管道、阀门所组成的系统，即为所谓的气调系统。整个气调系统包括制氮系统、二氧化碳脱除系统、乙烯脱除系统、温度、湿度及气体成分自动检测控制系统。

（3）制冷系统。是实现机械制冷所必需的机器、设备及连接这些机器、设备的管道、阀门、控制元件等所组成的封闭循环系统。气调库的制冷系统与普通冷库的制冷系统没有什么不同。但气调库制冷系统应具有更高的可靠性和更高的自动化程度，并在果蔬气调贮藏中长时间地维持所要求的库内温度。一般采用氨制冷系统，或氟利昂单级压缩直接膨胀供液制冷系统。

（4）加湿系统。与普通果蔬冷库相比，由于气调贮藏果蔬的贮藏期长，果蔬水分蒸发较高，为抑制果蔬水分蒸发，降低贮藏环境与贮藏果蔬之间的水蒸气分压差，要求气调库贮藏环境中具有最佳的相对湿度，这对于减少果蔬的干耗和保持果蔬的鲜脆有着重要的意义。一般库内的相对湿度最好能保持在90%～95%之间。常用的气调库加湿方法有以下几种：①地面充水加湿；②冷风机底盘注水；③喷雾加湿；④离心雾化加湿器；⑤超声雾化加湿器。

（5）气调库压力平衡系统。在气调库建筑结构设计中还必须考虑气调库的安全性。由于气调库是一种密闭式冷库,当库内湿度降低时,其气体压力也随之降低,库内外两侧就形成了气压差。据资料介绍,当库内外温差1℃时,大气将对围护结构产生40 Pa的压力差,温差越大压力差也越大。若不把压力差及时消除或控制在一定的范围内,将会使库体损坏。为保证气调库安全性和气密性,并为气调库运行管理提供必要的方便条件。

气调库应设置压力平衡系统包括安全阀、缓冲贮气袋。安全阀是在气调库密闭后,保证库内外压力平衡的特有安全设施,它可以防止库内产生过大的正压和负压,使围护结构及其气密层免遭破坏。缓冲贮气袋的作用是消除或缓解气调库在运行期间出现的微量压力失衡。当库内压力稍高于大气压力时,库内部分气体进入缓冲贮气袋;当库内压力稍低于大气压时,缓冲贮气袋内的气体便自动补入气调间。贮气袋把库内压力的微量变化,转换成贮气袋内气体体积的变化,使库内外的压差减小或接近于零,消除和缓解压差对围护结构的作用力。缓冲贮气袋由气密性好且具有一定抗拉强度的柔性材料制成。

(6)温度、湿度及气体成分自动检测控制系统。气调库内检测控制系统的主要作用是对气调库内的温度、湿度、气体进行实时检查测量和显示,以确定是否符合气调技术指标要求,并进行自动(人工)的调节,使之处于最佳气调参数状态。自动化程度较高的现代气调库一般采用自动检测控制设备,它由温湿度传感器、控制器、计算机及取样管、阀等组成,整个系统全部由计算机自动控制。

(三)气调保鲜技术的发展

1930年,美国研究人员发现,放在密封冷藏库里的苹果和梨的呼吸活动降低了库房内O_2的含量,增加了CO_2含量,明显降低了水果呼吸速度,使保鲜期达到6个月,冷藏保鲜期延长了1倍。后来,这种利用呼吸自身气调的贮藏方式在美国各地得到很大发展。

1970年,丹麦Irma零售连锁店在哥本哈根配送中心集中生产鲜肉气调包装首次成功地供应整个丹麦。1976年,与丹麦先进的肉类产品制造商合作,MULTIVAC和WITT—GASETECHNIK用混合气体取得包装的新鲜肉类。

1980年,英国真空包装和气调包装约占欧洲包装食品市场的一半。约有38%以上的新鲜红肉采用气调包装,到1982年销售总额增加了300%。

21世纪以来,美国和加拿大约80%的牛肉销售由肉类包装生产商以分割肉真空包装形式供应给零售商、旅馆、餐馆和食堂。英国目前所有的食品零售连锁店都销售气调包装的食品。在法国，占新鲜食品市场很大部分的棍子面包气调包装特别成功。在德国，气调包装开始应用于方便面、比萨和鲜切蔬菜。在意大利，约有10%的腌肉和72%的馅饼应用气调包装。我国在20世纪90年代后期开始研究开发食品包装设备和工艺，如上海肉类加工企业引进国外气调包装设备开发新鲜猪肉气调包装市场，为我国食品气调包装市场应用打下了基础。21世纪以来，食品气调包装的研究与市场应用进入一个发展时期，许多高等院校和研究单位及有远见的企业在气调包装工艺方面进行了大量的实践和研究。

（四）气调保鲜技术国内外应用情况

20世纪60年代，发达国家开始研发和应用气调保鲜技术装备；20世纪70年代，气调保鲜技术的应用趋于广泛；20世纪80年代，发达国家大规模出现气调库。经过近50年的发展，现今欧美发达国家已经基本普及使用气调库贮藏保鲜果蔬，平均贮藏比重达到果蔬产量的60%，新建果蔬保鲜库几乎都是气调库，原有的果蔬冷藏库也在陆续改造成气调库。气调集装箱方面，意大利是较早研制推出运输用气调保鲜箱的国家，多年前美国、德国、英国相继开发出气调集装箱。20世纪80年代初，国外开始利用气调集装箱进行陆上和海上长途保鲜运输，一些水果出口大国使用气调集装箱远程海运果蔬，扩大其在国际果蔬市场上的占有份额。但尚未有资料显示气调集装箱在国际市场上大批量推出，国际保鲜海运的主要方式还是冷藏。

20世纪80年代，我国曾引进示范性气调库，但在当时的背景条件下未进行普及推广。20世纪90年代，国内开始研究气调保鲜技术的应用。1994年，中国农业科学院建成我国第一个果蔬气调库，贮藏容量100吨。不过，气调保鲜技术在我国的应用发展缓慢而艰难，完全自主研制开发的大型气调库（万吨容量以上）几乎没有，已建成的气调库大多是国外引进或者在主要设备引进的基础上进行配套改装。目前，气调保鲜技术装备所涉及的相关设备，国内已经完全有能力自我配套，但专业从事气调保鲜技术并能够承建气调库的企业很少，主要是北京、天津和山东烟台的少数企业。气调集装箱只有个别企业试制成功，国内市场仍一片空白。我国已建成的气调库大都分布在果蔬产地，如陕西、山东、河北、河南、新疆等省（自治区），东南沿海经济发达地区不多，长江三角洲几乎还没有商用气调库。实际上，大中城市周边的农产品批发市场建气调库，需要具备良好的经济条件，且更接近消费市场。

与发达国家相比，中国果蔬产业最薄弱之处就是产后的保鲜贮藏（产后加工通常也离不开保鲜贮藏），果蔬贮藏量与产量之比，发达国家平均达到80%，而我国只有20%，果蔬产后进入气调保鲜贮藏的比重则更低。许多文献和资料报道，国内气调贮藏的果蔬量不到果蔬总产量的1%，用国家农产品保鲜技术研究中心人士提到的有关数字来推测，已建成的包括已改造成的果蔬气调库中，大约仅有20%属于真正意义上的气调库，也就是说，剔除那些自发气调（modified atmosphere）贮藏、塑料薄膜大帐气调贮藏等，实际上采取机械气调（controlled atmosphere）贮藏的果蔬量只占到果蔬产量1%的20%，即2‰。因此，我国气调保鲜技术的应用与发展尚处于初级阶段。

（五）气调保鲜技术在我国应用与发展存在的主要问题

保鲜贮藏和保鲜运输是制约农产品生产、市场交易、产业发展的瓶颈。气调保鲜及其技术装备是符合国家产业政策导向且具有发展潜力的朝阳产业，但其在中国的应用与发展缓慢，原因主要有以下几个方面。

1. 技术问题

气调保鲜技术装备给人感觉不复杂，制冷加空气分离，再配以自动控制，所以有人将气调保鲜看成冷藏基础上做些气体改良。然而，另一方面，国内自主开发的气调保鲜技术装备在使用中出现保鲜效果不佳，甚至保鲜失败的案例却不少，这又引起人们对气调保鲜技术的疑问，有技术不成熟、产品不实用等说法。气调保鲜技术不属于"高、精、尖"范畴，但在发达国家已经普及应用，而我国在应用中却问题不断，说明国内在应用气调保鲜的过程中存在着技术问题。

由于抑制不同种类、不同品种的果蔬呼吸作用的气体成分浓度参数有所不同，而果蔬贮藏环境中气体成分的浓度配比又始终处在动态变化之中，气调保鲜面对的技术问题远比冷藏保鲜复杂。从冷藏保鲜到气调保鲜绝不是简单的技术改良，而是具有一定深度的技术进步、技术发展。开发气调保鲜技术装备需要多学科知识，涉及果蔬生理生化、结构设计、空气分离、制冷、加湿、灭菌、计算机控制及远程监控等多项技术。虽然所涉各项技术均属于成熟技术，不存在所谓科技攻关的难题，但要将多项技术有机结合在一起，共同实施，实现保鲜，是有难度的，重点在综合技术能力。

气调保鲜技术装备的制作开发是一个典型的理论指导实践的案例，其理论基础为果蔬生理生化。上述各项技术中，只有果蔬生理生化直接关系到果蔬保鲜，其他各项技术只是用来实施、实现保鲜的手段。因而，果蔬生理生化应处于技术主导地位，它为产品设计提出总体技术要求，并指导其他各项技术的实施。倘若对果蔬生理生化不熟悉、不重视，不进行深入分析和思考，即使产品制作出来，种种问题也会接踵而来，造成保鲜损失、产品损失，毕竟气调保鲜技术装备是以保鲜为前提的产品。当然，仅仅熟知果蔬生理生化是不够的，还必须同时熟练掌握其他各项技术，这样果蔬生理生化才能起到正确的、可行的指导作用。

温度和气体组成成分的浓度是影响果蔬呼吸作用的主要因素，失水和菌害则是影响果蔬保鲜质量的重要因素。气调保鲜要解决这四大问题，并最终落实在系统的控制实施过程之中。控制实施过程是在果蔬生理生化研究基础上集其他所有技术相互磨合的结晶，并将其作为系统应用软件写入计算机芯片。拆卸、解剖引进装备，可以了解到结构上的特点和尺寸，但控制过程的实施仍然不易弄清和把握。也正因此，在无法得到国外相应技术软件的情况下，国内企业自主开发气调保鲜技术装备，结构上可能相似、相近，而控制实施过程有所不同，因为企业各自对果蔬生理生化的研究、理解、运用会有不同。因此，技术问题可以归结为综合技术能力、果蔬生理生化及控制实施过程三个方面。

2. 投资问题

学科常以研究为主题，技术常以制造作舞台。气调保鲜技术装备则是跨学科、多技术的运用与结合，尤其是果蔬种类、品种在生理生化性质上存在着或大或小的差异，使得气调保鲜的控制实施过程内涵丰富，开发气调保鲜技术装备伴有持续性的技术研发，需要一定的人力资源条件和技术研究条件。这容易产生投资问题：一方面，无论是制造业还是经营业，国内多采取"拿来主义"，不愿涉足带有技术研发性质的产品项目；另一方面，多数产品技术型企业，包括制冷技术企业，一般只是在某个技术领域或某个单项技术上具有专长、优势，不具备跨学科、多技术的综合研发能力。

资本雄厚的成功企业理应投资这样的科技产品新项目。不过，中国绝大多数成功企业有着跳跃性的发展经历和商业经验，良好的业绩容易使人淡忘机遇产生的根源，以至形成了投资、发展的惯性思维，"短、平、快"几乎成了唯一正确的商业投资理念。技术综合性为当今世界科技产品推陈出新的主要特征，但这仍然是我国科技产品自主创新的一处软肋。近几年，国内创业风险投资如雨后春笋般涌现，但风险投资总是将"技术是否成熟，产品是否成熟"作为投资与否的前提。

所有的都成熟了，投资就没有风险了。自20世纪中期美国兴起创业投资基金到现今风靡全球的PE私企股权投资，投资目标均围绕技术、产品尚未完全成熟但具有发展前景的高科技产品和新兴产业项目。

我国强调大力发展农业，以工业技术改造农业，提高农业物质技术装备水平，气调保鲜技术的应用与发展当在此列。政府有能力打破国内科技产品自主创新中的投资僵局。宏观经济受国家干预、国家调节，甚至出现了国家直接注资，插手企业经营，因此在我国科技产品自主创新中，政府直接投资可能比扶持更有实效。

3. 成本问题

气调保鲜技术装备造价高于冷藏保鲜技术装备造价。由于配置设备及构件材料不同，国内市场价格较为混杂，就小吨位型的国产果蔬保鲜技术装备来说，通常的价格范围大致是：国产自建冷藏库造价3 000～4 000元/吨容量（包括土建），国产自建气调库造价7 000～9 000元/吨容量（包括土建）；国产冷藏集装箱售价34～40万元/只（带发电机组），国产气调集装箱售价46～52万元/只（带发电机组）。现在完全从国外引进气调库，价格都在1.5万元/吨容量以上，甚至近2万元/吨容量。上述国产气调集装箱的价格是根据国内个别企业的产品开发和试用情况，推测今后国内市场上可能的价格范围。

果蔬保鲜既涉及生产行为又涉及经营行为，装备制造企业要有产品生产利润，市场用户要有使用效益，因而气调保鲜技术装备的成本分别有生产成本和使用成本。生产成本高低乃至市场价格高低，对市场用户并不构成实质性问题。当气调保鲜技术装备可以显著延长果蔬贮藏时间，用其保鲜确实可以带来较高的附加值时，市场用户只要简单测算得出产品使用可产生的商业收益及投资回收期，即可作出购买判断。另一方面，生产成本关系到产品市场价格，关系到产品销售利润，生产企业会不断努力降低产品的生产成本，特别是努力降低设备配套成本，追求规模经济。

真正的成本问题是产品的使用成本，用户对此比较敏感，国家要求节能减排，气调保鲜技术装备的运行是以空气作"原料"，不使用任何防腐剂、保鲜剂，产品在生产和使用过程中几乎没有环境污染，但气调保鲜同冷藏保鲜一样，属于连续工作模式，耗电量大，使用成本应该是需要更加注重的问题。在产品制造角度，降低气调保鲜技术装备的使用成本可以从两个方面考虑：一是结构设计上作改进，提高气调保鲜技术装备的气密性，降低使用能耗。结构设计上还要考虑气体、冷风、水雾的均匀分布及合理流动,减少不必要的能耗。二是系统设计上作改进,连续工作模式是高能耗的主因,设计合理的、适用的控制系统能够改良连续工作模式,有效降低工作能耗。

(六) 气调保鲜的市场前景

中国是世界上最大的果蔬生产国,2007年,我国果蔬总产量达到7.4亿吨,其中,水果产量约1.8亿吨,约占世界水果总产量的30%;蔬菜产量约5.6亿吨,约占世界蔬菜总产量的50%。但我国绝大部分果蔬是采后以初级产品形式产地鲜销,附加值低,缺乏产后处理能力,产后加工比重仅10%,产后贮藏比重不足20%,果蔬采收时平均损耗25%~30%。中国也是世界上果蔬出口大国,水果出口量居世界第一位,蔬菜出口量居世界第4位,但鲜冷藏果蔬出口量占产量的比重低。2022年我国水果进口保持稳健增长,全年进口金额为146亿美元,同比增长8%,进口数量733万吨,同比增长4%;水果出口额46.3亿美元,同比减少15%,出口量325.9万吨,同比减少8%;中国鲜或冷藏蔬菜出口数量为620万吨,同比增长5.1%,中国鲜或冷藏蔬菜出口金额为6.1亿美元,同比增长2.3%。除贸易壁垒、绿色标准外,保鲜贮运能力是制约中国扩大果蔬出口的最重要原因。

有数据显示,2019年我国农产品总产量19.80亿吨,其中生鲜农产品产量超过11亿吨,由于存在保鲜和腐烂问题,无法及时销售的生鲜农产品损失达20%~30%。根据有关专家测算,我国粮食、马铃薯、水果、蔬菜的产后损失率分别为7%~11%、15%~20%、15%~20%和20%~25%,远高于发达国家平均损失率;折算经济损失3 000亿元以上,相当于1亿多亩耕地的投入和产出被浪费掉。

数据显示,冷链的不标准是造成生鲜农产品损耗最主要的原因。很多蔬菜、水果原产地冷链的配套基础设施建设不健全,各个环节容易出现冷链脱节的现象,导致温度有比较大的变化,损害比没有冷链时更大,由此造成的损耗占到25%~30%。

国内农产品冷链流通率占比很低,仅有28%蔬菜、水果等农产品采用冷链配送,生鲜农产品损耗除了会影响农业整体收入之外,还会对消费市场的农产品价格带来影响。所以,生鲜农产品损耗的关键是冷链物流的缺失,气调保鲜技术是解决这一问题的重要途径。

气调保鲜技术应用的范围极为广阔,不仅是果蔬,鲜花、茶叶、中药材、苗木、种子及粮食等也可以采用气调保鲜、气调贮藏，肉禽、海鲜以及淡水产品等也有着极为诱人的气调保鲜贮藏应用前景。气调保鲜技术装备的开发也不会仅仅停留在气调库、气调集装箱这两大类产品上，今后有可能进一步研发出食品超市所用的气调储藏柜以及家庭所用的气调冰箱。届时，果蔬的贮藏、运输、销售、消费等环节就能始终处于气调保鲜过程中，形成完整的果蔬气调保鲜市场营运链。

近两年，国内气调保鲜领域正悄然发生变化，喜人的迹象连连出现：一是对气调保鲜关注的市场人士增多。气调保鲜可能带来的种种商机让不少果蔬种植者开始争取立项，筹建气调保鲜库，不少果蔬经营者在果蔬箱上标注"气调保鲜"，宣传果蔬保鲜新概念；二是一些拟投资转型以及欲进入高新技术领域的企业，包括上市公司在内，将气调保鲜纳入其视野，或者已经出资收购股权，投资介入从事气调保鲜技术的企业，或者正在进行项目可行性调研及论证；三是地方政府开始重视气调保鲜，不少地方财政拨出专项资金尝试开展气调保鲜技术的应用，在国外引进的基础上组织人力、财力研究自制，相关政府部门也在积极研究政策，考虑如何扶持和推广。目前，国内已研制出应用各种塑料薄膜进行简易气调贮藏的应用系统，达到实用阶段，并继续向自动化气调保鲜贮藏方向发展。不久的将来，气调保鲜技术在中国的应用与发展就会步入崭新的阶段。

任务二：数智赋能冷链配送装备

一、冷链运输设备要求

冷链运输是食品冷藏链中十分重要而又必不可少的一个环节，由冷链运输设备来完成。冷链运输设备是指本身能制造并维持一定的低温环境，用来运输冷冻食品的设施及装置，包括冷藏汽车、铁路冷藏车、冷藏船和冷藏集装箱等。从某种意义上讲，冷链运输设备是可以移动的小型冷藏库。

虽然冷藏运输设备的使用条件不尽相同，但一般来说，它们均应满足以下条件：

（1）能产生并维持一定的低温环境，保持食品低温的恒定；

（2）隔热性好，能尽量减少设备内外热量的交换；

（3）可根据食品种类或环境变化调节温度；

（4）制冷装置在设备内所占空间要尽可能地小；

（5）制冷装置重量轻，安装稳定，安全可靠，不易出故障；

（6）运输成本低。

二、常见冷链运输设备

（一）冷藏汽车

汽车运输快捷、灵活、方便，可实现门对门运输，但运量小，成本高。汽车运输的功能主要是承担中、短途运输，但随着高速公路的完善，汽车运输从短途渐渐形成短、中、远程运输并举的局面以补充和衔接其他运输方式。

1. 冷藏汽车的特点

冷藏汽车（图2-1）具有使用灵活、建造投资少、操作管理与调度方便的特点，它是食品冷藏链中重要的、不可缺少的运输工具之一。它既可单独进行易腐食品的短途运输，也可以配合铁路冷藏车、水路冷藏船进行短途转运。

图 2-1　冷藏汽车

虽然冷藏汽车可采用不同的制冷方法，但设计时都应考虑如下因素：

（1）车厢内应保持的温度及允许的偏差；

（2）运输过程所需要的最长时间；

(3)历时最长的环境温度;

(4)运输的食品种类;

(5)开门次数。

2. 冷藏汽车的冷负荷

一般来说,食品在运输前均已在冷冻或冷却装置中降到规定的温度,所以冷藏汽车无须再为食品消耗制冷量,冷负荷主要由通过隔热层的热渗透及开门时的冷量损失组成。如果冷藏运输新鲜的果蔬类食品,则还要考虑其呼吸热。

隔热层的传热量与环境温度、汽车行驶速度、风速和太阳辐射等有关。在停车状态下,太阳辐射是主要的影响因素;在行驶状态下,空气与汽车的相对速度是主要的影响因素。

车体壁面的隔热性能对冷藏汽车的运行经济性影响很大,要尽力减少热渗透量。隔热层最常用的隔热材料是聚苯乙烯泡沫塑料和聚氨酯泡沫塑料,具体数值取决于车体及其隔热层的结构。从热损失的观点看,车体最好由整块玻璃纤维塑料制成,并用现场发泡的聚氨酯泡沫塑料隔热,在车体内、外装设气密性护壁板。

由于单位时间内开门的次数及开、关间隔的时间均不相同,所以开门冷量损失的计算较困难,一般凭经验确定,其值比壁面热损失大几倍。分配性冷藏汽车由于开门频繁,冷量损失较大,而长途冷藏汽车可不考虑此项损失。若分配性冷藏汽车每天工作 8 小时,可按最多开门 50 次计算。

3. 冷藏汽车的分类

根据制冷方式,冷藏汽车可分为机械冷藏汽车、液氮或干冰冷藏汽车、蓄冷板冷藏汽车等多种。这些制冷系统彼此差别很大,选择使用方案时应从食品种类、运行经济性、可靠性和使用寿命等方面综合考虑。

(1)机械冷藏汽车(mechanical refrigerated trucks)。机械冷藏汽车内装有蒸汽压缩式制冷机组,采用直接吹风冷却,车内温度实现自动控制,很适合短、中、长途或特殊冷藏货物的运输。

该冷藏汽车属分装机组式,由汽车发动机通过传动带带动制冷压缩机,通过管路与车顶的冷凝器、车内的蒸发器及有关阀件组成制冷循环系统,向车内供冷。制冷机的工作和车厢内的温度由驾驶员直接通过控制盒操作。这种由发动机直接驱动的汽车制冷装置,适用于中、小型机械冷藏汽车,其结构比较简单,使用灵活。由于分装式制冷机组管线长、接头多,在振动条件下容易松动,制冷剂泄漏的可能性大，设备故障较多，所以对大、中型机械冷藏汽车不合适。大、中型机械冷藏汽车可采用半封闭或全封闭式制冷压缩机及风冷冷凝机组。

机械冷藏汽车的优点：车内温度比较均匀稳定，温度可调，运输成本较低。缺点：结构复杂，易出故障，维修费用高；初始投资高；噪声大；大型车的冷却速度慢，时间长；需要融霜。

（2）液氮或干冰冷藏汽车（LN_2/dry ice refrigerated trucks）。这种冷藏汽车的制冷剂是一次性使用的，或称消耗性的。常用的制冷剂包括液氮、干冰等。

液氮冷藏汽车主要由隔热车厢、液氮罐、喷嘴及温度控制器组成。其制冷原理主要是利用液氮汽化吸热，吸收车厢内的热量，实现制冷并达到给定的低温。

安装在驾驶室内的温度控制器用来调节车内温度。电控调节阀为低温电磁阀，接受温度控制器的信号，控制液氮喷淋系统的开、关。紧急关闭阀的作用是在打开车厢门时，关闭喷淋系统，停止喷淋，可以自动或手动控制。

冷藏汽车装好货物后，通过控制器设定车厢内要保持的温度，而感温器则把测得的实际温度传回温度控制器。当实际温度高于设定温度时，液氮管道上的电磁阀自动打开，液氮从喷嘴喷出降温；当实际温度降到设定温度后，电磁阀自动关闭。液氮由喷嘴喷出后，立即吸热汽化，体积膨胀高达600倍，即使货堆密实，没有通风设施，氮气也能进入货堆内。冷的氮气下沉时，在车厢内形成自然对流，使温度更加均匀。为了防止液氮汽化时引起车厢内压力过高，车厢上部装有安全排气阀，有的还装有安全排气门。

液氮制冷时，车厢内的空气被氮气置换，而氮气是一种惰性气体，长途运输果蔬类食品时，可抑制其呼吸作用，延缓其衰老进程。

液氮冷藏汽车的优点：装置简单，一次性投资少；降温速度很快，可较好地保持食品的质量；无噪声；与机械制冷装置比较，重量大大减小。缺点：液氮成本较高；运输途中液氮补给困难，长途运输时必须装备大的液氮容器，减少了有效载货量。

用干冰制冷时，先使空气与干冰换热，然后借助通风使冷却后的空气在车厢内循环，吸热升华后的二氧化碳由排气管排出车外。有的干冰冷藏汽车在车厢中安装四壁隔热的干冰容器，干冰容器中装有氟利昂盘管，车厢内安装氟利昂换热器，在车厢内吸热汽化的氟利昂蒸气进入干冰容器中的盘管，被盘管外的干冰冷却，重新凝结为氟利昂液体后，再进入车厢内的蒸发器，使车厢内保持规定的温度。

干冰冷藏汽车的优点：设备简单，投资费用低；故障率低，维修费用少；无噪声。缺点：车厢内温度不够均匀，冷却速度慢，时间长；干冰的成本高。

（3）蓄冷板（holdover plate）冷藏汽车。利用冷冻板中充注的低共晶溶液蓄冷和放冷，实现冷藏汽车的降温。冷冻板厚 5～150 毫米，外表是钢板壳体，其内腔充注蓄冷用的低共晶溶液，内装有充冷用的盘管，即制冷蒸发器。制冷剂在蒸发盘管内汽化时，使低共晶溶液冻结，对冷冻板"充冷"。当冷冻板装入汽车车厢后，冻结的共晶体即不断吸热，进行"放冷"，使车内降温，又维持与共晶体溶液凝固点相当的冷藏温度。在冷冻板内，低共晶体吸热全部融化后，可再一次充冷，以备下一次使用。

（二）冷藏集装箱

集装箱已是国内外公认的一种经济合理的运输工具，它在海、陆、空运输中占有重要的地位，具有重要作用。冷藏集装箱技术和冷藏集装箱运输更具有特殊的意义。大力发展集装箱运输是我国交通运输的发展趋势。

所谓冷藏集装箱（reefer container）（图 2-2），就是具有一定隔热性能、能保持一定低温、适用于各类食品冷藏贮运而进行特殊设计的集装箱。冷藏集装箱出现于 20 世纪 60 年代后期，具有钢质轻型骨架，内、外贴有钢板或轻金属板，两板之间充填隔热材料。常用的隔热材料有玻璃棉、聚苯乙烯、发泡聚氨酯等。

图 2-2 冷藏集装箱

1. 冷藏集装箱的分类

根据制冷方式，冷藏集装箱主要包括以下几种类型。

（1）保温集装箱：无任何制冷装置，但箱壁具有良好的隔热性能。

（2）外置式保温集装箱：无任何制冷装置，隔热性能很强。箱的一端有软管连接器，可与船上或陆上供冷站的制冷装置连接，使冷气在集装箱内循环，达到制冷效果。一般能保持 $-25\ ℃$ 的冷藏温度。

（3）内置式冷藏集装箱：箱内带有制冷装置，可自己供冷。制冷机组安装在箱体的一端，冷风由风机从一端送入箱内。如果箱体过长，则采用两端同时送风的方式，以保证箱内温度均匀。

（4）液氮或干冰冷藏集装箱：利用液氮或干冰制冷。

2. 冷藏集装箱的特点

用集装箱运输的优点：更换运输工具时，不需要重新装卸食品；箱内温度可以在一定的范围内调节，箱体上还设有换气孔，因此能适应各种易腐食品的冷藏运输要求，而且温差可以控制在 $±12\ ℃$ 之内，避免了温度波动对食品质量的影响；集装箱装卸速度很快，使整个运输时间明显缩短，降低了运输费用。

另外，陆运集装箱还有其独特的优点：

（1）与铁路冷藏车相比，陆运集装箱在产品数量、品种和温度上的灵活性大大增加。铁路冷藏车大列挂 20 节冷藏车厢，小列挂 10 节冷藏车厢，不管货物多少，只能有两种选择，而集装箱的数量可随意增减；铁路冷藏车的温度调节范围较小，而且加冰冷藏车的车厢内温度更难控制。

（2）由于柴油发电机的开停也受箱内温度的控制，使用陆运集装箱避免了柴油机空转耗油，使集装箱在运行期间中途不用加油。

（3）陆用集装箱的箱体构造轻巧、造价低。

（4）能最大限度地保持食品质量，减少运输途中的损失。如运输新鲜蔬菜时，损耗率可从敞篷车的 30%～40% 降低到 1% 左右。

3. 气调集装箱

气调集装箱是在冷藏集装箱的基础上发展起来的，它通过调节运输过程中环境的气体成分来延缓果蔬的呼吸和成熟衰老等生理进程。一方面，气调集装箱同气调库一样，使用效果和运行费用受气密性的影响，所以要求它具有良好的气密性。另一方面，不管在海上还是在陆上的运输过程中，各种设备的工作环境远比气调库中的恶劣,所以对气调集装箱及其内部设备有很高的坚固性(能经受路途摇晃、颠簸)、可靠性(无须在路途中进行维修)和方便性(操作人员往往并非专业人士)等要求。

与冷藏集装箱一样,气调集装箱的外形尺寸是标准化的,但是气调设备往往会占据一定的贮藏空间。所以各生产商的一大任务就是在保证使用效果的前提下,尽量缩小气调设备的外形尺寸,使整套设备紧凑,提高有效容积。

(三)航空冷链配送设备

1. 航空冷链物流的含义

顾名思义,航空物流就是以航空的手段来运送货物,简单地说就是用航空工具进行物流操作。航空货运是现代航空物流业务中的重要组成部分,航空货运是国际贸易中贵重物品、鲜活货物和精密仪器运输所不可缺的方式。航空货运提供的是安全、快捷、方便和优质的服务。空运以其迅捷、安全、准时的特点赢得了相当大的市场,大大缩短了交货期。航空物流优势是速度快,货物安全系数高,劣势是价格贵,很多物品限运,旺季时容易运力不足。

航空冷链(图2-3)是以空中运输为核心,利用具有适航性的设施设备,适当依靠地面运输,保证运输过程中,始终处于温敏物资所需要的温度、湿度、光线、压力等,并对整个运输环节进行计划、协调、操作、控制和优化,其目标是满足托运者所需要的"6R"(right product、right time、right quantity、right quality、right status、right place)。

图2-3 航空冷链

2. 航空冷链装备与技术

（1）航空冷链集装器主要产品。航空冷链集装器可分为被动温控集装器和主动温控集装器。被动温控集装器（passive temperature controlled ULD）：利用冷却媒介（如湿冰、胶冰、干冰或液态气体等）控制温度的隔温集装器。主动温控集装器（active temperature controlled ULD）：带有隔热及冷却媒介，并带有机械或电子的制冷或加热系统，能够自动地测量箱内温度，将冷却能源以控制的方式均匀地分配到货物周围的集装器。

航空冷链集装器还可分为简单型主动温控集装器和复杂型主动温控集装器。简单型主动温控集装器：以碱性干电池作为能源（新电池电压至少11 V，工作时不得低于9 V），辅以冷却介质、干冰等。使用时须得到TSO-C90认证。复杂型主动温控集装器：使用大型充电电池，具有机电加热（电子泵或热力泵）/冷却（蒸汽压缩）系统。符合SAE/ISO的标准，且得到E-TSO、TSO的认证。

（2）航空冷链集装器的功能优势。航空冷链集装器能够保证温敏物质在运输中处于其所需要的温度环境。集装器租赁者与海关、检验检疫部门等合作密切，在集装器封箱之前，相关的文书手续须审核完毕，一般不进行重复检验。利用集装器运输，航空公司缩短了在始发站、经停站、中转站和到达站装卸温敏物质所花费的时间；温敏物质能够安全地固定位置，防止其他外界不利因素的影响；可以提供"门到门"的服务，整批量的货物可以从发货人那里直接提货运至机场，在目的站直接交到收货人手里，缩短了地面交接时间。

（3）全球集装器拥有量及主要生产厂家。据国际航空运输协会（IATA）统计，全球温控集装器拥有量大约为80万左右。国外主要集装器生产厂家有瑞典Envirotainer和AirContainer、美国CSafe、德国Dokasch和英国Skycooler。

现如今，中国青岛中集特种冷藏设备有限公司自主研发的中国第一款"主动式温控航空集装箱"通过适航认证，它采用蓄电池供电，通过制冷机组实现集装箱内的温度控制，可以在温度设定范围0～25 ℃内实现精确控温，能够满足生鲜、疫苗、医药等对温度敏感货物的航空冷链运输需求，并通过中国民航局适航认证，该产品的成功研发及顺利通过认证成功地打破了主动式温控航空集装箱由欧美企业垄断的格局，填补了该领域的国内空白，是一个重要里程碑。

（4）冷藏车。国外航空冷链物流运输所使用的冷藏车具有冷藏运输车定位管理系统。该系统是一个集成GPS/温度检测技术、电子地图和无线传输技术的开放式定位监管平台，能够实现对冷藏车的有效跟踪定位管理，并将定位信息实时传导。冷藏车常用于运输冷冻食品（冷冻车）、奶制品（奶品运输车）、蔬菜水果（鲜货运输车）、疫苗药品（疫苗运输车）等。

（5）温控仓库。航空冷链物流运输必不可少的基础设施设备就是温控仓库。温控仓库一般可提供冷冻、冷藏、室温三个温区，包括灵活分区及准确控温的活动墙、实时温湿度监控系统等。

3. 航空冷链物流的特点

（1）运输快捷，需求量大。最近几年，航空冷链物流市场需求旺盛，一方面来自消费市场对温敏物资总需求的日益增长，另一方面来自消费市场对商品品质要求的不断提高，一些对品质要求比较高的商品也进入温敏物资行列，从而使航空冷链物流的市场日益扩大。一些鲜活易腐货物、生物制剂、医药用品以及精密仪器等关系到消费者食用和使用安全的温敏物资需要利用航空冷链运输。据有关资料显示，现阶段我国初级农产品冷链运输率相对于发达国家而言一直偏低，发达国家已经达到80%～90%之间的水平，而我国果蔬、肉类、水产品冷藏运输率分别仅有15%、57%、69%。在我国，冷链断链所导致的农产品腐损率是发达国家的1～2倍。据估算，我国每年因冷链断链造成约1 200万吨水果、1.3亿吨蔬菜的浪费，经济损失超千亿元；发达国家冷链运输流通率果蔬类为95%，肉类为100%，年损失率在5%～10%。相比较而言，我国航空冷链潜在市场非常庞大。

（2）成本高、风险高、利润高。航空冷链物流包括冷链地面运输、冷链空中运输、冷链仓储及冷链包装等环节，是一种"贵族式"的运输方式。由于它利用先进的技术设施，因此不可避免会产生较高的成本。但温敏物品运输一般具有较高的附加值，利润也普遍较高。由于有较多的参与主体，航空冷链物流同样存在较大的断链隐患，因此运输风险也极高。

（3）参与主体多元化，链条衔接复杂。航空冷链物流的完整运输，需要航空公司、机场、货运代理、地面交通、海关及检验检疫机关等单位共同协作，才能保证航空冷链物流各环节紧密衔接，不断链。

（4）成为航空货运和航空物流新的增长点。航空冷链物流运输是航空物流中效益最高的运输方式，相对于铁路、公路、海运，航空节约了更多的时间，降低了运输过程中的其他成本，从而成为用时最短的冷链运输方式，并且航空冷链运输为航空公司提供了较高的利润，成为航空货运和航空物流新的增长点。

4. 航空冷链物流现状及发展趋势

（1）航空冷链前世今生。最早的航空冷链物流可以追溯到 1928 年，当时的荷兰皇家航空公司开创了航空冷链物流的先河。1969 年，美国推出了世界上首个冷藏集装箱，使标准化运输成为可能，此后航空冷链物流得以蓬勃发展。

早在 1800 年末，初级农产品及海鲜类食品从农村地区运到城市消费市场，由于运输工具落后，当时英国使用天然冰降低运输所导致的腐烂比率。1870—1880 年，殖民列强和殖民地之间的贸易推动了整个冷藏食品运输模式的发展。当时，法国利用冷藏手段从南美洲运输大量的冷冻牛肉和羊肉到欧洲；英国从澳大利亚进口冷冻牛肉和猪肉等。发展到 1910 年，英国利用冷藏技术手段每次能够从澳大利亚运输 60 吨的冷冻肉。1928 年，荷兰皇家航空公司开创了运输鲜活易腐产品的业务，把 75 吨重的鲜花、水果和蔬菜空运到伦敦，奠定了世界航空冷链物流运输里程碑。

温敏物资的大规模空中运输也推动了航空冷链物流设备的发展。1969 年，美国尔湾的工业界推出了世界首个冷藏集装箱，可以放置在波音 747 机舱里，自此航空冷链物流形成了第一个闭环。1972 年，日本航空公司利用航空冷链运送金枪鱼，实现了金枪鱼的全球供应，推动了航空冷链运输的首次高峰。而我国利用航空冷链运输货物还处于起步阶段。

（2）国外航空冷链物流案例。美国西南航空公司（以下简称西南航空），总部位于得克萨斯州达拉斯，是"廉价航空公司"经营模式的典范。西南航空拥有 544 架飞机，通航 68 个城市。

①冷链运输情况。温敏物品（如肉制品、鲜花和贵重物品、蔬菜、药品等）运输量占西南航空货运相当大的比重。西南航空利用制冷剂和特殊的包装保证温敏物品在航空运输途中品质不变，如利用制冷剂，维持运输途中所需温度，使用化学冷却剂（如干冰或凝胶包）冷藏运输，每个包装内干冰最高量五磅，并且须装一个容器通风。

②冷链关键技术。西南航空采用的控温高性能包裹托运系统是一种循环利用、可回收的包装系统，包括真空隔热板和独创的制冷剂相变材料。并且，包装内包含 RFID 标签（来自于 Intelleflex 公司），能够使承运人在不打开箱子的前提下监测温度数据。

③冷链运输网络化。西南航空可保证冷链运输服务的覆盖范围可达 3 300 个

日常直达航班，包括美国西南地区超过 90 个网点（穿插陆路运输服务）。

④实时跟踪系统。西南航空货运网站可查询项目有地点、温度、压力、湿度、光线、货物冲击度等。当货物到达目的地时，承运人会及时以电子邮件的方式通知托运人。

⑤冷链实例。一票货物从得克萨斯州达拉斯运到加利福尼亚圣何塞，共用时 6 小时 20 分钟。具体如下：10:20 离开达拉斯，室温为 28 ℃；11:10 到达奥斯汀，停留 30 分钟，室温为 32 ℃；12:50 包裹到达洛杉矶机场，停留 50 分钟，室温为 26 ℃；14:40 到达圣何塞，室温为 28 ℃；在整个航空冷链运输过程中货物的温度保持在 2～4 ℃，这包括货物换飞机时在货舱和停机坪的时间。因此，西南航空冷链物流方案拥有经济性和可靠性，可以保证货物在几个小时内送达美国各个城市。

（3）国内航空冷链物流案例。东方航空物流有限公司（以下简称东航物流），是东方航空公司（以下简称东航）旗下全资子公司，东航物流旗下拥有中国货运航空、东航快递、东航运输、东航供应链等子公司及境内外多个站点及分支机构，主营业务可分为航空速运、地面综合服务和综合物流解决方案三大块。

①东航物流为客户提供仓储服务，包含冷藏库、冷冻库及恒温库等特种仓储服务。

②产地直达。东航产地直达业务通过电商销售海鲜水产、时令水果、精品肉类、牛奶乳品等产品。东航物流通过以下流程开展产地直达业务：自有电子商务网站（东航产地直达）→预先收集境内外的消费需求→根据需求完成直接集中采购（东航物流）→自行完成跨境货物运输（东方航空、中国货运航空）→自行完成"门到门"派送（东航快递）。

通过产地直达，东航物流进口的生鲜产品从 2013 年的 2 个货运包机发展至 2018 全年约 200 多个包机，增长了 100 多倍，东航物流也因此稳居全球最大生鲜产品承运人地位。据统计，2017 年，东航物流执行生鲜包机近 100 个，累计进口生鲜农产品 1 万余吨，货值近 10 亿元人民币。目前，进口生鲜领域中的车厘子、三文鱼等产品，东航物流均已占据全国空运进口市场份额的六成以上。

③生鲜快运平台。随着业务的拓展和延伸，五年来，东航物流陆续建立了几个子品牌："飞来鲜"是跨境生鲜快运平台，主要为 B 端客户提供空运、海运、陆运等快速的冷链干线和集散仓之间的运输；"鲜活港"主要为客户提供鲜活农产品

的暂养、精加工、二次分包等服务；"燕影系统"是生鲜集装容器的冷链实时监测系统，确保客户在冷链产品运输过程中能够了解全流程的货物温度变化。其中，"飞来鲜"项目之一的"樱桃特快"是2017年与美国农业部、美国西北樱桃商会战略合作推出的，"樱桃特快（70%的樱桃和30%的海鲜）"货机服务覆盖亚洲主要经济体，航班经停美国时将再上货北美的波士顿龙虾等海鲜。

④生鲜产品中转"HUB"。全程冷链将是东航物流未来发力的重点领域，东航物流将在全球节点城市布局生鲜产品中转"HUB"。从商品产地来看，由于货运包机的巨大运力，要在短时间内准备好数量庞大（动辄上百吨）、符合航空运输要求的生鲜产品具有一定的难度，因此，需要在海外商品的原产地建设一定数量的中转"HUB"，主要负责集货和鲜活产品的暂养及技术处理等；从国内的消费地来看，先将进口产品集中进口到某一口岸，以1 000千米为半径，通过铁路、公路等多式联运方式，分批次发送到各个消费地，将有利于减少损耗、保证产品品质。

⑤物流节点城市建设生鲜港。东航将在机场附近建设"生鲜港"，以航空和海运干线运输方式，快速汇聚全球冷链商品资源至"生鲜港"区，通过区内配套的深加工能力，借助国内航线或地面卡车运输，快速将成品、半成品供应给国内和周边国家的终端用户。"生鲜港"区将吸引从事冷链干线运输（如国际、国内航空干线运输，国内地面干线运输等）、多式联运（海、陆、空运）、冷链仓储、冷链商品精细加工（精细切割、二次包装、边角料利用等）、小规模暂养、海运货代加工（服务日、韩等第三国）、高端冷链运输和仓储（医药等）、冷链设备制造、分拣包装、中央厨房、担保公司、转口贸易、供应链金融、冷链大数据、农产品溯源、电商云仓等大中小型企业入驻，全新打造布局合理、设施先进、功能完善、管理规范、网络化、规范化、系统化的国际农副产品冷链物流网络体系，形成农副产品、食品深加工、分包、分拨、分装、冷藏、速冻、冷链物流配送一条龙服务的冷链物流产业链。

5. 航空冷链物流的未来发展

在全球经济稳步复苏、国内经济运转稳中向好的背景下，我国航空物流业实现了较快增长。一方面，随着国民经济和社会消费需求的快速增长，冷链货运等新兴产业的涌现使航空物流在现代物流体系中愈发重要；另一方面，在新一轮全球产业重构背景下，自主可控的国际物流供应链体系被视为影响新一轮全球产业重构的"基础设施"。未来，我国航空物流将迈入更高层级的发展阶段，将更加多元化、专业化、智慧化、便捷化，成为我国物流业发展的又一风口。

统计显示，当人均GDP高于2 000美元时，人们对高价值物品的需求将逐步增加。目前，我国人均GDP已经超过了1万美元，这意味着时效性强的商品将广受青睐，航空货运在现代物流系统中将发挥更大的作用。

近年来，不少航空公司已开始布局冷链运输市场。吉祥航空旗下的上海吉祥航空物流就建设了"喜鹊到"空运物流整合平台，目前已在长三角与珠三角间实现了生鲜物流"当日达"，其承运的花卉、水果、冷冻肉制品、水产等生鲜产品可朝发夕至。而顺丰控股、圆通速递、京东货运航空等民营物流企业很早就已在货运航空领域进行了布局，都看到货运航空的巨大商机。

据了解，2020年我国航空冷链物流规模已达300亿元，其中主要的业务涵盖鲜切花、果蔬、医药和生鲜电商。特别是医药流通，是航空冷链物流的重要应用领域。尤其是疫情防控期间，疫苗等医药物资的运输成为社会各界关注的焦点。在流通环节，疫苗运输要求全程冷链，一旦运输途中出现温度异常就会产生不可逆的后果。据统计，在从生产地到一线城市的药品冷链运输方式中，航空运输占80%。根据Global Market Insights的数据，全球2018年的生物医疗低温存储市场规模为27.5亿美元，预计2025年将达到36.5亿美元。但是，疫情的暴发大大加速了这一市场规模的增长速度。

由此可见，受社会消费的崛起、城市化进程加快等利好因素驱动，依托当前万亿级规模的生鲜、医药市场，航空冷链物流正在由起步阶段进入快速上升通道，未来市场空间巨大。

国家出台供给侧结构性改革以及推进供应链创新与应用等多项政策，也将有力推动航空冷链加快资源整合，实现升级转型。中国航空冷链将以客户需求为中心，通过调整业务结构、优化业务布局，与上下游制造企业及商贸企业深度融合，制订以"一站式""门到门"服务为特征的一体化物流解决方案，为企业客户提供从原料到产品的集供应、生产、运输、仓储、销售等于一体的高质量综合物流服务。

（四）智能温湿度记录仪

近年来，我国冷链储运领域发展迅速，为保证农产品、药品在冷链储运过程中的质量，温湿度监控工作的严格开展极为关键。

1. 智能温湿度记录仪的含义

智能温湿度记录仪（图2-4）是指能够自动测量温湿度并按照预定的时间间隔将数据储存在自带的存储器中的仪表。完成监测功能后，智能温湿度记录仪能够将监测数据传到计算机上，对所记录的数据进行分析、下载，监测运输过程中是否有异常情况的发生。但电子温湿度记录仪不能实现实时远程监控，监控中心数据获得具有滞后性。

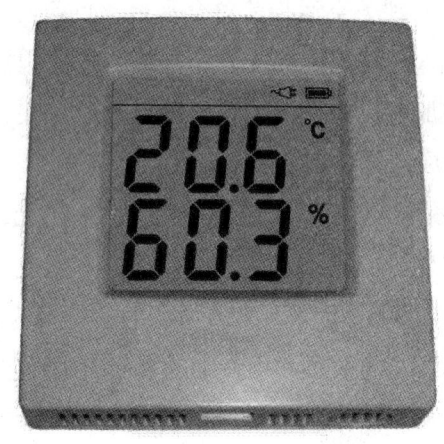

图2-4 智能温湿度记录仪

2. 智能温湿度记录仪工作原理

目前，智能温湿度记录仪主要是采集温度和湿度这两类数据，均是利用电子温湿度记录仪的传感器将温度和湿度这两个实际的物理量转换成计算机可以识别的数字量进行存储和运算。转换、存储、运算的过程一般都是通过微控制器，即单片机来实现的。

（1）微控制器数据采集的原理。

温度记录仪主要采用如下两种方式采集温度。

①用嵌入式微型控制器控制温度采集芯片，控制器通过相应协议读取温度采集芯片内部存储器的数据，再通过相应的算法转化，将存储的数据转化为相应的温度，最终获得冷库/冷藏车的内部温度。

②利用嵌入式微型控制器读取本身自带的存储器或读取独立的转换芯片控制相应的模拟采集装置，采集相应冷库/冷藏车内相应的温度信息。

湿度记录仪是将湿度这个物理量转化为微控制器可以采集的电信号，微控制器通过处理电信号就可以获得当前湿度传感器所处环境的湿度值。

（2）传感器。温湿度采集技术主要是通过温湿度传感器来实现的。冷链物流中对传感器的应用主要有两种：温湿度传感器和门传感器。对温度的测量一般用摄氏度（℃）表示，0℃为结冰点。对湿度的测量一般用相对湿度（RH%）表示，它代表单位气体中水蒸气含量与同温下饱和水蒸气含量的百分比。

冷链物流需要特别注意对湿度的控制。因为当空气的湿度过高时，温度的下降会导致空气中的水蒸气凝结成水珠，即发生凝结现象。对需要长时间低温干燥运输的物品来说，应对湿度进行监测，防止凝结现象的发生。

温度传感器按其类型可以分为热电偶、热电阻、数字温度传感器和红外温度传感器。而湿度测量相对于温度测量来讲要复杂很多，最简单的湿度传感器是湿敏元件。湿敏元件主要有电阻式和电容式两大类。

冷链物流需要保持冷库、冷藏车、低温加工车间的温度稳定。开门的时候，外界较热的空气会进入低温的空间中影响内部温度。所以冷链企业在冷库、冷藏车、低温加工车间的门上加装门传感器，以防止出现门长时间打开忘记关闭的现象。门传感器的工作原理：在门框和门上分别安装传感器甲和传感器乙。当甲、乙传感器的相对距离在一定范围以内时，表示门为关闭状态；当甲、乙传感器的相对距离超出一定的范围时，表示门为开启状态。当门长时间处于开启状态时，传感器将信号传递到报警器，报警器发出警报提醒工作人员及时关闭仓门。

3. 智能温湿度记录仪监控

（1）监控方法。冷链储运温湿度的监控需优选用于监控的软硬件，以此实现实时监控。移动保温车、移动保温箱、系统服务器、移动到达读卡器、移动出库读写器、移动温湿度标签、温湿度有源标签、固定（移动）温湿度标签等均属于常用的温湿度监控设施。在冷链储运过程中，人们可在冷链车、保温箱、冰箱、冰柜、冷库安装温湿度监控设备，通过RFID技术等无线方式将采集的温湿度信息发送给接收装置，最终由软件专用服务器统一收集。

固定标签可做好采样间隔时间设置，在室内、保温箱、冷库安装，通过将读卡器在附近布置即可对温湿度标签数据进行实时读取，并向数据库系统传输，可由此通过冷链管理系统实现实时监控管理。移动保温箱出库，移动标签激活。在运送保温箱的过程中移动标签对温度信息进行实时显示和存储，货物到达目的地后，移动温度标签显示的信息可作为收货人判断冷链运输过程是否超温的依据。

通过使用上述温湿度监控软硬件，即可大幅提升冷链储运温湿度监控水平，有效跟踪和管理冷链储运各环节，冷链储运在整个流通环节的安全也能够得到保障。具体的冷链储运温湿度监控还需要遵循各行业的管理要求，如药品行业的GSP管理要求，以此实时监控管理冷藏设备温湿度。对于设施、设备及大面积区域，可基于软硬件开展温湿度多点监测记录，同时向服务器实时上传数据，数据的处理、存储、分析、预警将顺利实现，更好满足冷链运输和存储管理需要。

（2）监控要点。现阶段我国存在需求旺盛的冷链储运发展现状，现有冷链储运能力无法完全满足药品、疫苗、食品等方面的冷链储运需要，而由于很多行业在冷链储运过程中存在较为苛刻的环境要求，如光线、温度、湿度要求，为保证冷链储运质量，具体实践需做好相关指标的严格限制，如保证冷链储运过程处于封闭、低温管理链条，保证存储物品保持冷藏、超低温冷冻状态。

以药品的冷链储运为例，该冷链储运过程需按照 2～8 ℃ 区间始终控制药品温度，或者保证药品所处存储温度始终符合生物特性要求，这属于药品冷链储运过程的温度控制要点。在交接、转运过程中，药品的温度控制同样极为关键。在常温状态下暴露的情况很容易出现，进而引发"断链"问题，这会对冷链药品造成严重负面影响，导致存储环境超温，这在我国夏季温度过高区域很容易出现，而在我国东北和西北地区，药品冷链储运也很容易出现温度过低问题。

现阶段我国冷链储运的相关规定尚不完善，独立完整的冷链储运管理体系也未能形成，而相较于发达国家，国内在冷链储运软硬件方面也存在一定不足。综合分析可以发现，受到相对落后的温湿度监控技术影响，我国冷链储运更多采用恒温效果差、保温时间短、控制系统落后、无自动预警的保温工具，冷链储运先进技术应用存在欠缺，为实现冷链储运全过程温湿度的实时、专业监控记录，先进软硬件设备的优选极为关键，只有这样冷链储运管理才能够具备足够的透明性，全程监控下冷链储运过程的智能化、自动化水平也将持续提升。

（五）无人配送车

1. 无人配送车的含义

无人配送车（图 2-5）主要用于快运或即时物流配送中，其本质与自动驾驶系统基本无异，都是由环境感知、车辆定位、路径规划决策、车辆控制、车辆执行等模块组成。无人配送车通过激光雷达、超声波雷达、摄像头与惯性传感器等多传感器数据融合进行数据的接收与处理，再通过机器学习和深度学习对动态、静态信息,如道路、标识、行人、车辆与环境等进行识别与理解,再通过差分定位与高精地图做出路线规划与行为决策。总的来说就是,这些云端服务为无人配送车提供数据、高精地图、算法更新和后台监控,最后通过无人配送车的控制系统与执行系统进行导航、避让、加速、转弯、制动等操作。

图2-5　无人配送车

2. 无人配送车的应用意义

近年来,机器人技术作为一种重要的技术,发展迅速,越来越多的企业都开始尝试利用机器人技术来实现自动化生产和服务。然而,物流行业的自动化发展仍处于萌芽阶段,大多数企业仍需要靠传统的物流方式进行物品的运输。

在这种情况下,无人驾驶配送车将成为推动物流行业自动化发展的重要工具。在现实世界中,无人配送车可以有效解决物流行业中的货物配送问题,并有效减少物流成本,同时可以提高物流效率。

无人配送车是一种可以实现全自动配送的智能机器人,其内部装有各种传感器、控制器,可以让其实时反馈地图信息,通过内置算法精确地计算最优路线,从而实现自动化的货物配送功能。无人配送车在行驶模式上可以实现人工驾驶和全自主式驾驶模式,其中全自主式驾驶模式可以实现人工无需干预的货物配送。

此外,无人配送车还可以利用现有的智能算法、定位系统以及智能感知技术,实现自动避障、路径规划、危险物品检测等功能,确保货物的顺利配送。

在安全方面,无人配送车还采用了许多前沿的安全技术,包括真实环境感知技术等,以确保无人驾驶车辆在遇到特定状况时能够及时作出反应,减少可能发生的安全风险。

总之，无人配送车拥有许多优势，可以有效地提升物流行业的运输效率，减少物流成本，并且实现自动配送，还能够保证货物的安全。因此，无人驾驶配送车将是物流行业全面自动化的重要手段，具有重要的现实意义。

3. 无人配送车现状

在国外，Google 公司已经成立了自己专门的无人驾驶汽车研究室，特斯拉也已开发了自己的自动驾驶系统 Autopilot。在国内，受限于我国起步较晚的人工智能技术，无人驾驶汽车的发展还处于探索的初级阶段，未来还有很远的路要走。2018 年 4 月，苏宁物流推出"卧龙一号"无人配送车，其在部分地区已经实现常态化运营。2019 年 8 月 17 日，苏宁物流末端 5G 无人配送车实测路演，该无人配送车的性能和技术相较于第一代得到大幅度提升。

4. 无人配送车存在的主要问题

（1）无人配送车物流成本较高。

①前期研发成本较高。将无人配送车应用到物流配送领域需要研发适合的无人配送车及配套的管理信息系统来保障无人配送车顺利将货物配送出去，首先就涉及无人配送车的研发费用问题，而大多数公司的无人配送车都是自行研发，没有和其他相关企业合作，由于没有前期对无人配送车的相关技术的研究经验，自行研发的费用是比较高的。

②经营成本较高。将无人配送车应用于物流领域，不是简单地只涉及无人配送车物流，还需要专门的工程师对无人配送车进行维护和保养，由于无人配送车物流属于比较新的模式，对工程人员的要求较高，在短时间内成本可能会高过人工物流成本，反而会得不偿失。除人员费用外，对无人配送车及其管理信息系统进行定期维护和不断创新与研发，这些方面的费用也会比较高。

（2）无人配送车物流发展面临安全问题。

①无人配送车运送的货物是否安全。无人驾驶通过网络连接和一系列算法程序实现车与车、车与路的协同。在行驶过程中，无人配送车是否会出现控制器失灵导致车门或者货仓门自动打开，从而造成车内的重型货物或者对路况有潜在威胁的货物坠地、砸伤路人或者影响其他车辆的安全。

②无人配送车障碍识别技术安全问题。在无人配送车的技术研发方面，目前很多软件开发技术人员在编写代码时，把篮球和小孩都视作障碍物。但是在实际

生活中，一个篮球和一个小孩突然窜到马路上是完全不同的概念。无人配送车所发生的一些安全事故也给人们敲响了警钟。

③无人配送车之间是否安全。在未来无人配送车投入使用后，不同企业的无人配送车的算法涉及无人配送车之间相互识别以及最优路径的问题，如何才能使无人配送车正确识别障碍物以及无人配送车之间如何互相打通信息关卡，以形成高效的物流通道，也是一个值得注意的安全问题。

（3）与无人配送车相关的监管制度不健全。

①缺少物流企业无人配送车监管制度。第一，缺乏相应的监管主体。在实际运行中，能够采用无人配送车进行物流活动的企业通常规模都比较大，其营业活动范围通常是跨区域进行的，对这种跨区域使用的无人配送车应该由哪个部门承担监管职责，以及具体的监管手段、措施和程序，都没有相关的法律规定。第二，缺乏相应的物流无人配送车标准体系。目前无人配送车应该遵循的基本标准在物流界还没有明确的规定，对于无人配送车质量技术标准、服务范围、装载标准等方面都还没有明确的规定，在无人配送车快速发展的今天，迫切需要制定相关的制度、标准和政策。

②无人配送车在物流业的使用中法律责任不明确。无人配送车在实际使用中由于系统或者编码等各种因素所导致发生的事故，不同的原因判定责任的方式和参照标准应该是不同的，这些问题应该参照具体的法律规定，侵权法等相关法律应做出修改和调整，以应对未来无人配送车事故发生时的责任划分问题。

5. 无人配送车物流的改进对策及政策建议

针对无人配送车所存在的三个主要问题，笔者提出的改进建议如下：降低无人配送车物流的成本，解决无人配送车物流的安全问题，根据现有的相关法律对无人配送车相关法律法规和政策做出调整。

（1）降低无人配送车的成本。

①降低研发费用。很多企业都是依靠自己本身的庞大资金规模进行独立研发的，这样的研发方式尽管具有巨大的垄断优势，但是在项目研发初期会耗费巨大的人力、物力以及财力，国内大多独立研发的企业都是某一行业的佼佼者，却并不拥有其他行业的人才，如要加快研发的速度，还应该与其他领域的优势企业进行合作研发，弥补自身的不足，加快研发速度降低研发成本。

②降低无人配送车的经营成本。运营企业应该尽量摊薄经营成本，以获取利

润；将无人配送车与其他领域相结合从中获取收益，也可以达到降低无人配送车经营成本的目的；还可以考虑更新与无人配送车物流配套的相应仓储设备，以求与无人配送车的更好匹配，加速货物搬运的速度，使物流更快、更高效。另外，在物流淡季可以效仿租赁企业，将无人配送车租借给其他企业收取租金来降低经营成本。

考虑到无人配送车配送商品涉及的成本问题，企业在投入无人配送车运营初期应该将其应用到最紧急、最重要的物品配送中，以求最大限度地发挥无人配送车的效用。

（2）解决无人配送车物流的安全问题。

①改进无人配送车障碍识别技术。无人配送车障碍识别技术则需要不断优化对于障碍物的判断技术来进行提高。

②对无人配送车配备缓冲气囊。无人配送车在使用过程中不可避免地或多或少会发生事故或者碰撞，可以在无人配送车周身配备内置的缓冲气囊，以将发生碰撞的损害降到最低，取得更好的安全保障。

（3）无人配送车物流的政策建议。针对上述问题，笔者提出以下建议：完善无人配送车物流的法律法规，建立适用于无人配送车物流的法律法规体系，指导无人配送车物流的正确发展。法律法规除了要作出物流无人配送车使用的相关规定外，还要明确规定法定监管机构及其监管行为和物流无人配送车的生产质量标准、物流无人配送车的销售者和使用者的行为，为物流无人配送车建立配送区域、配送计划和物流无人配送车运行管理规则。政府可以合理划分具体运营区域，并根据城市规划和居民的需求设置禁行区。最后还应要求物流无人配送车企业购买保险，在意外发生时能够承担无人配送车造成的后果。

（六）智能冷链柜

1. 冷链柜含义

冷链柜是一种冷链设备，也是保温柜的特殊用法。现实中不少人没有听说过冷链柜，但是听说过冷藏保温箱、冷链保温箱、冷藏箱或者保温箱。这些是冷链柜的习惯性叫法，说的都是同类型的产品。冷链柜的核心就是温度，不同物品运输、储存的温度跨度为 $-50 \sim 15$ ℃。冷链柜一般由外壳、保温层、内胆等部分组成。

2. 冷链柜的应用意义

我国的冷链流通应用比发达国家落后，冷链柜的应用也比较晚，市面上看到的很多冷链柜都是由引进的保温柜改进的。之所以冷链柜是保温柜的特殊用法，是因为保温柜最初的用法就是让物品由初始温度降温或延缓升温速度。

比如，一些送餐的保温柜，把餐盒放进去，如果初始温度有65 ℃，因为保温柜里有保温材料，所以可以让餐盒在到达目的地时还是处于比较热状态，这种状态根据保温柜保温层厚度可以维持3～5个小时左右，达到保热目的。

又比如，以前在一些偏远农村，有人用自行车载着一个装着冰棍的柜子。那个柜子就是保温柜，可以延缓冰棍的融化时间，达到一定时间的保冷目的。

在国外，保温柜用途特别广，而且以家庭用居多。由于当地的人们对冷饮、冷冻品尤其喜爱，制冰机随处可见，因方便取冰冷藏，几乎家家有保温柜，出去野炊和户外活动，就拎几个保温柜，然后用制冰机取冰装好。

冷链的需求增长促使人们改进蓄冷方式，于是就有了相变蓄冷剂。发达国家，如德国、日本，更是把相变蓄冷技术运用到了一定的高度，原来的最低温度不过是0 ℃，后来根据实际应用需求，相变蓄冷剂可以有 –5 ℃、–10 ℃、–20 ℃等多种温度选择。后来这种保温柜冷藏用法被引入我国，保温柜不再只能短期保冷或保热，而是通过相变蓄冷剂可以调节多种温度，长时间使用。

3. 冷链柜的应用领域

（1）食品冷链。新鲜肉类、水果、蔬菜、水产品、乳品、速冻食品等主要生鲜食品冷链离不开冷链柜。生鲜电商、食品厂、肉联厂、商超都是冷链柜的常见用户。

（2）医药冷链。比如，干细胞、生物制剂、血浆、疫苗、胰岛素等各种生物制品、药品都离不开冷链柜。这些冷链柜既可用于医院、防疫站、卫生所、疾控中心等医疗机构保存特殊医用物品，还可用于一些特殊药品的冷藏与运输，其所起的作用是非常大的。

以上应用领域基本占据冷链应用的90%以上，所以冷链柜的应用是很广泛且重要的。

任务三：冷链物流配送标准化体系

建设冷链物流配送标准化体系可以从以下几个环节入手。

一、仓储和加工包装标准

(一) 仓储标准

冷库主要用作对食品、乳制品、肉类、水产、禽类、果蔬、冷饮、花卉、绿植、茶叶、药品、化工原料等的恒温贮藏。冷库设计要达到工艺要求，配备自动温度记录仪和温度计，并且遵循以下出入库及在库管理原则：只有经验收合格的原料或成品才能入库存放；相互串味的产品不能贮存于同一个冷库内；成品库、冷藏库、包装间的温度符合要求，成品冷藏库温度在 −18 ℃以下，速冻库温度在 −15 ～ −10 ℃。库内产品需有完整的包装，禁止裸露堆放；不同品种产品分垛存放，堆放整齐，批次清楚；库内物品与墙壁、地面、天花板保持一定的距离并分垛存放。库内清洁，无霉，无虫害。冷藏库、成品库定期清理消毒；冷库的卫生应有专门人员负责每天检查；所有进出库产品要每天进行盘点；无进出库作业时必须关灯关门。

(二) 流通加工、包装标准

冷链物流中的流通加工主要包括为保护产品所进行的加工，如生鲜食品的冷冻加工、保鲜加工以及为促进销售所进行的流通加工，如蔬菜、肉类洗净切块以满足消费者要求等。在冷链物流中这些活动都应在低温环境下进行以保证产品的质量和安全。冷链物流的包装环节要针对农产品、食品、药品等的不同属性设计符合绿色环保要求的包装方法。首先要有能够完成产品包装过程的设备。包装过程中需要用到的填充机、封口机、真空包装机、贴标签机、清洗机、杀菌机等都需要达到相应的技术标准和安全标准、卫生标准。其次选择合适的包装材料，水果、蔬菜的包装膜要有一定的通透性，肉类产品要进行真空包装，以防腐坏变质。

在流通加工、包装环节，只有经上岗培训且考核合格的人员才可以进行操作。要严格做好从业人员健康管理和卫生知识培训工作。企业应当具备保障食品安全的设施设备和条件，远离污染源，并符合国家有关食品安全标准。

二、配送标准

冷链物流的配送环节应做到以下几点。

（一）安全性

必须将产品完好无损地送达到指定地点，防止产品在搬运、运输过程中损坏，避免给厂家和消费者带来不必要的麻烦。

（二）沟通性

配送属于物流末端服务，直接与客户接触，必须进行积极有效的沟通。比如，确认客户购买的产品、送货时间、送货地点等内容，配送货物由客户进行点货后完成验收。有效地处理与客户间的交接手续是非常必要的。

（三）时效性

必须快速及时地响应顾客的需求。按订单进行配送，接到订单后制定高效的运输路线，选择合理的运输方式和运输工具，将产品及时、准确地送达卖场。

三、运输和搬运标准

（一）运输标准

在冷藏运输过程中，温度波动是引起食品品质下降的主要原因之一，因此冷链运输必须依靠冷冻或冷藏等专用车辆进行。在运输时，应该根据货物的种类、运送季节、运送距离和运送地方确定运输方法。在运输过程中，尽量组织"门到门"的直达运输，提高运输速度。为保持冷冻货物的冷藏温度，可紧密码放，水果、蔬菜等需要通风散热的货物必须在货件之间保留一定的空隙，以确保货物的完好。车辆出车前应确认车厢的卫生条件能满足承运货物要求，不会污染货物，食品不得与非食品货物混装，禁止与危险货物同车装运。车辆运输途中应注意观察行车温度记录仪工作情况和货厢内温度变化情况。一些运输户为了节省成本，在长途运输时会在半途关闭制冷设备或调高车厢温度，等接近目的地时再调整到客户要求的温度，这种对消费者不负责任的行为应当严令禁止。

（二）装卸搬运标准

装卸搬运是影响物流效率和冷链物流质量的重要环节。与人工作业相比，装卸搬运设备机械化、自动化的发展，不仅可以提高作业效率，还可以在更大程度上控制冷链食品在搬运过程中的温度变化和损耗问题。作业应充分并正确地使用叉车、平台搬运车、堆高车、自动导引搬运车（AGV）等机械化设备。车辆卸货时，在保证装卸的情况下，应尽量加快装卸速度，特别是分卸时应随时关闭货厢门，以维持车厢温度。必要时应控制分卸次数。鼓励采用能实时监控温度、湿度及运输位置的行驶温度记录仪监控系统。

四、零售冷藏货柜标准

冷链食品进入卖场后，要及时地摆放到冷藏货柜中，冷冻产品应包装完好地贮存在 -18℃以下的环境中，冷藏产品贮存在 -2℃到 15℃的环境中。需要进行保鲜的蔬菜、水果应当进行加湿处理。卖场应当对从事生鲜食品货柜操作的人员进行培训，考核合格后方可上岗。卖场应做到定期对冷藏货柜进行整理、清洗、消毒，按时进行货柜的温度检查并要有专门的冷藏货柜维修和保养部门。

五、加强冷链物流信息标准化建设

冷链物流要实施全程温度控制管理，必须依靠先进的信息技术作为支撑。例如，对冷藏车辆安装温度跟踪仪；通过温度跟踪仪反馈的数据，对产品在途温度做到全程监控；通过物流 ERP 系统、车辆 GPS/GIS 定位系统做到冷链物流科学管理，对冷藏车辆实时控制；运用条码 RFID 电子标签等技术对冷链产品进行在库管理，同时对库房进行全面的温湿度监控，全方位保持产品的安全和新鲜。冷链物流企业利用信息技术建立冷链物流供应链管理系统，对各种货物进行跟踪，对冷藏车的使用进行动态监控，从而实现对进入市场的冷链产品的备案和追溯，为提高政府监控和协调能力提供技术支持。

六、数智赋能冷链物流打造方法

数智赋能冷链物流所运输的商品从产地经过加工包装与运输，运送到销售地点，然后经过仓储与销售，最终到达消费者的手中。

挖掘、采集与检测冷链数据信息，保证整个冷链物流过程中每一个环节产生的数据都不遗漏，是冷链物流实现智慧化的基础；另外，数智赋能冷链物流还要把仓内技术、干线技术、最后一公里技术、末端技术、智慧数据底盘等技术作基础，将硬件和软件平台强大的预算能力结合在一起，才能更有效地实现仓储、运输、配送、包装、装卸、信息处理等智慧化，进而实现冷链物流智慧化（图2-6）。

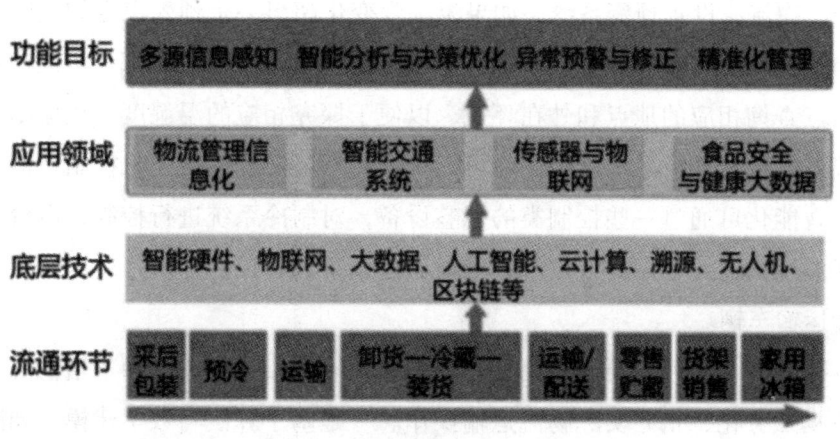

图2-6　数智赋能冷链发展图示

（一）大数据的获取或监测

5G、物联网、区块链、人工智能、大数据、云计算等是实现冷链物流智慧化的技术基础，而冷链物流的数字化也是确保冷链商品全生命周期安全的重要保障，有助于对冷链商品全生命周期涉及的供应链诸多环节（生产、加工、包装、装卸、运输、仓储、城配、陈列、到家等）进行智慧化管理。以往传统的冷链食品追溯系统一般只能追溯到生产企业，无法让冷链食品追溯到全链条的各个节点，冷链物流数字化后，有望做到真正的全程可追溯。

要实现多维度状态采集数据，就要移动化（无线）、标签化、多功能化。

1. 移动化

为解决第三方物流温控管理，监控中心可配备移动式设备，同时监测设备也要配置GPS模块，通过GPS和GIS技术，监控中心可以对集装箱车辆进行地理位置定位和调度；另外，在冷链车车厢或冷库等场景下，各点温度不是完全均匀和统一的。例如，靠出风口的温度低，货物可能没问题，但是靠车门的货物可能会有问题。因此，多点监控是一种必要措施。

2. 标签化

从车间到运输、仓储、销售，货物在中转中都要有标签跟随，标签中所含信息要全面，包括产品代码、产地管理、农户编码及流通环节管理等，这样有了标签就可以追溯整个周期的安全情况。

3. 多功能化

冷链物流应设置预警系统，如果温湿度变化超出一个预先设定的范围，系统将自动给出预警。如果曲线中间有一段记录是明显低于 20 ℃，那么可以从系统中的时间点查询相应的地点和外在环境，以便于探究相应的温湿度变化原因。除了采集温湿度数据外，系统软硬件还可以实现对环境温度的智能化控制。例如，冷库打冷智能化可通过一些控制类的标签设备，对制冷系统进行控制，后台实时分析冷库温度情况，在需要打冷时，自动通过设备远程控制冷机打冷，还可应用于门店和运输车辆。

冷链物流企业通过硬件采集和业务沉淀而来的大数据，在加工增值后，即可实现数据业务化，指导实际物流运输操作。一是基于算法与数学建模，如路径优化、智能调度、智能配载等；二是基于数理统计与数据挖掘，如用户画像、数据征信、供应链需求预测等；另外，冷链物流企业通过这些数据，可开拓大数据应用探索思路，如路径优化、智能调度与配载、企业画像、运力分层、数据征信与物流互联网金融、需求供应链预测以及公路货运与交通的宏观分析等，这将有助于冷链物流更加智慧化。

（二）运输智能化

农产品冷链物流对配送设备、运作管理、温度监控要求非常苛刻，对基础运输设施设备要求更高。冷链物流企业可通过集成各种运输方式，包括应用车辆识别技术、定位技术、信息技术、移动通信与网络技术等高新技术，实现交通管理、车辆控制、营运货车管理、电子收费、紧急救援等功能，降低货物运输成本，缩短货物送达时间；同时可实现全程监控，及时解决突发情况，并保障产品质量。

1. 仓储智慧化

冷链物流企业在现有仓储管理作业环节中进行货品、数量、位置、载体等信息的实时自动采集，并通过信息交互，在操作现场实现货物快速入库、货物准确出库、库存盘点、货物库区转移、货物数量调整、实时信息显示、温度检测与报警。智慧仓储中需要的智能技术包括仓内机器人、仓库选址、需求预测等，其中仓内机器人包括自动导引运输车、无人叉车、货架穿梭车、分拣机器人等，主要用于仓库中的搬运、上架、分拣等环节。例如，自动导引运输车可以由电脑控制其行进路线及行为，分拣机器人利用传感器、物镜和电子光学系统可以快速进行货物分拣。

企业一般通过研发或采购第三方相关设备，其中研发类的包括亚马逊、京东、阿里菜鸟等，采购第三方类包括顺丰、DHL Express、中通等。在智慧物流场景下，物流公司可以利用积累的物流数据，判断不同区域物流量大小，结合人工智能相关规划技术，由计算机自动地进行优化学习，从而给出最优选址模式；通过手机用户消费特征、商家历史消费等大数据，再利用大数据算法提前预测需求，前置仓储与运输环节，而不是等消费下单之后匆忙调货。

2. 配送智慧化

冷链配送集成全球定位系统（GPS）、配送路径优化模型、多目标决策等技术，把配送订单分配给可用的车辆，实现配送订单信息的电子化、配送决策的智能化、配送路线的实时显示、配送车辆的导航跟踪和空间配送信息的查询显示，协同仓库部门一起完成配送任务。

配送中需要的智能技术包括无人机配送、无人配送车配送、众包配送、智能快递柜等，而冷链配送更需要在以上智能技术基础上，结合物联网技术，在配送车内安装温控装置，实时监测车内的温度状况，确保全程冷链正常运行；同时，用户下单后可通过手机实时观测车内的状况。

利用无人机、无人配送车，可解决商品最后一公里短距离智慧化配送问题，减少人力使用。例如，京东研发了装备激光雷达、GPS 定位、全景视觉监控系统、前后防撞系统、超声波感应系统等智能装备的无人配送车，其能够精确感知周边环境并完成配送。物流公司还可进一步研发，使无人配送车能够做出越来越智能的决策。

3. 包装智慧化

智慧包装可借助电子技术、信息技术和通信技术等手段搜集和管理包装商品的生产及销售分布等相关信息，记录包装物品整个生命周期内物品质量的变化，进而通过包装实现对物品特性、内在品质及其在运输、仓储、销售等流程中相关信息的实时了解。

4. 装卸智慧化

智慧装卸是包括装上卸下、传送移动、分拣、堆垛、出入库等作业活动的立体化、动态化过程。智慧装卸可在一定区域内借助无人搬运车（AGV）、传送设备、智能穿梭车、通信设备、监控系统和计算机控制系统等技术，实现物品空间位置和存放状态的改变，完成智能装卸过程。

5. 数据处理智慧化

数据智慧化处理包括信息感知、信息传输、信息存储和信息处理等，快速、准确地进行海量数据的自动采集和输入，实现物流信息集成和整合，通过数据库的整理、加工和分析，为物流作业的运作、相关决策的制定提供信息基础和经验借鉴，保障物流作业合理和高效运作。例如，大数据处理调度中心应具有自动预测、异常监控报警、数据关联分析、大屏可视化等功能，以满足数据汇聚、数据处理以及数据服务的全流程调度，进而极大地提升数据处理的效率，实现其分析处理海量数据以及复杂业务场景的需求；同时，将数据分析结果实时展现在大屏中，辅助市场监管方及时了解产品、运输、仓库、市场交易动态，以便及时做出科学客观的决策。其中，自动预测功能可通过对产品、运输、仓库、市场交易信息等情况进行统计，自动预测农产品需求供给状态、交易价格趋势等内容；异常监控功能是对车辆运输状态、仓库管理状态进行实时跟踪，对异常信息进行监控；数据关联分析是对农产品进行产地、流通环节等分析，进而进行追溯；大屏可视化是从产品、运输、仓库、市场交易等方面对冷链物流大数据移动互联网平台进行可视化展示。

思考题

1. 冷链配送技术主要有哪几种？
2. 智慧配送技术在实际应用中有何意义？
3. 冷链配送的常用装备有哪些？
4. 冷链配送的设备要求是什么？

项目三：数智赋能冷链配送运营

> **学习目标：**
>
> 1. 明确冷链配送中心概念；
> 2. 了解冷链配送中心的作用；
> 3. 掌握冷链配送路线优化方法；
> 4. 熟悉冷链配送业务和技术。

任务一：冷链配送中心规划

一、数智赋能冷链配送中心概念

数智赋能冷链物流配送中心是从供应者手中接受多种大量的冷链货物，利用智能技术与手段，在低温状态下进行倒装、分类、保管、流通加工等作业以及进行信息处理，然后按照众多需求者的订货要求备齐货物，以令人满意的服务进行冷链配送的设施。

二、数智赋能冷链配送中心的作用

（一）汇集与储存农产品

生鲜农产品的供给特点主要表现在以下两个方面。

1. 生产特点

生鲜农产品的生产特点集中表现为生产的季节性、周期性以及分散性。季节性主要指水果和蔬菜的收获季节基本上是固定的。周期性是指农产品的生长发育有一定的规律，并且受自然因素（尤其是气候因素）的影响，随季节而变化并且有一定的周期。分散性则主要指绝大多数的生鲜农产品，包括果蔬、畜禽、水产品，都是由分散、独立的农户经营的。绝大多数的单个农户采用小生产方式，这一生产特点加大了生鲜农产品的物流难度。

2. 流通特点

生鲜农产品的流通特点主要表现为时效性、易腐性、鲜活性。时效性要求尽量缩短生鲜农产品的物流半径，提高物流技术，包括运输技术、搬运技术、配送技术等，实现高质量的快速物流。易腐性要求改变传统的生鲜农产品恒温物流，加强冷藏物流或低温物流。鲜活性要求物流运输途中和各物流节点的供氧等设施满足要求，减少鲜活农产品的损耗，如鲜鱼等水产品的流通。

生鲜农产品的以上特点导致了部分农产品时而价格高居不下，时而无人问津，而运输途中的损耗更是数目巨大。我国农产品产后损失严重，果蔬、肉类、水产品流通腐损率分别达到30%、12%、15%，仅果蔬一类每年损失就超过1 000亿元。因此，建设一个现代化的农产品冷链配送中心能起到农产品汇集与储存的作用。

（二）有效提高农民收入，平抑物价

以往的生鲜农产品物流操作过程存在过多的中间环节，导致农产品收购价低，而市场售价高。受生鲜农产品集中上市后保鲜储运能力的制约，农产品"卖难"和价格季节性波动的矛盾突出，农民增产不增收的情况时有发生。发展农产品冷链物流，既是减少农产品产后损失，间接节约耕地等农业资源，促进农业可持续发展的重要举措，也是带动农产品跨季节均衡销售，促进农民稳定增收的重要途径。另外，由于冷链物流配送体系的加入，流通过程中的其他环节被剔除了，这对农产品价格也能起到平抑作用，从而有效地解决"价贱伤农"及"价高伤民"的矛盾。

（三）有效缓解市场供需矛盾

生鲜农产品是城镇居民的生活必需品，由于城镇人口数量增大，市场需求总量也随之增大。由于保鲜技术不过硬，产业化经营程度低，生产者在收成后陷入了产品储不进、运不出的尴尬局面。为了避免瓜果、蔬菜白白烂掉，农民无奈之下只能"地产地销""季产季销"，这严重影响了产地农民的增产积极性，而距离农产品产地远的城镇居民则"欲购无门"。

建立合理的冷链配送体系能有效地缓解市场供需矛盾。高效冷链物流配送中心在这方面起着重要的作用。农产品（包括肉、禽、水产、蔬菜、水果、蛋等）从产地采收（或屠宰、捕捞）后，在产品加工、贮藏、运输、分销、零售等环节始终处于适宜的低温控制环境中，这样能最大限度地保证产品品质和质量安全，减少损耗，防止污染。同时，冷链配送体系能实现在丰收时采购并冷藏，在淡季时销售，可以有效地缓解市场供需矛盾。

（四）提高农产品附加值

目前，绝大多数果蔬都是一经采摘就直接进入市场，没有经过任何加工处理，失去了巨大的增值机会和空间。生鲜食品物流配送中心的加工处理尤为重要。经过统一收集后的鲜活农产品往往都是原始形态的实物，不能直接分送到各超市门店销售，而应进行加工，包括筛选、清洗等初加工。另外，一些水果还可以加工成罐头、蜜饯等，或者进行深加工，如提取果汁等。加工后的农产品的附加值可增加50%以上，有些甚至超过农产品原值数倍。生鲜农产品冷链物流配送系统还可以配置中央厨房，通过大规模集中采购、集约生产来提高农产品的附加值。

（五）保证食品新鲜与安全

食品安全问题的频繁发生引起了人们的关注。食品在采摘后腐烂变质是造成食品安全隐患和资源浪费的重要原因。建设一条食品冷藏链，使易腐食品在从产地收购或捕捞，到产品加工、贮藏、运输、分销、零售，再到消费者手中的各个环节中始终处于所规定的低温环境状态，可充分保证食品的质量安全。

（六）有利于终端销售

冷链物流配送中心采取大批量采购的形式，对农产品进行分装，以满足终端消费者的需求。此外，配送点各门店在同一时间提出的订货品种上也不尽相同，订货数量也不等，因此由农户进行配送是不实际的，而冷链物流配送中心恰恰能做到根据各门店的要求进行分拣、配送。

三、数智赋能冷链配送中心选址

随着现代商业的发展，商品流通越来越表现出快速、准确、小批量的特点。

原有的以产品储存为目的的冷库已不能满足现代商品流通的需求。因此,以满足顾客需求和多品种配送为目的的低温物流配送中心应运而生。物流冷库也将由传统的"低温仓储型"向"流通型""冷链物流配送型"转变。

一般而言,冷链物流配送中心的选址可以采用以下两种方式。

(一)模糊分析法

1. 配送中心选址因素分析

冷链物流配送中心的选址是一个涉及诸多因素的综合决策问题,在选址的过程中各因素都有不同程度的影响,只有将各个因素综合考虑并运用定性、定量的分析方法,才能使配送中心的选址决策更合适、更合理、更具科学性。选址的主要影响因素如表3-1所示。

表3-1 配送中心选址方案评价指标

一级指标	二级指标	三级指标
配送中心选址方案 f	中心的运输合理化 f_1	交通配送费用 f_{11}
		交通运输条件 f_{12}
		物流服务水平 f_{13}
	中心的建设费用 f_2	投资成本 f_{21}
		地价因素 f_{22}
		设备费用 f_{23}
	中心的适应条件 f_3	与城市功能形态适应性 f_{31}
		能否带动区域经济发展 f_{32}
		顾客需求分布 f_{33}
	中心建设的自然条件 f_4	所需面积大小 f_{41}
		地质条件 f_{42}
		地貌条件 f_{43}

2. 各因素所占权重计算

运用模糊分析法计算各因素所占比重,构建层次结构模型。将具体问题分解为若干因素,按属性将因素分解为若干组,再划分成递阶的目标层、准则层、方案层,建立模糊判断矩阵。

(二)聚类分析法

如果某区域的顾客群体广,需求量大,而冷链物流配送中心只有一个,那么配送的压力就会非常大。在这种情况下,建设具有竞争力的冷链配送网络会是个不错的选择,可以采取冷链区域配送中心物流模式,设立冷链区域配送中心,由该配送中心形成辐射圈,缓解整体配送压力,满足该区域服务需求。在合理设立冷链区域配送中心后,冷链配送业务流程将细化到终端配送,不仅能形成自己的竞争优势,更能大大提高服务水平,满足顾客的个性化要求,吸引更多顾客,也能大幅度降低运输成本,提高配送的空间及时间效率。

首先用聚类分析法对整个冷链配送区域进行划分,将"在一个区域内建多个配送中心的选址问题"转化为"多个区域内分别进行单一配送中心选址的问题",然后确定各区域配送中心的位置。

聚类分析法的主要步骤如下。

(1)选取各区域地理方位和现有客户的需要量作为特征,建立模糊相似关系,然后利用 SPSS 工具进行聚类。

(2)根据聚类的结果将各个冷链物流配送中心所服务的客户所在地区分为几个区域。

(3)对不同区域的方案进行比较。如果单个区域内客户需求量太大,则配送中心压力太大,因此可考虑缩小配送中心辐射范围,以减轻配送压力,提高服务质量。但是,区域太多会导致配送中心建设成本过高,因此要综合二者,选择包含区域数量、单个大区域内数量合理的方案作为最终的区域划分方案。

四、冷链物流配送中心作业规范

冷链物流配送中心的作业包括冷链仓储、冷链分拣、冷链配送等过程。

(一)冷链仓储作业流程及规范

1. 作业流程

包括冷链物品的收货、预冷、入库、冷库管理、盘点、出库和残损管理等工作环节。

2. 作业规范

(1)收货。

①应在有控温设施的区域内,在满足冷链物品所要求的温湿度和卫生条件下

进行。

②到货单证应齐全、数据准确，送货车厢施封装置应完好。

③对冷链物品应进行外观检查，发现箱体潮湿、变形、破损及温度不符合要求等异常情况，应及时反馈给委托方，根据委托方意见处理，并做好记录。

④根据相关单证对冷链物品的规格、品种、数量进行确认，及时准确地将到货情况录入信息管理系统。

⑤按照信息管理系统要求做好冷链物品入库信息采集，生成入库记录，并进行核对。

⑥将收货信息记录在收货单据上，及时将有关单证按要求保存或传送到相关部门。

（2）预冷。

①根据冷链物品的温度和入库要求判定是否需要预冷以及选择适当的预冷工艺。

②将冷链物品迅速预冷至要求的温度，并做好相关记录。

（3）入库。

①根据冷链物品类别及储存温湿度要求选择相应的储区储位。

②库内冷链物品堆放整齐、批次清楚并有标识。

（4）冷库管理。

①冷库安全管理。

a.保持冷库温湿度稳定，防止冻融循环将冷库建筑结构冻酥，防止地坪（楼板）损坏。

b.冷库实行专人管理，未经许可无关人员不得入内。确认冷库内无人才能锁门，出库作业时必须关灯、关门。

c.冷库门要经常检查，尽量减少库门的开启。

d.进行库内排管扫霜时，严禁用钢件等硬物敲击排管。

e.融霜时要防止水滴落到包装物上。

②冷库卫生管理

a.冷库工作人员须注意个人卫生，患有传染性疾病时，不得参与作业。

b.保持冷库的环境卫生，定期清理、扫霜和清洁消毒；必要时进行通风换气。

c.定期对库内工具、设施进行消毒。

d. 具有强烈气味的冷链物品应单独储存，严格管理，防止串味、污染。

（5）盘点。

①根据每日冷链物品进出情况进行动态复核。

②执行定期或不定期盘点制度，并出具月度、季度盘点分析报告。

③复核盘点时应做好记录，保证账目、实物、票据等相关信息相符。

（6）出库。

①及时接收订单信息，生成出库单据。

②依据相关单证对出入库冷链物品的规格、品种、数量和保质期进行确认。

③根据先进先出的原则选定出库冷链物品，并做好相关记录。

④按照规定做好出库冷链物品的信息记录工作。

⑤出库交接必须手续规范、单证齐全。

（7）残损管理。

①应建立退货、残损冷链物品管理制度，并做好记录。

②残损冷链物品应存放在指定库位，根据规格、品种分类存放，做好隔离标识，及时通知委托方，并定期盘存。

③对于临近保质期的冷链物品，应及时通知委托方，按委托方意见处理。

（二）冷链分拣作业流程及规范

1. 作业流程

包括冷链物品的分拣、贴物流标签、拣后暂存等作业环节。

2. 作业规范

（1）分拣。

①根据发货单据要求确定拣货方式。

②分类汇总发货单据，排定作业计划。

③根据发货单据复核品种和数量，分类打包。

（2）贴物流标签。

①按配送要求制作相应的物流标签，并检查标签是否正确。

②将物流标签粘贴在冷链物品外包装的显著位置；及时上传标签内容。

（3）拣后暂存。分拣好的冷链物品应按照路线存放在指定区域，保持规定的温度。

（三）冷链配送作业流程及规范

1. 作业流程

包括出货、装车、送货、退货等工作环节。

2. 作业规范

（1）温湿度控制。冷链物品的配车、装载、送货和卸货作业应满足相应的温湿度要求。

（2）出货。根据送货单据核对冷链物品的品种和数量，办理交接手续。

（3）装车。

①根据冷链物品要求安排配送车辆，检查车辆安全状况和制冷系统。

②配送前应进行车厢预冷，并检查车厢内温湿度是否符合要求。

③装车时应关闭车厢的制冷机组。

④装卸、搬运时，监装人员应现场监装，装车人员应按操作规程作业。

⑤多温车应按温度分区逐一装车。

⑥作业完毕清点冷链物品余数，正确填写发货单据。

（4）送货。

①配送过程中应按规定保持车厢内部温度，并有相应记录。

②尽量减少车厢门的开启次数和时间，装卸货时不宜全部打开车门。

③冷链物品的交接必须当面核对、点清，并由收货方签字确认。

④送货完毕应将签收后的送货回单、周转箱等及时交回；填写送货记录。

（5）退货。

①发生退货时应进行确认；及时联系委托方，按委托方意见处理。

②清点退货实物，核对单据、品种和数量，并将单据、物品交回。

任务二：冷链配送管理

一、数智赋能配送路线优化——节约里程法

物流配送是物流的一个重要环节。为了提高配送效率，降低物流成本，提高服务质量，物流配送企业必然要优化配送方案。节约里程法就是一个非常重要的物流配送优化方法。

（一）节约里程法含义

节约里程法，又称节约算法或节约法，是用来解决运输车辆数目不确定问题的启发式算法。节约里程法可以用并行方式和串行方式来优化行车距离。

节约里程法的核心思想是依次将运输问题中的两个回路合并为一个回路，每次使合并后的总运输距离减小的幅度最大，直到达到一辆车的装载限制时，再进行下一辆车的优化。优化过程分为并行方式和串行方式两种。

利用节约法确定配送路线的主要出发点是，根据配送中心的运输能力和配送中心到各个用户以及各个用户之间的距离来制定使总的车辆运输吨公里数最小的配送方案。另外，还需满足以下条件。

（1）所有用户的要求；
（2）不使任何一辆车超载；
（3）每辆车每天的总运行时间或行驶里程不超过规定的上限；
（4）用户到货时间要求。

（二）节约里程法基本原理

节约里程法的基本原理即是把货物配送过程中的往返回路合并为一个闭环，如果合并后节约的总里程在满足车辆的载重和里程限制要求后达到最大值，则优化下一辆车的配送路线，直到总的配送里程达到最优，从而可以有效地缓解货物配送过程中的种种状况，达到物流配送路线的最优。采用节约里程法确定配送路

线的主要出发点是根据配送中心的运力和配送中心到每个用户之间的距离,制定车辆运输的配送方案,使得车辆运输总公里数最小化。

(三)节约里程法优化路线的意义

随着物流行业的不断发展,冷链物流已经成为一个不可或缺的重要物流形式。冷链物流是指在物流过程中,对于需要保持低温或恒温的货物进行专业的运输和储存。而在冷链物流配送过程中,路径优化是一个非常重要的环节。基于节约里程法的冷链物流配送路径优化研究,就是为了在保证货物质量的前提下,尽可能地减少运输里程,从而提高物流效率和降低物流成本。

基于节约里程法的冷链物流配送路径优化需要考虑货物的特性。不同的货物需要不同的温度和湿度环境,因此在路径优化过程中,需要根据货物的特性来确定最佳的运输路径。例如,对于需要保持低温的货物,应该选择较短的路径,以减少货物在运输过程中的温度波动。

基于节约里程法的冷链物流配送路径优化需要考虑运输工具的特性。不同的运输工具有不同的载重量和运输速度,因此在路径优化过程中,需要根据运输工具的特性来确定最佳的运输路径。例如,对于载重量较大的运输工具,应该选择较短的路径,以减少运输成本。

基于节约里程法的冷链物流配送路径优化需要考虑路况的特性。不同的路况对于不同的运输工具有不同的影响,因此在路径优化过程中,需要根据路况的特性来确定最佳的运输路径。例如,对于路况较差的道路,应该选择速度较慢的运输工具,以保证货物的安全运输。

基于节约里程法的冷链物流配送路径优化研究,是为了在保证货物质量的前提下,尽可能地减少运输里程,从而提高物流效率和降低物流成本。在实际应用中,物流配送企业需要根据货物的特性、运输工具的特性和路况的特性来确定最佳的运输路径,以达到最优化的效果。

(四)配送过程中存在的问题

任何一家企业不论经营规模的大小,都存在着配送这一环节。配送管理水平的高低直接影响着企业的整体效益,但从我国现阶段来说,物流的整体水平还有待提高,因此,配送过程中就很容易出现各种问题,主要表现在以下四方面:一是物流资源利用不合理,物流配送中心信息化程度低,信息流通效率低,导致不能很好地进行路线优化,出现过多的车辆空载以及仓库空置等,造成极大的资源浪费。二是缺乏对选址决策重要性的认识，没有进行统筹规划。配送中心的选址应该与仓储、物流基础设施、周边交通状况等结合，建设统一规范的物流配送中心。三是基础设施不完善。我国物流基础设施主要缺乏对现有仓储设施、配送工具、城市交通系统等的完善和更新。四是高水平物流人才的匮乏。我国极度缺乏既具备雄厚的知识理论基础，又具备一定实践经验的综合型人才。

（五）节约里程法实例解析

下面以南京一家大型连锁水果店的配送数据为研究基础，验证该模型的有效性。已知该连锁店下共有一个配送中心P和10个水果连锁分店，目前由配送中心直接向客户点进行往返的一对一配送。现将10个连锁分店依次从A～J进行编号，已知现配送中心备用2吨和4吨的货车，由于客户时间要求和成本的限制，故送货车辆一次往返不得超过30千米。其配送中心到分店的距离以及各分店之间的距离如图3-1所示，连线上的数字为两点间的千米数。

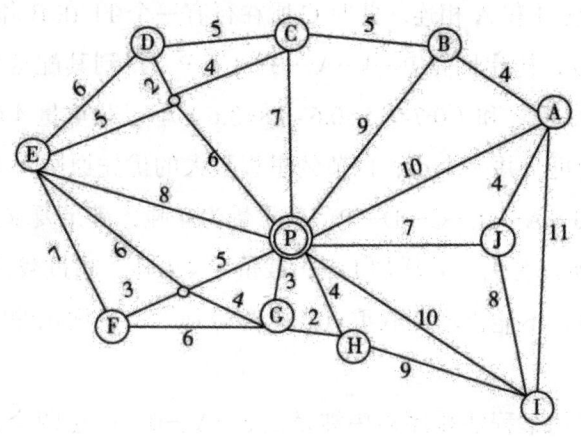

图3-1 节约里程法解析示意图

根据约束条件计算出相应的节约里程数，如图3-2所示，最左侧一列表示各个配送中心的需求量。

需求	P									
0.7	A									
1.5	15	B								
0.8	8	11	C							
0.4	4	7	10	D						
1.4	0	3	6	6	E					
1.5	0	0	0	0	9	F				
0.6	0	0	0	0	1	5	G			
0.8	0	0	0	0	0	4	5	H		
0.5	9	4	0	0	0	1	2	5	I	
0.6	3	8	1	0	0	0	0	0	9	J

图 3-2 节约里程数

首先，找到节约里程数最大节约量 15，连接 AB，此时 J 所在行有一个 13 在 A 和 B 的交叉点上，J 和 A 相连。此时 C 所在行有一个 11 在 B 和 C 的交叉点上，意味着 B 和 C 连接，构建回路 P—J—A—B—C—P，得到其配送里程为 27 千米，小于 30 千米，需求量之和（0.7+1.5+0.6+0.8=3.6）小于载重量 4 吨，根据运载量限制，本回路只能再合并一个点，以节约里程数大的优先原则将 D 点纳入此回路中，构成回路 P—J—A—B—C—D—P，载重量为 4 吨，满足要求，但此时总配送里程为 33 千米，所以舍去。若增加 I 点，载重为 4.1 吨，超过载重范围，不符合。由于车辆载重限制，不能再增加载重点，此时得到第一条优化的配送路线 P—J—A—B—C—P。

接下来，把节约里程法排序表中涉及的 J—A—B—C 这四个客户点的路线剔除，结合原理和车辆载重以及往返里程的限制，利用以上的方法，对配送路线进行不断地修正，直到达到极限，从而获得最优配送路线方案，见表 3-2。

表 3-2 配送优化路线

车辆路线	配送线路安排	载重量 /t	配送里程 /km
1	P—J—A—B—C—P	3.6	27
2	P—D—E—F—G—P	3.9	30
3	P—I—H—P	1.3	23
合计		8.8	80

线路优化前,南京市配送中心到每个连锁分店都采取一对一的方式,配送车辆为10个2吨的车型,配送距离是148千米;经过算法优化之后的配送车辆是一个2吨车型和两个4吨车型,总配送里程为80千米,节省了配送里程大约68千米。

通过节约里程法优化过的路径相对于传统的一对一配送模式解决了以下两种情况:一是在车辆有限的情况下,不合理的配送路线会导致空车返程现象,不仅增加了配送时间,而且降低了配送效率。客户点不能及时收到货物,满足不了顾客需求,导致顾客的流失。二是在车辆充足的情况下,一对一的配送方式成本高,造成了资源浪费,没有做到资源的合理配置。

(六)大型配送网络下的模型改进

需求网点众多、约束条件繁杂的配送情况单纯地使用节约里程法优化物流配送路线,数据量是非常庞大的,复杂程度是非常高的。此时可以通过使用聚类分析法改进模型,更快地形成优化路线,具体的处理步骤如下。

(1)将影响企业盈利的车载量、损耗率、交货期等重要的服务指标纳入考虑范围,对配送企业的物流需求点和业务数据进行统一预处理。

(2)基于距离的相似性度量的方法,利用欧氏距离对簇进行初始划分,通过迭代使同一簇类间相似度更高,各网点间相隔距离更短,实现不断优化。

(3)利用节约里程法对每个簇类进行不同物流区域内的配送线路优化,以此解决大型复杂物流网络的配送线路优化问题。

二、冷链配送作业流程案例解析

本节将以连锁超市的物资配送为例,详细解析冷链配送作业具体流程和相关问题。

(一)连锁超市物流配送的现状分析

目前我国连锁超市的物流配送主要有以下几个方面的显著特征。

1. 自建配送中心偏多,自营配送模式占主导

世界零售业巨头沃尔玛认为,只有在一个配送中心能够支持100~120家分店的时候,才能够体现出它的规模效益,但我国零售连锁超市不论大小都青睐于自建配送中心自营配送。据相关资料,到2007年底,我国零售连锁超市的配送中心已近2 500家,其中自建的就达1 500多家。很多超市没有考虑自身的规模本来就小,没有充足的资金来建设和运作配送中心,从而导致许多配送中心根本不能

达到超市配送的需求，不仅导致配送效率低，统一配送率不高，还浪费了许多物流资源。

2. 商品种类多，配送要求高，配送效果不尽如人意

零售业连锁超市销售的商品品种繁多，涉及食品、日用品、家居装饰等，决定了其对配送的商品要求高，如对于冷冻食品在运输和仓储过程中要有严格的卫生和保温措施。据统计，上海超市的冷链商品占销售额的20%以上。供应商的实力和地区不同，它们所能提供的配送服务也有所不同，很多供应商的配送服务不能达到超市的需求。我国第三方物流企业水平参差不齐，物流配送的整体水平偏低。所以，超市也难以找到比较适合的第三方物流企业，从而导致选择第三方物流配送模式的超市很少，物流配送的标准也不高。不论选择供应商直接配送模式还是选择第三方物流模式，这些企业的实力与配送服务水平都偏低，致使配送效果大多不尽如人意。

3. 统一配送率低，运作难度大，传统物流资源难以适应

零售业连锁超市的配送量波动大，订货频率高，时间要求相对也比较严格。零售企业的销售量受随机因素和其他人为因素（如促销）影响较大，造成门店的配送量波动大。仓储空间等资源有限的门店，一般要依靠提高配送频率来满足需求，有些小型便利店甚至要求一天送货两次，而且配送有时间限制，如限定某个时段到货。同时，目前零售业连锁超市统一配送率低，缺乏高效率的物流配送，导致物流成本高，商品物流成本占销售额的比例在百分之十几甚至更高。运作难度的增大使传统的以单一运输和仓储为主业的物流企业难以适应。

（二）连锁超市物流配送存在的问题

结合现状分析，我国连锁超市物流配送存在的问题可归结为以下几点。

1. 对物流配送认识存在误区

一些企业对于物流配送认识肤浅，视之为简单的"配货"和"送货"，没有真正形成以客户为中心的服务理念。事实上连锁超市的统一配送是其核心竞争力的重要组成部分，配送作为企业内部上通下联的节点，是企业提高效率、降低成本的重要因素，配送效率的高低将直接影响连锁超市的经济效益。

2. 配送中心的配送比率低，配送成本高

目前，除了一些大型、知名企业外，大多数连锁超市的配送比率较低，即时配送率更低，配送的差错率和残损率也较高，这些问题对于超市中销售比重日渐

增加的生鲜食品和其他快速消费品而言无疑是致命的缺陷，最终造成了"统一采购、统一配送、统一结算"的连锁经营模式有名无实。

3. 配送中心设施落后、功能不全

由于现代化配送中心需要高额资本投入，且回收期较长，因此一些企业将原有的仓库简单地改造为配送中心，机械、自动化设施严重缺乏，货物的装卸、搬运大都由人工完成，导致作业速度慢、效率低下，残损率高，配送作业体系不完善。同时，大多数配送中心的仓库不具备冷藏、保鲜功能，现代化运输工具不足，严重影响了配送效率。

4. 物流配送模式选择不当

目前连锁超市物流配送模式主要有四种：供应商直接配送、自建配送中心配送、共同配送、第三方物流配送。企业应该根据实际需要综合运用这些配送模式。中小型连锁超市由于自建配送中心的运营风险较大，更要权衡利弊选择适当的配送模式。

（1）供应商配送模式。供应商配送模式就是由供应商直接进行商品配送，各连锁门店向供应商发出订单，由供应商直接将连锁零售企业采购的商品在指定的时间范围内送到各个门店的物流模式。

（2）自建配送模式。自建配送模式就是连锁零售企业自筹资金建立配送中心的物流模式。

（3）共同配送模式。共同配送模式就是多家连锁企业为实现整体的物流配送合理化，以互惠互利为原则，共同出资建立配送中心，并由出资企业共同经营管理，为所有出资企业提供统一配送服务的物流模式。

（4）第三方物流（TPL）模式。第三方物流模式就是连锁零售企业将其物流配送业务部分或全部委托给专业的物流企业运营的一种物流模式。

5. 信息系统不完善，信息处理能力差

大多数连锁超市尚未建立完善的配送管理信息系统，大量的信息仍然由人工处理。一些企业虽然建立了管理信息系统，但仅仅开发利用了其中的一小部分功能，信息处理能力有待提高。企业内部局域网基本未能实现电子数据交换，POS（销售点情报管理系统）采集的信息缺乏深度加工，信息反馈不及时，从而影响了门店适应顾客需求变化的柔性。

6. 配送专业人才短缺，管理水平低下

目前真正精通连锁经营管理、物流配送运作模式和技术的复合型人才非常缺乏，这是影响配送中心物流信息系统和现代物流设施利用的主要原因之一。专业人才的缺乏直接影响了配送中心的货位规划、物流信息加工处理和系统的完善、商品的科学拣选以及自身库存控制水平等，最终影响了整个配送中心的经营管理水平。

（三）连锁超市物流系统构建战略选择

目前我国连锁超市在物流配送方面存在的问题，既有人的因素，也有物的因素，要解决这些问题，连锁超市必须因地制宜，从自身实际情况出发，选择适合自己的物流发展战略。

在具体的实施过程中，连锁超市可以根据自己的具体情况选择推动式或拉动式的供应链管理市场策略，但都必须以客户为核心，以电子数据交换和网络技术等信息技术为基础，与贸易伙伴密切合作，共享利益、共担风险，借助第三方物流或自建物流配送系统。

第三方物流企业有良好的专业知识与经验，以及现代化的物流技术与储运设施等，能够提供安全管理、技术指导和信息反馈等多项物流系统服务。

大型连锁超市通常物流业务量巨大，建有较为完善的物流系统和配送体系，但在某些业务方面仍然需要与第三方物流公司进行业务合作，尤其是在电子商务环境下物流半径不断扩大的情况下，在长途运输、区域仓库等业务方面，外包的优势较为明显，故可以进行部分外包。而中小型连锁超市由于规模小导致物流业务量相对较小，资金有限，不适于自己建设如配送中心等一些项目投资大、回收期长的服务性工程，更需要充分利用第三方物流，完成物流配送任务。

（四）我国连锁超市配送中心建设的模式

通过对我国连锁超市配送中心建设中存在问题的分析，考虑我国连锁超市的单店规模普遍较小、连锁店数不多、管理能力有限、经营的商品品种较少和范围较窄、融资难度较大等发展环境与现状，以及我国零售业未来可能发生企业重组，我国连锁超市配送中心的建设比较适合走共同配送的道路。

对于连锁超市来说，实行共同配送可以得到以下好处：达到配送作业的经济规模，提高物流作业的效率，降低连锁超市的运营成本；不需投入大量的资金、设备、土地、人力等，可以节省连锁超市的资源；连锁超市可以扩大市场范围，消除原有封闭性的销售网络，共建共存共荣的环境。

从全社会的角度来说，实行共同配送可以减少社会车流总量，减少闹市区卸货妨碍交通的现象，改善交通运输状况；通过集中化处理，可以有效提高车辆的装载率，节省物流处理空间和人力资源，实现社会资源的共享和有效利用，从而改善整体的社会生活品质。

我国的连锁超市根据自身的规模可以建立适合自己发展的共同配送中心模式。

1. 小型连锁超市适用的配送中心

一些小型的地方超市资金比较匮乏，每个连锁超市很难建立自己的配送系统，并且小规模的连锁超市建立配送系统后很难产生相应的经济规模，有可能延迟盈亏平衡点的到来。这时相对势单力薄的中小超市若能联合起来，与多个厂商共同出资建立配送中心负责各连锁超市的配送业务是比较合适的。

多个小型的连锁超市与多个厂商一起共同出资建立配送中心，这样可以减少各自的投资，将节约的物流成本转化为利润，实现将更多的利润让渡给消费者，同时有利于地方中小型生产企业形成稳定的销售渠道，而超市也有了稳定的供货渠道。

2. 中型连锁超市适用的配送中心

一些中型的连锁超市普遍拥有自己的运输工具和配送中心，这部分连锁超市可以根据自身的进货数量情况，采取委托或受托的形式，共同利用这些分散的配送中心，如可以将本店配送数量较少的商品委托给其他超市配送中心配送，而本店配送数量较多的商品则在接受其他超市委托的基础上由自己配送。

这些中型的连锁超市联合起来，共同使用所有的设施，不仅可以使自有资源得到充分利用，而且可以提高配送效率，还避免了由于共同出资建立配送中心而出现的一些问题，比较有利于中型连锁超市的发展。这种方式的问题在于，由于各连锁超市经营的商品基本相同，而各个配送中心又必须有比较专一的商品配送，所以各个配送中心在配送商品的时间和顺序问题上比较难以达成一致。

3. 大型连锁超市适用的配送模式

大型连锁超市为了追求物流的效率，并且使配送活动能够满足自己各分店的各种要求，应该制定商品批发制度，由指定的批发商统一配送不同厂商的产品，进行集中管理，统一运输。

在这种配送模式下，厂商负责连锁超市配送中心的商品调度和批发企业的商品调度，连锁超市自有的配送中心负责大批量的商品配送，而由指定的批发企业负责多额度、小单位的配送。这种配送模式可以满足大型连锁超市的要求，但是经过批发企业环节会增加一部分成本。

当连锁超市进入成熟发展时期，经过了长时间的市场选择，市场上连锁超市的数目将减少，但同时它们的自身实力都已经增强。为了谋求更大的发展，连锁超市必须建立自己的配送中心，同时需要有完善的第三方物流企业为辅助，只有这样才能使我国的连锁超市真正地具有配送优势，进而积极参与国际竞争。

三、数智赋能冷链配送方案

（一）中国冷链配送现状

当前，我国冷链物流在发展中存在的问题有完整独立的食品冷链体系尚未形成；冷链物流缺乏上下游的整体规划和整合；冷链物流硬件设施建设滞后，投资巨大，中小物流企业或工商企业无力单独投资建设；冷链物流市场化程度低，配送成本高；现有的冷链物流配送模式容易导致城市交通堵塞，加大环境污染。

城市冷链配送是冷链物流系统中最为薄弱的一环，其集约化程度低、接货标准不一等一系列问题都在考验着冷链物流企业的生存与发展。我国传统的冷链物流配送模式存在的问题主要体现在部分易腐商品生产企业自行完成配送任务，配送成本高；专业配送企业各自为政，重复建设，浪费严重；用户的冷藏设施不足，无法保证冷链物流的全程温度控制，商品质量难以保障。

冷链食品配送要求第三方物流企业要有完备的系统——符合要求的设施设备、合理的成本构成、卓越的工作团队以及全方位的人员培训、内外部各种应急预案等。而这些都需要高额投资，往往让企业望而却步。

（二）适合中国国情的冷链物流配送方案——共同配送

以上我国冷链物流的发展现状与问题以及现有的冷链物流配送模式反映了我国在冷链物流方面的国情。笔者认为，发展适合我国国情的共同配送模式能够有效地解决上述问题。

1. 共同配送的含义

共同配送模式是指几个冷冻、冷藏食品经营企业在配送网络与服务存在优势互补的情况下，各方基于互相信任、风险共担、利益共享的长期战略合作伙伴关系，通过协作性信息平台将各方的生鲜加工配送中心、冷链运输部门等相关物流服务部门组织成为"虚拟联盟",通过配送要素之间的双向或多向流动、信息共享以及一系列的决策支持技术来实现各方之间配送业务的统一调度和管理,或者多个客户联合共同由一个第三方物流服务公司提供配送服务。共同配送针对冷链商品的配送品种多样化、温度需求多层化、流通渠道多元化的特点,按照不同的温度需求进行冷链配送,将成为城市配送的主导力量。

共同配送整合了所有参与客户的商品资源,整合了客户和第三方物流的车辆和库房资源,同时整合了所有参与客户的配送线路资源。目前由于交通堵塞和超市收货排队的原因,车辆的装载率与送货点数形成一个尖锐的矛盾,每个店送货量少,而门店又在不断增加,如果考虑装载率,把车辆全部装满后还要考虑是否能够在收货时间内送完,加上司机的在途工作时间等,鉴于这一矛盾只能选择降低装载率以保证满足客户的送货时间要求。

第三方物流的关键在于整合资源,只有专业化和集约化才可能最大程度地降低成本。同时第三方物流公司不是赚客户的钱而是帮助客户省钱。共同配送可以较大限度地提高人员、物资、资本、时间等物流资源的使用效率(降低成本),取得更大效益(提高服务),还可以去除多余的交错运输,并取得缓解交通拥堵、保护环境等社会效益。因此,共同配送将是整合资源的较佳表现形式。

适合我国国情的冷链物流共同配送是指在当前我国冷链物流基础薄弱,较长一段时期内还很难缩小与发达国家差距的情况下,一方面充分整合现有的冷链资源,建立统一的区域物流配送中心;另一方面,共同配送的模式既包括一家第三方物流公司为多个客户提供服务,也包括多个配送企业联合一起进行配送,还包括多家工商企业联合投资兴建冷链物流设施,即物流配送共同化、物流资源利用共同化、物流设施设备利用共同化以及物流管理共同化。

2. 共同配送方案的意义

发展冷链物流的共同配送,是当前我国冷链物流配送模式的最优化选择,主要理由如下。

(1)从食品安全角度看。首先,发展冷链物流的共同配送,如多家工商企业联合投资兴建冷链物流设施,不仅降低了投资成本和风险,而且容易完善冷藏冷冻配套设施,有助于提高冷链物流在易腐商品供应链物流中的比重,减少物流损耗,降低商品的腐烂率;其次,多家企业参与共同配送,一方面更有条件共建信息系统与网络,实现信息的共享与快速反馈,从而更快地反映市场需求,缩短产品订货提前期,另一方面也有利于采用物流技术,如RFID、GPS,加强对冷链物流的全程温度控制;最后,多家配送企业联合进行配送,提高了服务网络的覆盖率,从而提高了配送服务水平和配送速度,有利于降低商品的腐烂率。总的来说,发展冷链物流的共同配送比传统配送模式更有利于确保食品安全,提高食品质量。

(2)对于易腐商品生产企业来说。发展冷链物流的共同配送,由专业的第三方物流企业完成配送任务,既降低了物流成本,又可以集中精力经营核心业务,促进企业的成长与发展,扩大市场范围,消除封闭性的销售网络,同时有利于提高食品质量,创立食品名牌,提升食品的国际竞争力。而食品国际竞争力的提高通常会带来产品价格的提高,最终也有利于位于供应链最前端的农民收入的增加。

(3)对第三方物流企业而言。发展冷链物流的共同配送,为多家易腐商品生产企业提供配送服务,容易达到配送的经济规模。运输单位的大型化和信息网络化使得车辆资源得到充分利用,装载效率明显提高,在实现物流效率提高的同时,有利于小批量、多批次配送业务的展开,这样不仅降低了企业自身的运营成本,而且提高了客户商品的价值。

(4)从社会角度看。消费者越来越个性化的消费需求,大大推动了多品种、少批量、多频度的配送,商品种类的增加、交货提前期的缩短导致运输车辆增多,道路交通堵塞,城市环境恶化。开展冷链物流的共同配送,在区域配送中心的协调下,将运往同一地区的商品用一辆卡车运送,大大地减少了运输车辆,缓解了城市交通压力,降低了环境污染。同时,共同配送的实质是在物流配送要素上各个企业的横向集成,在产品流通中利用各个配送企业的资源、设备及地理条件,提高社会资本的利用率,使得社会效益明显提高。

共同配送是物流发展的新趋势,在西方发达国家有很好的应用。在当前我国冷链物流基础薄弱的情况下,开展适合我国国情的冷链物流共同配送无疑是一种很好的选择。当然,冷链物流共同配送在我国还处于起步阶段,还存在诸多的问题,如费用分担问题、信任机制问题、路径优化问题等,需要进一步研究解决。

(三)共同配送方案的发展

共同配送之所以能够降低物流的成本,是因为集约化程度的提高,使得人工、设备和设施费用分摊到了很多共享的客户身上。这些零散客户共享所带来的业务量就像大客户所带来的业务量一样大,从而能够发挥物流的规模效益,节约成本,这些成本的节约反过来又可以使销售企业实施更加优惠的低价政策。

冷链物流的三个关键要素就是时间、温度和不可逆，用来保障这三个要素实现的是设备、流程和人员。通过研究近几年的冷链物流发展状况，保障这三个要素实现的最重要的不是设备的问题，不是流程的问题，而是人的问题。人，包括冷链物流的从业人员，还包括城市的管理者。冷链物流人才急缺是事实，而食品物流标准的缺失、交通政策的滞后、现存的物流配送模式集约化程度过低等问题更是由于人的原因造成的。笔者结合目前冷链物流设备、技术水平提出以下建议。

1. 完善和提高终端零售企业的收货标准，由需求方按照收货标准监督供应方

零售终端作为食品流通的最后一个环节，更应该做好食品的检查及验收工作，成为商品到消费者的最后一道"防火墙"，同时，从供应链的需求关系角度而言，需求方对供应方的有效监督是可执行、较有效果的，特别是对冷链产品的监督。目前部分零售终端的收货标准较低或标准执行不到位，一定程度上纵容了部分厂商或物流企业的违规行为，因此，商业流通管理部门应该要求零售终端建立科学的、切实可行的冷链商品收货标准，通过规范的测温、控制收货时间、控制损耗率等手段，提高冷链的品质。

目前冷链物流由于缺乏行业标准和监管措施，运营水平差异非常大；政策缺失导致无序竞争，价格下跌；由于设施落后，冷链物流过程中断链的现象比比皆是；库温不达标，运输过程中温度不合要求或仅使用简单的棉被进行保温；收发货过程长且在常温状态下进行，这些都是目前非常普遍的现象。由于缺乏标准和监管，这些现象得以普遍存在，造成了不公平竞争，不仅影响了食品的质量安全，而且对运营规范的冷链物流企业造成伤害。

为了加快城市冷链配送系统的建设，以便通过不间断的冷链保障食品的安全，政府及行业应加大力度落实相关法规，完善行业标准，加强对行业的引导与监督，促进冷链物流行业，特别是区域冷链配送领域快速健康发展，保障食品安全，促进城市建设，实现能源节约。

2. 实行城市冷链夜间配送

目前超市收货时间一般集中在白天，然而白天城市交通的拥堵，以及超市分布的街区化、街道化，使得配送环节与此形成一个难以协调的矛盾，同时冷链商品与常温商品同时收货，严重违反了冷链物流的温度要求。各地如果能吸取北京奥运会期间成功的城市交通管理经验，将部分商品或门店的收货时间调整为夜间，将会给企业和社会带来极大的效益。

3. 政策性扶持参与共同配送模式

2014年，国家先后出台了一系列文件，如中央一号文件明确提出"完善鲜活农产品冷链物流体系"，《农产品冷链物流发展规划》中明确提出：从源头实现低温控制，建立以生产企业为核心的冷链物流体系；发改经贸〔2014〕2933号文件《关于进一步促进冷链运输物流企业健康发展的指导意见》明确提出，积极引导冷链运输物流企业通过统一组织、按需配送、计划运输的方式整合资源。地方政府在产业结构转型升级以及财政支持方面对冷链物流扶持力度也逐渐加大，如福州在福清等地扶持9个蔬菜基地冷藏加工项目；而佛山则为保证肉品在冷链配送中的质量安全，率先在南海区试点在冷链配送车上安装GPS系统，并将在佛山全市范围内进行推广。

此外，很多品牌厂商和超市也展开了"共同配送"，就拿"网上超市"一号店来说，其在北京可配送蔬菜、水果、冷藏食品这三大类200多种商品。其中，冷藏产品主要涵盖奶酪、乳饮料等，涉及品牌包括百吉福、安佳、多美鲜等。其还在京上线了冷冻食品，消费者只要登录一号店便可购买到深海鱼虾等产品，省却了在市场或超市"挑选"的烦恼。

4. 多温共配

多温共配是经过长期的发展和优化探索出的一种配送形式，也是美国、日本等一些发达国家广泛采用、影响面较大的一种先进的物流配送方式，它对提高物流运作效率、降低物流成本具有重要意义。

从微观角度看，实现冷链物流的多温共配能够提高冷链物流运作的效率，降低企业运营成本，可以节省大量资金、设备、土地、人力等。企业可以集中精力经营核心业务，扩大业务范围，形成共建、共存、共享的经营环境。

从整个社会角度来讲，实现冷链物流的多温共配可以减少社会冷藏车的总量，减少因卸货妨碍城市交通的现象，改善交通运输状况；通过冷链物流集中化处理，能够有效提高冷链车辆的装载率，节省冷链物流处理空间和人力资源，提升冷链商业物流环境，进而改善整体社会生活品质。

由于冷链物流的低温特点，物流企业若单独建立冷链物流中心，投资成本高，而且回收期较长。由于冷链食品的特点相同，但是不同食品的温度范围要求又是不一样的，所以整个社会的冷链物流企业联合起来，共同建立冷链物流配送中心，实现冷链物流行业的多温共配和共同配送是可行的。

任务三：冷链配送业务

一、数智赋能冷链分拣

（一）数智赋能冷链分拣含义

冷链分拣整理服务就是在冷库配送中心依据顾客的订单要求或配送计划，迅速、准确地将商品从其储位或其他区位拣取出来，并按一定的方式进行分类、集中的作业。分拣的方式通常有订单拣取、批量拣取及复合拣取三种方式。

（二）数智赋能冷链分拣流程

1. 确定发货计划

发货计划是根据顾客的订单编制而成的。订单是指顾客根据其用货需要向配送中心发出的订货信息。配送中心接到订货信息后需要对订单的资料进行确认、存货查询和单据处理，根据顾客的送货要求制订发货日程，最后编制发货计划。

2. 确定拣货方式

拣货通常有订单别拣取、批量拣取及复合拣取三种方式。订单别拣取是按每份订单来拣货；批量拣取是多张订单累计成一批，汇总数量后形成拣货单，然后根据拣货单的指示一次拣取商品，再进行分类；复合拣取是充分利用以上两种方式的特点，并综合运用于拣货作业中。

（1）订单别拣取。订单别拣取是针对每一份订单，分拣人员按照订单所列商品及数量，将商品从储存区域或分拣区域拣取出来，然后集中在一起的拣货方式。

订单别拣取作业方法简单，分拣人员接到订单可立即拣货，作业前置时间短，作业人员责任明确。但对于商品品项较多时，分拣人员拣货行走路径加长，拣取效率较低。订单别拣取适合订单大小差异较大，订单数量变化频繁，商品差异较大的情况，如化妆品、家具、电器、高级服饰等。

（2）批量拣取。批量拣取是将多张订单集合成一批，按照商品品种类别加总后再进行拣货，然后依据不同客户或不同订单分类集中的拣货方式。批量拣取可以缩短拣取商品时的行走时间，增加单位时间的拣货量。同时，由于需要订单累积到一定数量时才做一次性的处理，因此会产生停滞时间。批量拣取适合订单变化较小，订单数量稳定的配送中心和外形较规则、固定的商品出货，如箱装、扁袋装的商品。需进行流通加工的商品也适合批量拣取，再批量进行加工，然后分类配送，这样有利于提高拣货及加工效率。

（3）复合拣取。为克服订单别拣取和批量拣取方式的缺点，配送中心也可以采取将订单别拣取和批量拣取组合起来的复合拣取方式。复合拣取即根据订单的品种、数量及出库频率，确定哪些订单适于订单别拣取，哪些订单适于批量拣取，分别采取不同的拣货方式。

3. 输出拣货清单

拣货清单是配送中心将客户订单资料进行计算机处理，生成并打印出拣货单。拣货单上标明储位，并按储位顺序来排列货物编号，作业人员据此拣货可以缩短拣货路径，提高拣货作业效率。

4. 确定拣货路线及分派拣货人员

配送中心根据拣货单所指示的商品编码、储位编号等信息，能够明确商品所处的位置，确定合理的拣货路线，安排拣货人员进行拣货作业。

5. 拣取商品

拣取的过程可以由人工或自动化设备完成。通常对于体积小、批量少、搬运重量在人力范围内且出货频率不是特别高的货物可以采取手工方式拣取；对于体积大、重量大的货物可以利用升降叉车等搬运机械辅助作业；对于出货频率很高的货物可以采取自动拣货系统。

6. 分类集中

经过拣取的商品根据不同的客户或送货路线分类集中，有些需要进行流通加工的商品还需根据加工方法进行分类，加工完毕再按一定方式分类出货。多品种分货的工艺过程较复杂，难度也大，容易发生错误，必须在统筹安排形成规模效应的基础上，提高作业的精确性。在物品体积小、重量轻的情况下，可以采取人力分拣，也可以采取机械辅助作业，或利用自动分拣机自动将拣取出来的货物进行分类与集中。

二、数智赋能冷链包装

（一）数智赋能冷链包装概念

狭义的冷链包装，即农副产品的低温供应链包装，是指农副产品从生产、加工、贮藏、运输、销售到消费前的各个环节中始终处于规定的低温环境下，以保证食品质量，防止食品腐烂变质的产品包装。广义的冷链包装涉及的不仅仅是农副产品，还包括药品、化学制剂等对温度有特殊要求的物品。

长期以来，新鲜水果、蔬菜等农产品是我国重要的出口产品，但包装粗糙、保鲜技术落后，导致每年上万吨果蔬腐烂，经济损失严重。一些国家进口我国的农产品，重新包装后再投入本国市场，其市场价远比进口时高。特别是我国加入世贸组织以后，关税下调，国外农产品涌入我国市场，更削弱了我国农产品的竞争力。

数智赋能冷链包装需要从低温冷链环境重新考察和检验冷链包装的可靠性，包括包装材料、包装容器、包装辅料及各种包装防护技法，进而满足冷链物流体系的工况要求。

（二）冷链包装的要求

冷链包装的要求是指产品包装能满足生产、贮运、销售、消费整个生产流通过程的需要及其满足程度的属性。包装质量的好坏，不仅影响包装的综合成本效益、产品质量，而且影响商品市场竞争能力及企业品牌的整体形象。因此，了解或建立包装质量标准体系是做好包装工作的重要内容。评价食品包装质量的标准体系主要包括以下几个方面。

1. 包装对食品的保护

食品极易变质，包装能否在设定的食品保质期内保全食品质量，是评价包装质量的关键。包装对食品的保护主要表现在三个方面。

（1）物理保护：包括防振、耐冲击、隔热防尘、阻光阻氧、阻水蒸气及阻隔异味等。

（2）化学保护：包括防止食品氧化、变色，防止包装的老化、分解、锈蚀及有毒物质的迁移等。

（3）生物保护：主要是防止微生物的侵染及防虫、防鼠。

其他相关保护指防盗、防伪等。

2. 卫生与安全

包装食品的卫生与安全直接关系消费者的健康和安全，也是国际食品贸易的争执焦点。

3. 方便与适销

包装应方便和具有良好的促销功能，体现商品的价值和吸引力。

4. 加工适应性好

包装材料应易加工成型，包装操作简单易行，包装工艺应与食品生产工艺相配套。

5. 包装成本合理

包装成本指包装材料成本、包装操作成本和运输包装及其操作等成本在内的综合经济成本。包装成本应合理。

（三）包装在冷链物流中的功能

包装在冷链物流中应具有以下功能。

1. 具有良好的保温性能

外包装要具有良好的保温性能，这样才能防止冷链中的热量过度交换，造成局部温度变动过大，损害鲜活商品的品质。

2. 具有良好的防潮防水性能

"冷"环境往往与水和湿气伴生，因此冷链中的包装必须防潮防水。

3. 具有良好的透氧透气性能

果蔬类产品是"鲜活"、需要呼吸的，因此其包装还应当具有一定的透氧透气性能，以维持鲜活产品生命循环对氧的需要。这些特殊要求的包装在普通商品包装中显然是鲜见的，因此冷链包装应当属于一种特殊的包装物。

4. 具有良好的识别功能

良好的识别功能可以减少存储中的错误，节省提货和处理的时间，支持库存周转。

（四）产品包装材料及方法

1. 果蔬类产品包装材料及方法

（1）果蔬保鲜的包装材料。用于果蔬保鲜包装的材料种类很多，目前应用的功能性包装材料主要有塑料薄膜、塑料片材、瓦楞纸箱、蓄冷材料、保鲜剂等几大类。

①薄膜包装材料。常用的薄膜保鲜材料主要有 PE（聚乙烯）、PVC（聚氯乙烯）、PP（聚丙烯）、BOPP（双向拉伸聚丙烯）、PS（聚苯乙烯）、PVDC（聚偏二氯乙烯）、PET/PE（PET 为聚对苯二甲酸乙二醇酯）、KNY/PE 等薄膜，以及 PVC、PP、PS、辐射交联 PE 等的热收缩膜和拉伸膜。这些薄膜常制成袋、套、管状，可根据不同需要选用。近年来出现了许多功能性保鲜膜，除了能改善透气透湿性外，有的还涂布脂肪酸或掺入界面活性剂，使薄膜具有防雾、防结露作用。此外，也有混入以泡沸石为母体的无机系抗菌剂的抗菌性薄膜，混入陶瓷、泡沸石、活性炭等以吸收乙烯等有害气体的薄膜，混入远红外线放射体的保鲜膜等。

②保鲜包装用片材。保鲜包装用片材大多以高吸水性的树脂为基材，种类很多，如吸水能力数百倍于自重的高吸水性片材，这种片材混入活性炭后除具有吸湿、放湿功能外，还具有吸收乙烯、乙醇等有害气体的能力；混入抗菌剂可制成抗菌性片材，可作为瓦楞纸箱和薄膜小袋中的调湿材料、凝结水吸收材料，改善吸水性片材在吸湿后容易构成微生物繁殖场所的缺点。目前已开发出的许多功能性片材已应用于松蘑、脐橙、涩柿子、青梅、桃、花椰菜、草莓、葡萄和樱桃的保鲜包装。

③瓦楞纸箱。普通瓦楞纸箱由全纤维制成的瓦楞纸板构成。近年来功能性瓦楞纸箱也开始应用，如在纸板表面包裹发泡聚乙烯、聚丙烯等薄膜的瓦楞纸箱，在纸板中加入聚苯乙烯等隔热材料的瓦楞纸箱，由聚乙烯、远红外线放射体（陶瓷）及箱纸构成的瓦楞纸箱等。这些功能性瓦楞纸箱可以作为具有简易调湿、抗菌作用的果蔬保鲜包装容器来使用。

④蓄冷材料和隔热容器。蓄冷材料和隔热容器并用可起到简易的保冷效果，保证果蔬在流通中处于低温状态，因而可显著提高保鲜效果。蓄冷材料在使用时要根据整个包装所需的制冷量来计算所需的蓄冷剂量，并将它们均匀地排放于整个容器中，以保证能均匀保冷。

发泡聚苯乙烯箱是常用的隔热容器，其隔热性能优良并且具有耐水性，在苹果、龙须菜、生菜、硬花甘蓝等果蔬保鲜中已有应用，但是其废弃物难以处理，可使用前述的功能性瓦楞纸箱和以硬发泡聚氨酯、发泡聚乙烯为素材的隔热性板材式覆盖材料作为其替代品。

⑤保鲜剂。为进一步提高保鲜效果，可将保鲜剂与其他包装材料一起使用于保鲜包装中，常见的保鲜剂主要有以下几种。

a. 气体调节剂。气体调节剂有脱氧剂、去乙烯剂、二氧化碳发生剂等。脱氧剂多用于耐低氧环境的水果，如巨峰葡萄等。去乙烯剂（包括去乙醇剂）包括多孔质凝灰石、吸附高锰酸钾的泡沸石、用溴酸钠处理过的活性炭等。二氧化碳发生剂多用于柿子、草莓等。

b. 涂布保鲜剂。涂布保鲜剂有天然多糖类、石蜡、脂肪酸盐等。抗菌抑菌剂。

c. 抗菌抑菌剂。抗菌抑菌剂有日柏醇等。

d. 植物激素。植物激素有赤霉素、细胞激动素、维生素B等，均可抑制呼吸、延缓衰老、推迟变色、保持果蔬的脆度和硬度等。

这些保鲜剂有些涂布于包装材料中，有些单独隔开放入包装袋中，有些则被制成被膜剂直接包覆于果蔬表面。这些方法均能起到保鲜作用。

目前，果蔬保鲜包装主要是利用包装材料与容器所具有的简易气调效果，结合防雾、防结露、抗震、抗压等特性来进行包装。

（2）果蔬保鲜的内包装方法。

①塑料袋包装。选择具有适当透气性、透湿性的薄膜，可以起到简易气调效果；与真空充气包装结合进行，可提高包装的保鲜效果。这种包装方法要求薄膜材料具有良好的透明度，对水蒸气、氧气、二氧化碳的透过性适当，并具有良好的封口性能，安全无毒。

②浅盘包装。将果蔬放入纸浆模塑盘、瓦楞纸板盘、塑料热成型浅盘等，再采用热收缩包装或拉伸包装来固定产品。这种包装具有可视性，有利于产品的展示销售。杧果、白兰瓜、香蕉、番茄、嫩玉米穗、苹果等都可以采用这种包装方法。

③穿孔膜包装。密封包装果蔬时，某些果蔬包装内易出现厌氧腐败、过湿状态和微生物侵染，因此，需用穿孔膜包装以避免袋内二氧化碳的过度积累和过湿现象。许多绿叶蔬菜和果蔬适宜采用此法。在实施穿孔膜包装时，穿孔程度应通过试验确定，一般以包装内不出现过湿状态下所允许的最少开孔量为准。这种方法也称有限气调包装。

（3）果蔬保鲜的外包装方法。果蔬的外包装是指对小包装果蔬进行二次包装，以增加耐贮运性，并有利于创造合适的保鲜环境。目前外包装常采用瓦楞纸箱、塑料箱等。从包装保鲜角度考虑，外包装可同时封入保鲜剂以及各种衬垫缓冲材料，如脱氧剂、杀菌剂、去乙烯剂、蓄冷剂、二氧化碳发生剂、吸湿性片材等。

2. 生鲜肉制品包装

（1）生鲜肉真空收缩包装。真空收缩包装作为保鲜包装的一种基本方式，在欧美国家得到普遍应用，在亚洲国家也开始用于生鲜肉的保鲜包装。据国际食品包装品牌公司希悦尔的经验，真空收缩包装生鲜牛肉和猪肉可分别取得 3 个月和 45 天的保存期限。

真空收缩包装生鲜肉能获得较长时间的保鲜期，能有效抑制好氧微生物的生长繁殖，却不能抑制厌氧细菌的生长，而低于 4 ℃的低温贮存流通条件可使厌氧细菌停止生长。所以，生鲜肉采用真空收缩包装时必须严格控制原料肉的初始细菌，在生鲜肉的屠杀、分割、包装生产过程中采用 HACCP 等全程安全质量控制技术体系，有效地降低微生物造成危害的概率。

生鲜肉真空包装时因缺氧而呈现淡紫红色，在销售时会被消费者误认为不新鲜，若在零售时打开包装让肉充分接触空气或再进行高氧气调包装，可在短时间内使肌红蛋白转变为氧合肌红蛋白，恢复生鲜肉的鲜红色。

（2）生鲜肉气调包装。气调包装能保持较高的氧气分压，有利于形成氧合肌红蛋白而使肌肉色泽鲜艳，并抑制厌氧菌的生长。因此，根据鲜肉保持色泽的要求，氧的混合比例应超过 30%。二氧化碳具有抑制细菌生长的作用，考虑到二氧化碳易溶于肉中的水分和脂肪以及复合薄膜材料的透气率，一般混合气体中二氧化碳的混合比例应超过 30% 才能起到明显的抑菌效果。

3. 生鲜水产品包装

（1）生鲜水产品的销售包装。生鲜水产品的包装方式主要有以下几种：采用 PE 薄膜袋包装；采用涂蜡或涂以热熔胶的纸箱（盒）包装；采用纸盒包装，并在纸盒外用热收缩薄膜包裹；将鱼放在用 PVC、PS、EPS（发泡聚苯乙烯）制成的塑料浅盘中，盘中衬垫一层纸以吸收鱼汁和水分，然后用一层透明的塑料薄膜包裹或热封；生鲜的鱼块或鱼片也可以直接用玻璃纸或经过涂塑的防潮玻璃纸包裹；高档鱼类、对虾、龙虾、鲜蟹等由于对保鲜要求比较高，可采用气调、真空包装，包装使用的材料主要有 PET/PE、BOPP/PE、PET/AL/PE、PET/PVDC/PE 等高阻隔复合材料（其中 AL 为铝合金）。

鱼、虾的冷冻小包装袋一般用 LDPE（低密度聚乙烯）薄膜，涂蜡的纸盒或涂以热熔胶的纸箱（盒）包装也比较普遍。对于分割的鱼肉、对虾，为保持色泽、外形和鲜度，也可用托盘外罩收缩薄膜包装。生鲜鱼类的气调包装所采用的包装材料应具有高阻气性，可采用 PET/PE、PP/EVOH/PE、PA/PE（其中，EVOH 为乙烯－乙烯醇共聚物，PA 为聚酰胺，即尼龙），采用的气体及比例应根据不同鱼类的特性试验来确定。值得注意的是，生鲜鱼类气调保鲜包装必须配合低温才能得到良好的效果。

（2）生鲜水产品的运输包装。水产品的运输包装主要采用普通包装箱和保温包装箱。普通包装箱有铝合金箱、塑料箱和纤维板箱等，保温包装箱有钙塑泡沫片复合塑料保温箱、EPS 或 PUR（发泡聚氨酯）泡沫片复合塑料保温箱和 EPS 复合保温纸箱等。冻结的鱼货必须用冷藏车运输，在销售点还需要设置冷库。保温箱包装水产品可以用普通车辆在常温下运输，在零售点，常温下可保持 2 天左右堆放和销售不变质，非常方便。

（3）其他生鲜水产品的包装。

①虾类产品。虾类产品含有丰富的蛋白质、脂肪、维生素和矿物质及大量的水分和多种可溶性的呈味物质，且其头部含有大量细菌，在贮存过程中容易发生脱水、脂肪氧化、细菌性腐败、化学变质和失去风味等现象。包装前应去头、去皮和分级，再装入涂蜡的纸盒（有的纸盒有内衬材料）中进行冷藏或冻藏；为防止虾的氧化和丧失水分，可对虾进行包冰衣处理，用 PE、PVC、PS 等热成型容器包装，也可用 PA/PE 膜进行真空包装。鲜活虾类产品可放在冷藏桶的冰水中并充氧后密封包装，以防止虾类死亡。

②贝类产品。贝类产品的性质与鱼虾相似，贮存过程中易发生脱水、氧化、腐败及香味和营养成分的损失。贝类捕获后通常去壳并将贝肉洗净冷冻，用涂塑纸盒或塑料热成型盒等容器包装，低温流通。扇贝的活体运输包装常采用假休眠法：将扇贝放入由冰块降温的容器内（保持温度为 3～5 ℃使扇贝进入假休眠状态），冰融化的水不与扇贝接触，直接从底板下流走；待运输结束，将扇贝恢复到它本身所栖息的海水温度即可苏醒复活。通过这种方法运输，扇贝可存活 7 天，而一般的常规方法仅可存活 3 天。

③牡蛎等软体水产品。牡蛎等软体动物极易变质败坏，肉中含有嗜冷性的"红酵母"等微生物，这些微生物在 −17.7 ℃甚至更低的温度下仍能生长。生鲜牡蛎一旦脱离壳体就应立即加工食用。牡蛎可采用玻璃纸、涂塑纸张、氯化橡胶、PP、PE 等薄膜包装。涂蜡纸盒用玻璃纸、OPP（共挤压定向聚丙烯）等薄膜加以外层包裹（防泄漏）是较理想的销售小包装。

(五)自动包装生产线

采用流水线进行自动包装生产能极大地提高企业的经济效益,产品结构和工艺过程相对稳定,产品的设计能够达到"结构的工艺性"。所谓结构的工艺性,是指产品和零件的结构能使在流水线上有可能采用最有效和最经济的工艺程序,产品和零件在结构方面通用化、标准化程度要高,在工艺方面有可能采用典型工艺。

1. 自动包装生产线的分类

物流设备自动包装生产线的种类很多,组成生产过程的各道工序能够分解与合并,以满足工序间的同期化(同步化)要求。

(1)按包装机之间连接特征分类。

①刚性自动包装生产线。刚性自动包装生产线是各包装机间直接用输送装置连接起来,以一定的生产节奏完成包装作业的生产线。这一生产线有一个缺点,即如果某一生产环节出现故障,将会导致全线停产。

②柔性自动包装生产线。柔性自动包装生产线在每个包装机之间均加设储料器,由其向后续包装机供料。这样就克服了刚性自动包装生产线的缺陷,即使某台包装机发生故障,也不会影响其他包装机的包装作业。

③半柔性自动包装生产线。半柔性自动包装生产线将自动生产线分成若干区段,对不易出现故障的区段不加设储料器,以提高其"刚性";对经常出现故障的区段加设储料器,以提高其"柔性"。这样既保证了生产率,又减少了投资。

(2)按包装机的组合布局分类。

①串联自动包装生产线。串联自动包装生产线各包装机按照工艺流程单向连接,各单机生产节奏相同。

②并联自动包装生产线。并联自动包装生产线将具有相同包装功能的设备分成数组,共同完成同一包装作业,直至完成商品包装的全部任务。这一类生产线一般需加设换向或合流装置。

③混联自动包装生产线。混联自动包装生产线在一条生产线上同时采用串联和并联两种形式,其目的主要是为了平衡各包装机的生产节拍。不过,这样常会使自动包装生产线较长,机器数量较多,因此输送、换向、分流、合流等装置的种类也随之繁杂。

2. 自动包装生产线的组成

自动包装生产线的种类繁多，所包装的产品也各不相同，但总体来讲，自动包装生产线可分为控制系统、自动包装机、输送系统和辅助工艺装置四个组成部分。

（1）控制系统。在自动包装生产线中，控制系统起着类似于人类大脑的作用，它将生产线中所有的设备连接成一个有机的整体。控制系统主要是由工作循环控制装置、信号处理装置及检测装置组成。随着科学技术的发展，各种高新技术，如数控技术、光电控制、电脑控制技术等也被大量使用到自动包装生产线中，从而使控制系统更加完善、可靠，效率更高。

（2）自动包装机。自动包装机是一种无须操作人员直接参与，主要由操作系统控制，在规定的时间内各机构自动实现协调动作并完成包装作业的机器。自动包装机是自动包装生产线上最基本的工艺设备，是自动包装生产线的主体。它主要包括完成包装材料（或包装容器）与被包装物料的输送与供料、计量、充填、包封、贴标签等作业的设备，如包装机、充填机、装盒（箱）机、捆扎机、封口机等。

（3）输送装置。输送装置是将各台完成部分包装的自动包装机连接起来，使之成为一条自动线的重要装置。它担负着包装工序间的传送任务，并且使包装材料（或包装容器）和被包装物品进入自动生产线，以及成品离开自动生产线。常用的输送装置大致分为重力式和动力式两类。

①重力式输送装置是利用物品的重力并克服输送过程中的摩擦力，从而实现输送的装置。它不需要任何驱动源，且结构比较简单，但这类装置只能实现高处向低处的输送，而且输送时间难以实现精确化。

②动力式输送装置是利用动力源（如电动机）的驱动作用使物品得以输送的装置，是自动包装生产线中最常用的输送装置。它不但可实现由高处向低处的输送，也可实现由低处向高处的输送，且输送速度稳定可靠。

（4）辅助工艺装置。为满足工艺上的要求，能有节奏、协调地工作，自动生产线常配置一些辅助工艺装置，如转向装置、分流装置、合流装置等。

①转向装置是为了满足包装需要，用于改变被包装物体输送状态或改变被包装物品的输送方向的装置。转向装置结构形式多样，应根据不同物品、不同要求进行选择。

②分流装置是为了平衡生产节拍,提高生产率,在前台包装机完成其包装作业后,将被包装物分流给其他包装机来完成后续工序的装置。常用的分流装置有挡臂式、直角式、摇摆式、活门式、导轨滑板式等。

③合流装置是为了达到合流作用,用于连接前道工序多台包装机与后道工序一台包装机的装置。常用的合流装置有导板式、推板式、回转圆盘式等。

3. 典型自动包装生产线

由于被包装产品及包装形式种类繁多,因此自动包装生产线中工艺过程的安排及设备的配备也多种多样,有的自动包装生产线只需要几台包装机,有的需要几十台包装机。以下仅举例加以说明。

(1) 纸模工业品包装生产线。纸浆模塑制品的应用范围很广,从原料来源分为两大类:一类是一年生成的草本植物原浆,用于加工一次性餐饮具等食品包装;另一类为回收废纸浆料,用于加工工业品包装,如机电产品内包装及缓冲物、医疗用品、农业育苗移植用具、蛋托、果托、工艺品包装、玻璃器皿包装等。上述纸浆模塑制品使用后仍可作废纸回收利用。《中华人民共和国固体废物污染环境防治法》对环保产品提出了严格要求,要求资源使用减量化和资源重复使用。我国废纸循环使用的次数已达 21 次,纸浆模塑制品完全能达到这个要求,是典型的环保产品。

纸模工业品包装生产线的工艺流程为制浆—成型—烘干—整形—包装,生产线的主要设备组成包括碎浆机、搅拌器、磨浆机、浆泵、成型机、烘干机、整形机及配套模具等。

(2) 药品包装生产线。药品包装生产线是全自动化设备,全机用不锈钢制造。该生产线由输送机、理瓶机、计量充填机、旋盖机、铝箔封口机等组成,能够完成药片的输送、充填及封口过程。

(3) 饮料灌装生产线。饮料灌装全自动生产线专为灌装饮料而设计,可适用不同规格的玻璃瓶、易拉罐和 PET 瓶灌装饮料。全线由洗瓶机、等压灌装机、封口机、输送系统组成,适用于聚酯瓶、塑料瓶灌装含汽水饮料,各部分的适用瓶型采用手柄转动实现,轻松自如,简便快捷。灌装方式采用新型的等压灌装,使灌装速度更快、更稳定。采用光电检测各部件的运行状况,所以自动化程度高,操作简便。

(4) 全自动奶粉灌装生产线。全自动奶粉灌装生产线适用于各种粉末状、超细粉末状或粉粒状的物料,如奶粉、米粉、蛋白粉、可可粉、粉状药品、添加剂、糖、染料、香精、香料等。高速全自动灌装线:理罐机—翻罐、吹洗、杀菌机—变道输送带—自动喂罐充填包装机—封罐机(预封)—抽真空充填机—封罐机—链板输送带—喷码机—翻罐器—链板输送带—压盖器—装箱平台。整线设备依据GMP规范进行设计,完全满足国家食品卫生要求,真正实现流水线的全自动化动作,确保在整个生产过程中人员不会接触产品,生产过程完全透明,更加可靠。

三、数智赋能冷链仓储

(一)数智赋能冷链仓储概念

冷链仓储一般指冷藏冷冻类食品在生产、贮藏、运输、销售,到消费前的各个环节中始终处于规定的低温环境下,以保证食品质量、减少食品损耗的一项系统工程。

随着经济水平的提高,人们追求更新鲜、更高质的生鲜食品,因此近些年冷链市场发展迅猛。可以说,生鲜冷链市场逐渐成为一块"香饽饽"。但是,由于我国冷链基础设施设备落后,加上市场监管体系不完善等原因,尽管冷链物流企业得到了快速发展,但行业内存在的问题仍然很多。

支持仓储保鲜冷链物流设施建设是现代农业重大牵引性工程,也是促进产业消费"双升级"的重要内容,是顺应产业发展新趋势,适应居民消费新需求,促进小农户与现代农业有机衔接的重大举措,对于加快实施乡村振兴战略具有重要意义。

冷链仓储物流可提高食品的保鲜能力,不会影响食物的营养和味道,同时大大提高了食物的存储期限。冷链物流具有非常高的效率,不同地域之间的食物输送非常方便,食物在运送到目的地时仍然很新鲜。冷链仓储物流是冻品行业发展的关键与核心,发展冷链仓储物流能推动冻品行业整体的发展。

(二)数智赋能冷链仓储系统组成

冷链仓储系统流程主要是由以下几个部分组成。

1. 温控保温

(1)恒温冷库。恒温冷库是对储藏物品的温度、湿度有精确要求的冷库,包括恒温恒湿冷库。

(2)气调冷库。气调冷库既能调节库内的温度、湿度,又能控制库内的氧气、二氧化碳等气体的含量，使库内果蔬处于休眠状态，出库后仍保持原有品质。所谓气调保鲜就是通过气体调节的方法，达到保鲜的效果。气体调节就是将空气中的氧气浓度由21%降到3%～5%，即保鲜库是在高温冷库的基础上，加上一套气调系统，利用温度和控制氧含量两个方面的共同作用，以达到抑制果蔬采后呼吸状态。

2. 冷链仓储

冷链仓储一般用于生鲜农产品，冷链仓储通过仓库对商品、物品进行储存与保管，是产品生产、流通过程中因订单前置或市场预测前置而使产品、物品暂时存放的场所。它是集中反映物资活动状况的综合场所，是连接生产、供应、销售的中转站，对促进生产效率的提高起着重要的辅助作用。

3. 冷链传输

冷链传输是在一定温度下，通过对所需的传输机械设备、器具等的使用，达到对生鲜农产品的分类拣选、包装。

4. 冷链装卸

冷链装卸要进行物品温度检测。冷藏、冷冻物品的卸货时间需要按规定要求，对卸货车辆与卸货仓库进行密封处理，保证卸货期间物品温度升高控制在允许范围。而且，卸货作业中断时，要及时关闭运输设备厢体门，保持制冷系统正常运转。

5. 冷链信息化控制

信息技术是现代冷链物流的神经系统。通过系统信息平台的支撑，冷链物流企业易于实现对全部资源进行战略协同管理，降低冷链物流成本，提升市场竞争，提高管理水平。

冷链物流信息化系统的关键技术包括信息采集与跟踪技术、信息传输与交换技术、信息处理技术。

6. 冷链运输

冷链运输是冷链物流的一个重要环节，冷链运输成本高，而且包含了较复杂的移动制冷技术和保温箱制造技术，冷链运输管理包含更多的风险和不确定性。冷链运输（cold-chain transportation），是指在运输全过程中，无论是装卸搬运、变更运输方式还是更换包装设备等环节，都使所运输货物始终保持一定温度的运输。冷链运输方式可以是公路运输、水路运输、铁路运输、航空运输，也可以是多种运输方式组成的综合运输方式。

7. 冷链检疫检验

冷链检疫检验需要建立规范有序的食品检疫检验工作，安排专人管理运输量大、距离远和污染概率高的运输工具，做好常规的清洗、消毒等卫生处理，并落实冷链物流的实时监控和温度记录工作，确保食品在运输过程中质量状态符合要求，保障食品安全卫生。

（三）数智赋能冷链仓储系统亮点

（1）员工在使用PDA进行各项数据采集工作时，管理人员可通过PDA实时查询员工操作记录，对员工工作质量进行评估，从而进行科学有效的绩效管理。

（2）针对仓库的低温环境配置专业冷链手持终端设备，不仅配备专业的耐低温电池，而且关键部位全部采用抗冷凝设计，确保设备能在$-30\ ℃$的冷库低温场景下正常发挥性能。

（3）结合打印机的条码打印及PDA的条码识别功能，实现入库货品与货柜的绑定，确保货柜的唯一性以及货品入库的精准度，提升冷链仓库利用率和吞吐量。

（4）借助PDA的信息采集与传输功能，仓库各环节工作流程可实现实时的信息共享与交互，提升了工作的透明度，简化了库内管理流程，更大程度地提高了仓储作业的灵活性。

（5）通过PDA条码扫描实现一物一码管理产品批次，减少货品积压和损耗；货品按批次管理，便于实现对货品的全流程可追溯。

（6）员工在仓库工作时，需要严格按照PDA上的流程进行规范化作业，人为干预错误大大减少。

四、数智赋能冷链运输

（一）数智赋能冷链运输车辆选择

1. 冷藏车辆形式的选择

冷藏车辆的选择是冷链运输首先遇到的问题。市场上冷藏车辆种类繁多，选择什么形式的车辆最适合本企业的运作模式，是购置车辆时首先应该考虑的问题。

公路冷藏运输车辆按形式可以分为冷藏集装箱车、冷藏厢式车、冷藏连杆厢式车等，按制冷机的安装及形式可分为单机制冷式车、双温控厢式车等。

目前，我国公路车辆开始标准化，非标准车辆将受到限制，所以运营单位在车辆的选择范围方面首先要考虑交通运输部批准的冷藏车辆系列。进口冷藏连杆厢式车还没有被允许在中国的道路上行驶。

车辆形式的选择应根据行业特点、产品特性等因素综合考虑。比如，服务于海关的运输企业应选择拖挂式冷藏集装箱车，运输单一温度货物应选择冷藏厢式车，而服务于超市多温度产品的运输企业可以考虑双温控厢式车等。

2. 冷藏车辆大小的选择

冷藏车辆的吨位大小会影响运营成本并限制车辆的使用安排。车辆的运营成本由车辆折旧、燃油费、修理费、人工费、路桥费、保险费和养路费等费用组成。在国外，司机的成本占了车辆运营费用的 1/3，是非常大的一块。我国目前人工成本相对较低，但此种现象不会长期延续下去。车辆的费用很大一部分和车辆的行驶距离直接相关，所以加大单位距离的运载量是多数情况下应优先考虑的因素。一般来讲，车辆越大单位货物的运输成本越低。这也是为什么国外道路上跑的很多都是大吨位的车辆。在国内，受多方面条件的限制，选择车辆时考虑的因素要多一些。选择车辆大小时应考虑以下几方面因素。

（1）运输业务模式：是批量长途运输还是小批量配送。长途运输应尽量选择大吨位的车辆。

（2）运输道路限制：一般市内配送会受车辆限行的影响，在一定的时间内大吨位车辆不许进城，所以城市配送要考虑此因素。

（3）订单批量：订单的批量小是目前运输企业特别是配送企业面临的主要问题。单位时间内一辆车能送几单货将制约车辆的装载能力。

3. 冷藏车辆制冷能力的选择

冷藏车辆的功能主要是保持货品的温度，而不是降低货品的温度。车辆配备的制冷机的功率大小取决于冷藏箱尺寸、货品温度要求、箱体保温材料及环境温度等。一般而言，在特定的区域内冷藏车辆的制冷机有标准的配置。不同大小的车厢有对应的温度，有与其相匹配的制冷机。但在货品质量及对冷链控制要求较高的情况下，可以选择高一级的制冷机配置。

4. 冷藏车辆制冷形式的选择

目前冷藏车辆的制冷形式主要分为独立车载发动机制冷、冷板制冷、外接电源制冷和压缩气体制冷等形式。外接电源制冷主要用于船运制冷集装箱，压缩气体制冷形式在日本冷藏车辆上部分使用。中国公路冷藏车辆主要是独立车载发动机制冷和冷板制冷两种形式。独立车载发动机制冷形式应用得较普遍。它的优点在于不受时间和运输距离的限制，可调节不同的温度范围。冷板制冷的优点在于车厢内温度较稳定，可多次卸货并且没有途中发动机损坏的风险，但缺点是温度范围较窄、制冷需等待和不能接力运输等。

（二）冷链合理运输与配载

1. 增大订单批量

冷链运输中制约装载量的因素除道路限行等因素外，主要是订单的大小。在一定时间段内订单数量不足，或订单的量太小，以至于车辆不能满载运输，是目前冷链运输特别是城市配送环节面临的主要问题。增加订单批量、实现车辆的最大化装载是冷链运输企业所追求的目标。对于客户的订单，冷链运输企业可以通过批量差异价格的方法来鼓励加大订单量，减少订货次数；也可以对客户的供应系统进行分析，提出合理的解决方案，以实现加大订单批量、减少订货次数的目标，并实现供需双方共赢。

2. 路线合理化

冷链运输在城市配送环节的需求量越来越大，客户需求越来越苛刻，运输环境的限制越来越多，如何控制运输成本成为城市配送所面临的主要问题。配送的路线合理化是指在车辆装载最大化的前提下综合运输距离最短。在订单数量较少、配送店数较少的情况下，配送线路可以由人工凭经验来编制完成。但随着订单数量的增加，用IT系统来完成配送路线的优化就成为必然的选择。目前，车辆管理软件较多，但具有路线优化功能的不多。

3. 多温度运输

为了实现车辆运载能力的最大化，并且满足客户减少接货次数和缩短接货时间的要求，冷藏运输可以采用多温度运输的方式。一个车厢可以有两种或三种温度。冷链运输企业要想实现不同温度区域的控制，可以使用双温车，也可以用隔温板加温控器的方式分隔不同的温度区间。国外有连杆车厢的形式，不同的车厢有不同的温度，但目前我国连杆车厢还没有被批准在公路上行驶。

（三）冷链运输温度控制与记录

1. 运输中的温度保持

冷藏车辆在运输途中要保证产品的温度满足接货温度要求。长途运输车辆要定时检查制冷机的工作情况，并查看车门关闭情况。城市配送车辆要采取适当措施,以减少车厢内冷空气的散失;要尽量减少卸货次数,以减少开门的次数;要尽量缩短接货时间,以减少热空气的进入;也可采取车厢内隔离或单元箱的方式,以减少热空气对产品的影响。

2. 装卸货时的温度控制

冷藏产品的冷空气散失非常容易发生在货品的装卸过程中。货品装载方法会影响冷藏箱内冷空气循环的效率。装货时由于没有车厢预冷,也会影响货品温度。所以,货品装车时一定要按照装车指导,在货品的上下前后留下冷循环空间。车辆在装车之前要进行预冷,以防止接触车厢底板和侧壁的货品在短时间内发生过大的温度变化。一般冷藏食品的装车温度为 10~20 ℃。

3. 温度记录与跟踪

运输中的温度记录与跟踪是冷链管理的关键环节。运输中的温度记录是货品交接的质量保证依据,也是货品保险与索赔的证据。如何完整、真实、低成本地记录产品的运输温度是冷链运输管理的任务。

4. 低温物流配送流程及各环节温度控制注意事项

(1) 低温食品拣货至出货暂存区。低温食品从冷冻库或冷藏库拣货出来后,会被放置于出货暂存区。一般情况下,冷藏库的温度在 0~8 ℃,食品的中心温度在 4 ℃左右,冷藏品的出货暂存区的温度一般要求在 10~15 ℃,同时冷藏品不宜在出货暂存区放置超过 4 小时。

(2) 装车前的准备工作。低温运输车辆于装车前应首先将车厢内温度降低,一般冷藏车温度降至 7 ℃以下。冷藏车降温时间与车辆的性能及所需降至的温层相关,一般情况下开始降温的时间应与拣货时间相配合。最好的状态是,冷藏车厢体温度降到指定温度时,低温食品的拣货刚完成,已搬运至出货暂存区。

(3) 装车。低温车辆降温至指定温度时,应将后车厢门打开。车辆缓慢后靠至码头门罩,达到与码头库门气密衔接状态。在此过程中,低温车辆应保持制冷机组正常运行,继续处于降温状态。生鲜食品应使用物流容器配送,如使用周转柜。这样做有三个好处:第一,可在最短时间(一般 20~30 分钟)内装车完成;第二,可最大限度地减少装卸车过程中对生鲜食品造成的损耗;第三,避免生鲜食品与车厢体接触,减少二次污染。

(4) 运输环节。低温车辆离开生鲜加工物流中心后,制冷系统应保持正常运转状态,全程温度应控制在指定的温度范围内。比如,冷藏产品运输车辆全程温度应保持在 0～8 ℃，冷藏车温度具体依产品而定。配置较好的冷藏车一般有 GPS 装置与温度跟踪记录系统，可让冷链物流管理中心随时追踪到车辆的动向及车厢内的温度控制情况。

（5）配送到店。低温车辆到达门店后，至门店理货人员开启车厢门卸货前，车辆的制冷系统应保持正常运转状态，并保证车厢内的温度达标。一般门店很少规划有卸货码头、密闭设施及调节设备，因此门店的卸货应快速进行。

（6）验收。验收在开启冷冻（藏）车厢门时就已开始。打开车厢门，首先应检测车厢内的温度是否符合要求，然后快速卸货；当生鲜食品进入门店冷冻库或冷柜后，再验食品的数量、质量、中心温度等。要及时将物品放置到岛柜或冰箱里，以保证产品质量。

（四）低温物流车辆排程及路线管理

现代低温物流储运体系中，位于末端的零售业者为减少资金的占用，为客户提供多样化以及尽可能新鲜的生鲜食品，势必会减少各种生鲜食品的库存量，同时为了保证不缺货、提供更好的服务而增加生鲜食品的配送次数。因此，生鲜食品的配送由原先的多日一配陆续发展到如今的一日一配或一日多配。在整体储运成本（储存处理以及运输成本）中，运输成本已经占到 50% 以上，低温物流中心（车间）的建立也是为了统筹储存与运输之间的关系，以降低整体储运成本。

目前，大部分生鲜食品加工中心、低温物流中心配送车辆的排程及路线管理均使用人工，依靠资深派车人员的经验进行配送路线的规划及派车。然而，面对配送区域日益扩大、客户数量日渐增多的情形，单一依靠人工已变得越来越困难。

无论何种路线优化方法或车辆排程的计算公式，均需将现有的经验上升到理论化的具体数据，在此数据的基础上加以分析，得出最优结论。因此，在车辆排程与路线管理中，冷链配送企业应多注意整理以下几个方面的基础资料。

（1）现有低温车辆的状况统计。低温车辆的状况包括现有可使用的冷冻（藏）车辆的标准化程度，有多少标准与非标准冷冻（藏）车，状况如何，现有可使用的冷冻（藏）车辆可达到的温层，各温层的体积，可进入城区的时间，载重，车辆的长、宽、高资料，是否适合长途行驶，油耗情况，快速降温所需的时间，车辆的易污染程度等。

（2）现有所需配送客户的情况。客户的情况包括客户所在的区域位置、客户的最佳送货时间及对送货时间的要求、客户的卸货位置的情况说明、客户周边道路的管制情况（单、双行线，修路情况，大小车辆管制情况等）、客户对生鲜食品要求的日配送次数等。

（3）生鲜食品加工中心或低温物流中心的生鲜食品对低温配送车辆的要求。冷冻品要求低温配送车辆在全程运输过程中温度能控制在 -18 ℃以下，冷藏品则要求低温配送车辆温度能控制在 8 ℃以下、冻结点以上，特殊冷藏品除外。

（4）配送区域的交通便利情况及交通管制情况。

（5）可配合的装车与卸货作业工具及人员情况（上下货作业时间）。

五、数智赋能冷链配送

（一）冷链配送含义

近年来，随着经济的快速发展，人们的物质生活水平不断提高；由于生活节奏的不断加快和工作压力的增加，人们用于购买食物的时间大为缩减，因此，生鲜冷藏和冷冻食品的需求量与日俱增。冷链配送是对冷链运输的补充，是指在经济合理区域范围内，根据客户要求，对生鲜农产品、冷冻食品进行拣选、加工、包装、分割、组配等作业程序后，采用低温运输工具，按时送达指定地点的物流活动。

（二）数智赋能冷链配送特点

冷链食品由于含水量高，保鲜期短，极易腐烂变质，会大大限制运输半径和交易时间，因此对流通作业环节和储运条件提出了很高的要求。数智赋能冷链配送模式正好可以满足这些要求。

1. 冷链配送投资大，技术含量高

和常温物流配送相比，冷链物流配送由于在冷藏库、进出通道、保温车辆等硬件方面和作业环节有明确的温度、湿度和鲜度要求，因此，冷链物流配送体系建设的投入较大，技术含量高。相应的投资成本、管理成本和营运成本较常温物流系统更为突出，一般中小型企业难以自建冷链物流系统。库房规划设计、进出库作业、在途运输、商品交接的各个环节需要应用保温、保鲜、节能、环保技术。

2. 冷链配送时效性强，制约条件多

冷链配送运输线路相对集中和固定，常分布于市区繁华区域，配送半径一般在 150 千米范围内。配送门店繁多，对时效性要求高，通常要求在 8 小时内送达。对于温度要求严格的商品，要求专用保温车辆或保温器具配送；对于鲜度要求严格的商品，每天至少配送一次。因此，城市交通路况（畅通性、出入限制、车辆类别）、配送位置及门店开关门时间等环境因素都对配送时效性有直接影响。

3. 冷链食品安全防护要求高

由于速食类商品占冷链配送总品项的70%以上，因此食品安全防护是冷链配送的重要内容。冷链食品安全防护贯穿于冷链配送的各个环节。从供应商收货开始，到在冷库进行分拣配货作业，再到最终入库（上架）并交付给最终客户，配送途中车辆的温度监控，商品有效期、温度、湿度、鲜度的控制，装运器具的清洁卫生，配送人员的健康状况，都是冷链食品安全管理涉及的内容。

（三）我国冷链配送的现状

我国传统的冷链物流配送的现状：部分易腐商品生产企业自行完成配送任务，配送成本高；专业配送企业各自为政，重复建设，浪费严重；用户较少的地方设施不足，无法保证冷链物流的全程温度控制，商品质量难以保障。冷链食品配送要求第三方物流企业要有完备的系统——符合要求的设施设备、合理的成本构成、卓越的工作团队，及全方位的人员培训、内外部各种应急预案等。而这些软硬件建设所需要的高额投资，往往让企业望而却步。

城市冷链配送是冷链物流系统中较为薄弱的一环，集约化程度低、接货标准不一致等一系列问题都在考验着冷链物流企业的生存与发展。我国冷链物流配送的问题主要表现在以下几点。

1. 冷链配送装备数量不足，配套不完备

目前，我国冷藏车保有量为28.67万辆，平均5 000人才能拥有一辆冷藏车，而美国平均500人就有一辆。冷库容量也有待提高，中国尽管位列全球第三，但是总量上还不及印度，中国每千人冷库保有量仅143立方米，美国和日本则分别达到440立方米和277立方米。另外，我国铁路冷藏车辆也比较少，目前铁路冷链物流运输装备包括B22型机械冷藏车800余辆、B10型单节机械冷藏车20余辆、BX1K型冷藏集装箱运输专用车400余辆，45ft柴电一体式冷藏集装箱300余只，数量和比重远小于发达国家。缺乏专业的冷藏车辆，就无法为冷藏冷冻产品在流通环节提供温度上的保障，极易造成运输过程中的产品质量问题，达不到客户满意的配送服务水平。

2. 冷链物流配送效率低下

一方面，一些中小型企业自建的冷库规模小、效率低，不能很好地保障冷链产品的质量,并且分散企业资金,不利于企业发展;另一方面,由于我国物流公司大多属于中小企业,冷库投入不足,冷藏车较少,网络覆盖有限,无法获得规模效应,因此配送成本居高不下。

3. 人才储备不足

物流专业人才已经被列为我国 12 大紧缺人才之一,目前我国冷链物流人才十分缺乏。据中国物流与采购联合会的预测,我国的物流人才缺口在 60 万左右。对于冷链物流配送业来说,懂冷链技术和管理、冷藏物流操作的专业人才更是严重不足。冷链物流人才已经成为促进我国冷链物流快速发展的关键因素。

4. 冷链配送标准建设尚待统一和完善

中国物流技术协会的专项调查显示,我国冷链物流行业存在的主要问题是"服务标准、从业标准缺失",冷链物流配送的实施没有统一的国家或行业标准。目前,我国冷链物流行业管理部门除了国家统一的标准管理机构,还有交通、铁路、民航、卫生、信息产业等政府部门。而冷链物流行业涉及的各个产业技术组织、科研机构则分散在各个部门和行业中,标准运作在部门和行业之间缺乏协调,相互之间缺乏有效的交流与配合。例如,国家标准制定的主管部门是国家市场监督管理总局,但标准的归口管理大多设在各个部门的标准化技术分委会,冷链物流被人为分散在不同的管理部门,如《香蕉包装、贮存与运输技术规程》由农业农村部热带作物及制品标准化技术委员会归口,《黄瓜贮藏和冷藏运输》由中国商业联合会提出并归口,《冷藏、冷冻食品物流包装、标志、运输和储存》由全国物流标准化技术委员会归口。不同部门制定的标准给冷链操作者带来了困难,增加了流通交易的外部成本。

(四)冷链配送的发展趋势

冷链物流配送的发展趋势是共同配送模式。共同配送是高度集约化的首选,也是城市冷链物流配送发展的高级阶段。发展冷链物流共同配送,是当前冷链物流配送的优化选择。

对于易腐商品生产企业来说,发展冷链物流共同配送,既降低了物流成本,又可以集中精力经营核心业务,促进企业的成长与扩张;对第三方物流企业而言,发展冷链物流共同配送,在提高物流效率的同时,有利于小批量、多批次配送业务的展开。这样不仅降低了企业自身的运营成本,而且提高了产品的价值。

任务四：智能配送技术

智能配送不仅能自动识别配送信息，对配送信息做出自动预警，还能对配送路径的优化进行智能管理。它开创了一种全新的物流智能配送模式，使物流配送效率得以有效提升，物流配送成本大幅下降。

一、数智赋能配送技术

（一）数智赋能配送技术的重要性

在传统的物流配送作业中，货物分拣效率不高、物流配送成本较高、补货滞后等问题比较突出。随着物流业的转型发展，人们要求物流配送能实现物流配送路径的优化、智能补货提醒、准时收发货、高效分拣、准确验货，并对这些环节提出更高的要求。

在此情况下，数智赋能配送项目的推行与实施，使配送路线实现智能化决策、提货送货环节实现快速验货、配送货物库区实现快速分拣，最终完成提升物流配送作业效率、降低物流配送成本的目标。

数智赋能配送指的是以配送管理业务流程再造为基础，在 RFID、GIS（地理信息系统）、网络通信等先进技术与管理方法的支持下，在提货、送货、退货、回收管理等环节实现一系列智能管理功能，包括双向通信、补货提醒、配送路径优化等，以降低物流配送成本、提升物流配送效率及其智慧管理能力。

（二）智能配送要求

1. 数智赋能配送必须能自动识别配送信息

数智赋能配送应能够自动识别需要分拣的货物，并从多个层面对其进行检验，如库位、货架、货物信息是否对应，分拣货物信息与便携式读写器提示的信息是否一致等。同时，在提货送货环节要对货物进行自动检验。

2. 数智赋能配送必须能对配送信息进行自动预警

如果在货物分拣、提货送货环节发现问题货物，如货物分拣错误、货物数量与订单要求不符等，数智赋能配送要做出自动预警。

3. 数智赋能配送必须能对配送路径优化进行智能管理

如果提货送货地点发生变化，数智赋能配送必须及时调整物流配送路线，并以配送评价为依据对配送班线、配送站点、配送成本、配送路径进行智能优化，使其实现实时更新。

（三）智能配送主要技术

随着物流行业的发展，数智赋能配送已经成为物流行业的一个重要发展方向。数智赋能配送是指通过先进的技术手段，对物流配送过程进行优化和升级，提高物流配送效率和服务质量。智能配送主要应用以下几种技术。

1. 物联网技术

物联网技术是数智赋能配送的核心技术之一。通过物联网技术，物流企业可以实现对物流配送过程的实时监控和管理，如对货物的运输、存储、装卸等环节进行实时监控，及时发现问题并进行处理，提高物流配送效率和服务质量。

2. 大数据技术

通过大数据技术，物流企业可以对物流配送过程中产生的大量数据进行分析和挖掘，发现其中的规律和趋势，为其提供决策支持。例如，通过对历史数据的分析，物流企业可以预测未来的物流配送需求，从而为客户提供更加精准的配送服务。

3. 人工智能技术

人工智能技术是数智赋能配送的另一个重要技术。通过人工智能技术，物流企业可以实现对物流配送过程的自动化和智能化。例如，通过人工智能技术，物流企业可以实现对货物的自动分拣和装载，提高物流配送效率和服务质量。

4. 智能语音助手

智能语音助手是一种人机交互的新型技术，包括语音识别、语音合成、智能对话和智能机器人等多种技术，能够为用户提供权威信息和服务。目前，智能语音助手的主要应用环境是智能手机、人机交互设备、汽车中控系统或自动服务系统，可以通过手机、话筒、麦克风等多种输入设备建立起通信系统，实现两者间的语音对话。

智能语音助手能够提供便捷、高效、智能化的服务，实现使用者与机器人之间的交互，能够识别用户指令，搜索关键词等相关信息，并根据用户反馈进行下一步的查询和操作，提供完善的服务。

5. 5G 技术

5G 技术是具有高速率、低时延和大连接特点的新一代宽带移动通信技术，5G 通信设施是实现人机物互联的网络基础设施。

国际电信联盟（ITU）定义了 5G 的三大类应用场景，即增强移动宽带（eMBB）、超高可靠低时延通信（URLLC）和海量机器类通信（mMTC）。增强移动宽带主要面向移动互联网流量爆炸式增长，为移动互联网用户提供更加极致的应用体验；超高可靠低时延通信主要面向工业控制、远程医疗、自动驾驶等对时延和可靠性具有极高要求的垂直行业应用需求；海量机器类通信主要面向智慧城市、智能家居、环境监测等以传感和数据采集为目标的应用需求。

二、货物配装优化算法

货物配装优化算法主要有以下几种。

（一）贪心算法

1. 贪心算法含义

贪心算法是指在对问题求解时总是做出在当前看来是最好的选择。也就是说，不从整体最优上加以考虑，算法得到的是在某种意义上的局部最优解。贪心算法不是对所有问题都能得到整体最优解，关键是贪心策略的选择。

2. 贪心算法特征

（1）有一个以最优方式来解决的问题。为了构造问题的解决方案，有一个候选的对象的集合，如不同面值的硬币。

（2）随着算法的进行，将积累起其他两个集合：一个包含已经被考虑过并被选出的候选对象，另一个包含已经被考虑过但被丢弃的候选对象。

（3）有一个函数来检查一个候选对象的集合是否提供了问题的解答。该函数不考虑此时的解决方法是否最优。

（4）还有一个函数检查是否一个候选对象的集合是可行的，即是否可能往该集合上添加更多的候选对象以获得一个解。和上一个函数一样，此时不考虑解决方法的最优性。

（5）选择函数可以指出哪一个剩余的候选对象最有希望构成问题的解。

（6）目标函数给出解的值。

在货物配装过程中使用贪心算法时，首先根据货物的重量和体积，对货物进行排序，然后按照由大到小的顺序，将货物放入容器中，每次尽可能多地放入货物，以达到容器的最大容量。

（二）遗传算法

1. 遗传算法含义

遗传算法最早是由美国的 John Holland 于 20 世纪 70 年代提出，该算法是根据大自然中生物体进化规律而设计提出的。它是模拟达尔文生物进化论的自然选择和遗传学机理的生物进化过程的计算模型，是一种通过模拟自然进化过程搜索最优解的方法。该算法通过数学的方式，利用计算机仿真运算，将问题的求解过程转换成类似生物进化中的染色体基因的交叉、变异等过程。在求解较为复杂的组合优化问题时，遗传算法相对一些常规的优化算法，通常能够较快地获得较好的优化结果。

2. 遗传算法运算过程

遗传算法的基本运算过程如下：

（1）初始化：设置进化代数计数器 $t=0$，设置最大进化代数 T，随机生成 M 个个体作为初始群体 $P(0)$。

（2）个体评价：计算群体 $P(t)$ 中各个个体的适应度。

（3）选择运算：将选择算子作用于群体。选择的目的是把优化的个体直接遗传到下一代或通过配对交叉产生新的个体再遗传到下一代。选择操作是建立在群体中个体的适应度评估基础上的。

（4）交叉运算：将交叉算子作用于群体。遗传算法中起核心作用的就是交叉算子。

（5）变异运算：将变异算子作用于群体，即对群体中的个体串的某些基因座上的基因值作变动。群体 $P(t)$ 经过选择、交叉、变异运算之后得到下一代群体 $P(t+1)$。

（6）终止条件判断：若 $t=T$，则以进化过程中所得到的具有最大适应度个体作为最优解输出，终止计算。

遗传算法通过模拟自然界中的遗传进化过程来求解货物配装问题。

(三)粒子群算法

粒子群算法也称粒子群优化,是由 J. Kennedy 和 R. C. Eberhart 于 1995 年开发的一种演化计算技术,来源于对一个简化社会模型的模拟。其中"群(swarm)"来源于粒子群,符合 M. M. Millonas 在开发应用于人工生命(artificial life)的模型时所提出的群体智能的 5 个基本原则。"粒子(particle)"是一个折中的选择,因为既需要将群体中的成员描述为没有质量、没有体积的,也需要描述它的速度和加速状态。

粒子群算法是一种进化算法,可以用来求解货物配装问题,它将货物配装问题转化为求解最优解的优化问题。

三、电商快递末端配送模式

我国电子商务的蓬勃发展带动了电商物流的不断拓展,然而,随着电商物流范围的不断扩张,业务的不断纵向延伸,电商物流在末端配送方面暴露出了诸多问题。作为电子商务供应链不可忽视的重要环节之一,电商物流的末端配送对电子商务服务质量和配送时效具有直接的影响,也直接影响着消费者在电商平台进行购物的消费体验,在"新零售"发展概念下,这种影响是至关重要的。

(一)电商快递末端发展现状

随着信息技术的不断发展和完善,电子商务模式得到了飞速的发展并不断成熟。如今,电子商务已经成为人们日常生活中所必不可少的购物方式。而作为电子商务发展的关键环节,电商物流一直在电子商务模式中扮演着重要角色,一旦电商物流出现问题则势必会给电子商务发展带来巨大的阻碍。现阶段,我国电商物流在发展过程中出现的具体问题多存在于末端配送环节当中,因此,优化电商物流末端配送体系就成为提升电商物流服务时效,增强电子商务服务质量的有效途径。

送货上门的末端配送模式一直是我国电商物流末端配送的传统模式,末端快递员依照岗位划分的区域用电动三轮车对区域范围内的客户进行上门派送,客户取件通知多以个人短信或电话进行协调和沟通。近几年,由于末端配送的件数不断增多,客户取件的时间难以匹配,因此兴起了自提末端配送模式,即末端配送通过设置自提配送门店或智能柜的方式为客户提供随时取件的固定地点,这种模式不仅可以提升末端配送的安全性、随机性和便捷性,还能够有效降低末端配送成本。此外，各大电商物流企业还与区域便利店进行深度合作，构建了末端配送的补充模式，但因为管理方式上存在一定的问题而无法成为电商物流末端配送的主流模式。随着科学技术的不断进步以及电商物流末端配送智能化发展的不断深入，电商物流末端配送将向着更加便捷化和智慧型的方向迈进。

（二）电商物流在末端配送过程中存在的问题

1. 电商物流末端配送人力资源问题

首先，电商物流末端配送人员存在流动性大的问题，虽然电子商务发展迅猛，但物流行业的跟进速度尚难以匹配，末端配送人员的整体工资水平偏低，员工福利待遇及薪酬管理尚得不到保障，使得人员流动性大，工作连续性不高；其次，随着末端配送的智慧化和科技化发展，末端配送环节对配送人员的专业要求越来越高，配送人员综合素质的欠缺成为制约电商物流末端配送高速发展的根本症结。

2. 电商物流末端配送道路交通网络问题

道路交通网络是电商物流末端配送的基础保障，末端配送服务的效率和质量直接取决于道路交通网络的发展水平。一旦道路交通网络出现问题，就会给电商物流末端配送带来时效性降低、商品受损等问题，严重影响了消费者的购物体验。而随着我国电子商务的不断发展和扩张，电商物流的末端配送工作量将呈现出井喷式的上升，这给道路交通网络提出了更高的要求。

3. 电商物流末端配送人员与客户对接问题

首先，末端配送人员与客户对接的时间容易出现问题。绝大部分网络消费者都有正规的工作时间，无法在末端配送人员的工作时间范围内进行货品交付对接，时间差问题十分严重；其次，由于电商物流末端配送的工作量巨大，且都具有时效要求，因此，部分区域内的末端配送人员无法实现货物的一一配送上门服务，而配送人员与客户对接的匹配地点相对较少，部分小区还禁止外来人员进入，进而造成位置差的问题。

（三）优化电商物流末端配送的解决办法

1. 人力资源建设

电商物流企业要想切实解决末端配送人力资源问题，增强消费者的服务体验感，就必须尽可能地提升末端配送人员的稳定性和专业性。首先，电商物流企业需打造健全、成熟的末端配送薪酬体系，完善奖惩机制，通过提升末端配送人员的福利待遇来增强末端配送人员的稳定性；其次，电商物流企业应重视末端配送人员的教育和培训工作，重视配送人员的岗前培训工作，加强末端配送人员的服务理念培养，提升末端配送人才的智能化专业能力，进而全面提升电商物流末端配送人员的综合素质，为消费者展示电商物流标准化、正规化、专业化的企业形象。

2. 完善道路交通网络

电商物流企业必须依赖政府相关政策，与政府进行积极配合，实现道路交通运输网络的完善工作。首先，政府应加大道路交通运输的投资力度，将城市道路交通网络进行深度延伸，扩大道路交通网络的覆盖面积；其次，电商物流企业需为末端物流配送配备符合区域道路交通运输要求的合适物流配送车辆，最大限度地节省人力资源，并对配送车辆进行统一的调配和使用，规范末端配送的道路交通行使规范性，通过特定物流配送车辆来提升配送效率，保障末端配送的时效性。

3. 采用多元配合的综合末端配送模式

由于城市道路交通状况、区域用户情况都不尽相同，电子商务消费呈多元化发展形态，电商物流末端配送要想切实解决配送人员与顾客之间的对接问题就必须执行多元配合的综合末端配送模式。首先，依照商品性质选择不同配送模式。对生鲜、鲜花等时效性要求较高且需求量较大的商品应选择众包配送模式，即将专业配送人员的工作任务有偿承包给外包自由人进行传统一对一配送。其次，依照消费者特征选择不同的配送模式。小区范围内的配送业务可选择与超市、实体店合作的固定点配送模式，学校、工厂等集中区域可选择聘用空闲兼职人员进行配送，还可以依照商品配送刚需情况选择就近配送点自提模式，通过综合性的配送模式搭配来有效提升末端配送效率。

四、菜鸟驿站和快递柜模式

（一）菜鸟驿站模式

1. 菜鸟驿站概述

在我国电商迅速发展的现阶段，与电商协同发展的物流行业衍生出了多种形式，菜鸟驿站作为天猫授权的线下实体店，主要发挥物流服务功能，为 B2C 的 C 端客户解决"收货问题"，其提出的"最后一公里"服务理念使居民利用电商平台购买相关产品更加便捷。2015 年以来，菜鸟驿站数量不断增长，驿站的网络规划也趋于合理，逐渐由过去的单一物流代收、发件平台转变为综合性的服务平台，为提升阿里巴巴电商的销售量做出了很大贡献。在菜鸟驿站已基本覆盖城市繁华地区以后，阿里巴巴将菜鸟驿站的目标市场由社会转向高校，瞄准了学生这个业务量不断增加的消费群体，根据菜鸟网络公布的数据，截至2016年底，菜鸟驿站已经在400所高校进行标准化上线。在电商平台不断发展的基础上，菜鸟驿站的发展也获得了新的空间，并为电商平台发展提供帮助。

2. 菜鸟驿站的优势

（1）专业的代收服务。菜鸟驿站的服务理念是为客户节约时间，所以菜鸟驿站的代收系统页面操作比较简单，流程较短，在收到货物以后，系统会自动发短信给客户，客户凭借短信验证码就能够取到货物，避免了烦琐流程降低客户的满意度，而菜鸟驿站的员工只需要操作几次就能够熟悉系统的使用，降低公司的培训成本，体现出物流服务的便捷化，使代收服务更能够满足客户的实际需求。

（2）私密的信息保护。近几年，我国经常出现因给商家"差评"而出现的恶意骚扰现象，如通过骚扰电话、短信等攻击客户，使客户在电商平台购买商品的满意度下降，由于网上购物的最终到货地点为客户详细地址，特别是在快递实名制的要求下，客户对自身信息隐私的保密程度产生担忧，而菜鸟驿站的出现使客户的快递可以直接邮递到家或公司附近的菜鸟驿站，客户的详细信息不会被泄露，在取货时客户凭借短信验证码就能够拿到货物，消费者的信息安全在一定程度上得到保证。

（3）特殊的自提服务。信息技术的发展、移动终端支付水平的提高使我国居民的生活已离不开网络购物，网络购物改变了居民的购物方式，但是由于货物的有形性，消费者无法像收发电子邮件一样即时获得货物，代收服务就成为消费者关注的重要环节，为保证学校正常的教学秩序，快递工作人员无法随意出入校园，上班族在工作岗位上也不可能随时离岗去接收货物，而菜鸟驿站的代收服务使消费者可以随时自由地提取货物，给消费者带来便利，与电商形成相辅相成的发展关系。同时，许多代收点本身也有商业经营，消费者可以在取货物时，顺便购物、充值，达成共赢的商业局面。

3. 菜鸟驿站发展存在的问题

（1）物流加盟管理弱化。现如今，我国已有超过60 000个菜鸟驿站作为物流末端为客户提供服务，且终端数量不断增长，在此基础上，菜鸟驿站的物流加盟管理体系却不够科学。菜鸟驿站的加盟管理对于个体商户的审核不够充分，由于菜鸟驿站尚处于迅速发展的过程中，阿里集团希望菜鸟驿站的数量增长使其市场影响力提高，只要满足最基本的开设条件就允许加盟，无形中使加盟商的综合素质难以实现有效管理，2015年以来菜鸟驿站所收到的各类投诉不断提高，如商户在晚上关闭系统、服务态度不佳、代收货物较多时找不到东西等，在加盟管理弱化的基础上，菜鸟驿站的市场负面消息不断增长。

（2）取件高峰等时较长。虽然菜鸟驿站的操作简单，但是由于各快递公司的加盟，货物都放置在菜鸟驿站中，在取件的高峰期，客户往往要等较长时间，特别是在校园、写字间附近的菜鸟驿站，由于学生、上班族的休息时间比较固定，在休息时间容易出现"一窝蜂"的情况。而在"双十一"购物节以后，该现象更加明显，平均每名用户要使用约2分钟时间取件，30名客户就是一小时，而且有些客户一次会购买2件以上的货物，造成其他客户要等较长时间，菜鸟驿站也没有合理的分流机制，使客户满意度下降。

（3）员工流失率比较高。作为物流终端，菜鸟驿站也需要物流工作人员进行有效的管理，通过定期检查系统，分析终端的饱和度来进行相应调整。菜鸟驿站的取件流程比较简单，但是维护工作人员的培训比较复杂，而且工作任务比较繁重，所获得的薪酬待遇却很难让员工满意。根据阿里的调查显示，菜鸟驿站的工作人员流失率高达14.3%，这与我国物流行业员工的频繁流动相关，也能够体现出菜鸟驿站对员工的关心不足，无法给予员工满意的薪酬福利待遇。在员工流失的基础上，人力资源结构的稳定性遭到破坏，同时部分站点可能因员工流失而无法进行有效的售后服务与系统维护工作，业务开展受阻。

（4）阿里特色不够明显。菜鸟驿站作为阿里的特色物流组成部分，阿里特色体现得却不够明显，在终端机上，经常出现与社会、高校所合作的广告，阿里的LOGO与广告不够充分，虽然这样能够使菜鸟驿站的加盟者获得更高的收益，阿里利用菜鸟驿站提高市场影响力的能力却有所下降。在京东、苏宁易购等电商平台自有物流系统日益完善、特色明显的背景下，菜鸟驿站与竞争对手的物流终端相比没有差异，甚至有客户不知道菜鸟驿站是阿里的自有物流体系，使阿里在支付了高额费用的基础上，物流终端却没有发挥应有的效果，阿里利用物流来加速电商平台发展的战略受到制约。

4. 对菜鸟驿站发展建议

（1）加强驿站加盟管理。菜鸟驿站应该加强加盟管理工作。首先，阿里官方应该制定统一的加盟商加盟标准，包括现有资质、服务人员标准、未来发展性等，同时提高审批流程的科学性。对于满足加盟条件的客户不应该直接为其办理手续，阿里应该通过必要的测试来审核加盟商是否有能力、有条件来开设菜鸟驿站，并要求其执行自己制定或阿里制定的取件应急方案等异常处理预案，通过多次的科学评审与现场调查，保证菜鸟驿站加盟者的综合素质能够满足服务需求。虽然从短期上看，该方式可能会增加阿里的成本，但是能够使菜鸟驿站的综合服务水平得到提高。其次，阿里应该在统一的加盟标准的基础上，再制定明确的加盟管理制度。阿里应该根据菜鸟驿站的发展战略与预期发展方向，为加盟商制定科学的管理计划，如合作伙伴出现违约、不服从管理制度的情况，则应该取消加盟商的身份，使菜鸟驿站的管理制度日趋科学。最后，阿里应该定期对各菜鸟驿站的终端进行售后服务调查。物流作为服务行业，消费者的满意度能够直接体现菜鸟驿站终端的服务质量。阿里应该通过电话调查等方式，或者利用消费者再次购物的机会，了解消费者对于菜鸟驿站服务的满意程度，由此对加盟商形成约束，阿里也能够根据售后调查内容，对菜鸟驿站的系统、服务模式进行相应的改善。

（2）不断提高服务质量。阿里为了实现利用包括菜鸟驿站在内的物流体系提高市场影响力的战略，应该提高菜鸟驿站的服务质量，针对上文所提出的高峰时期取件时间长导致客户满意度降低的现象，菜鸟驿站可以在现有物流系统中使用微信绑定功能，由于微信应用的普遍性，客户只需要关注菜鸟驿站的公众号，有货物将直接推送消息，客户扫描二维码直接取货，避免输入短信验证码、扫描身份证等烦琐环节；同时阿里可以对现有的菜鸟驿站终端进行改善，使一台设备具有多个取货口，满足多个客户同时取件的需求。另外，阿里还可以增加事前对代收包裹的分类，如以快递公司分类、以包裹大小分类，使客户在取件时经过菜鸟驿站的服务人员略作提示就能找到包裹，这样就能加快取件的速度。

再者，阿里也可以增加购物系统功能，在客户购物时勾选取件的最佳时间，提供给菜鸟驿站，以便他们合理安排高低峰时间。菜鸟驿站只是为客户提供了便捷的取货平台，客户对菜鸟驿站的理解只是一台存货、取货的设备，所以阿里应该通过定期的售后服务回访、社区活动等方式，增加与客户的交流机会，及时了解客户对于菜鸟驿站的诉求，由此提高客户满意度；菜鸟驿站也可以效仿西方发达国家的服务模式，在自己的终端平台上增加一键沟通系统，以便客户直接与客服进行沟通了解，由客服记录客户的问题或投诉，使菜鸟驿站由传统的存取货设备转变为综合性的物流服务平台。

（3）加强驿站物流文化。菜鸟驿站应加强物流文化建设，提高员工的归属感。菜鸟驿站应该增加与员工的沟通交流，定期组织集中的培训或活动，及时了解员工的诉求，如员工普遍认为菜鸟驿站的薪酬福利待遇较差，则管理者应该通过多种方式提高员工的福利待遇，除传统的报酬、奖励以外，必要的保险、节假日休息、员工关怀等都能够提高员工的满意度，也能够使菜鸟驿站与其他物流平台形成有效的区分。

菜鸟驿站还应该通过组织各类员工活动的方式，体现对员工的关怀，避免员工认为在任何物流企业工作都没有区别，在活动中通过员工的充分交流、交互式活动等方式，增加员工彼此的熟悉度，在日常工作中能够形成相互帮助的有效格局。同时，菜鸟驿站应鼓励员工为企业提出合理化建议，并给予适当奖励。菜鸟驿站作为阿里的自有物流体系，其运行也应该保持阿里的特有文化，通过明确的管理制度，使员工可以通过邮件、电话等方式反映工作中的不平等待遇。管理者应该重视员工所反映的信息，使员工对工作的满意度和对菜鸟驿站的归属感不断提高，实现员工流失率的有效控制。

（4）充分体现阿里特色。菜鸟驿站作为阿里的物流终端，能够体现出阿里特色，这样才能够使菜鸟驿站与阿里被更多的客户所了解，清楚菜鸟驿站是阿里的自营物流，从而提高对菜鸟驿站的信心。阿里应该在微博、微信公众号上定期推送关于菜鸟驿站的信息，使天猫、淘宝的客户都能够提高对菜鸟驿站的了解程度，通过有效的广告推送，使客户提高使用菜鸟驿站的意愿。同时对于菜鸟驿站的注册用户，阿里可以通过定期增加免费存货时间、抽奖等活动，并结合菜鸟驿站自身经营的产品举行促销活动，使客户愿意使用菜鸟驿站进行存货、取货活动；菜鸟驿站终端的明显部位应该标明阿里的LOGO，这点非常重要，它会让消费者越来越觉得菜鸟驿站就是代表阿里，并与京东、苏宁易购等自营物流体系形成有效竞争。菜鸟驿站在我国发展的时间较短，但是终端数量与市场影响力都处于不断提高的状态，这与阿里的市场占有率密不可分，阿里电商的发展使菜鸟驿站获得了新的发展机会，所以阿里特色应该成为菜鸟驿站的发展特色，菜鸟驿站在发展过程中应该保持与阿里的发展方向一致，使菜鸟驿站与阿里一样深入人心。

(二)快递柜模式

1. 智能快递柜定义及功能

智能快递柜是随着快递业的不断发展而出现的新生事物。智能快递柜投入使用的初衷是为了解决末端物流配送"最后一公里"的难题,但它能提供的业务并不局限于单纯的"送件"。除了收件,消费者还可以在智能快递柜上实现寄件,这种服务模式较好地解决了城市白领和学生等网购人群不能全天定时定点收件的困扰,受到快递企业和用户的欢迎,为解决快件"最后一公里"问题提供了有效的解决方案。

随着我国电子商务业务的快速发展,越来越多的消费者接受了网上交易,由此也促进了快递行业的迅猛发展。智能快递柜逐渐进入人们的生活,它被安装在各个社区、大型商超、学校等人流集中的区域。快递员可以将快递临时存放在快递柜中,并以短信、微信或者APP的方式通知用户快递送达消息,能够为用户提供24小时的自助取件服务。这不仅满足了用户随时取件的需求,也提升了快递员配送的效率,为解决"最后一公里"的问题提供了可行方案。智能快递柜由于其诸多优点逐渐在人们的日常生活中担任起重要的角色。

2. 智能快递柜的发展

当前我国智能快递柜的发展还处于对经营模式的初期探索阶段,现阶段国内智能快递柜主要有三种运行模式,即快递行业自建自用、第三方平台公用以及电商自建自用,这三种运行模式的典型代表分别是丰巢快递柜、中邮速递易、京东商城。中邮速递易覆盖城市已超过300个,丰巢已覆盖200多个城市,京东自提柜覆盖300多个城市。概括而言,我国智能快递柜的发展前景比较乐观,但仍然存在着许多客观影响因素,使其在短时间内很难大规模推广和投入使用。

下面以丰巢快递柜为例,分析快递柜发展现状。

现在在城市的各个小区中,智能快递柜可以说随处可见,但是目前智能快递柜的商业模式单一,大部分都是免费使用的,因此快递企业将承担很大的资金压力,包括前期的设备研发投入、中期的场地安置与运营投入等,都对企业的资金运营提出严峻考验。目前智能快递柜行业距离盈利还很遥远,包括丰巢在内的多个自助快递服务企业仍处于大面积亏损的状态。

但在当前的智能快递柜服务市场中,丰巢仍然是行业的佼佼者,不论是快递柜数量,还是市场占有率都是"一把手",基本占据了整个快递柜行业的80%。

依托通达系以及顺丰强大的上游快递流量的供给，丰巢当前快递柜格口使用率数据处于较高水平。2017年丰巢柜机数超过9万，入柜量14亿件，全年格口使用率80%。2018年，丰巢持续扩大市场规模，提升网点密度，并着重强调质与量的同步增长。2018年6月，申通、韵达先后公告转让全资子公司所持的丰巢全部股权，受让方为深圳明德控股有限公司控股的深圳伟荣，其背后老板为顺丰创始人王卫。截至目前，王卫持有丰巢科技68%以上股份，实现完全控股。交易完成后，通达系所有快递公司均退出丰巢，这一变动给丰巢业务带来很大冲击。根据丰巢2016年公布的数据，在快递柜使用方面，中通占22%，圆通占18%，申通占14%，韵达占14%。随着通达系的退出，丰巢的入柜率也必定受到影响，再加上竞争对手的壮大，丰巢的运营压力将进一步增大。

（1）丰巢自助快递服务发展存在的主要问题。

①快递柜运营成本居高不下。作为重资产的快递柜，设备成本投入较高。丰巢在小区、写字楼、学校等地方设柜，需要支出进场费和租金，此外柜机的日常维护等费用需要持续支出。目前市场上对于快递柜成本都是不完全统计，一个快递柜成本在6万元左右，场地租赁费成本一般在0～8 000元之间，其他费用还包括安装成本、运维成本、线路改造成本以及其他沟通成本等。

丰巢是垂直运营管理的模式：一方面对于落地的柜机进行系统化管理，按照柜机的地理位置、使用情况、业务拓展等维度进行柜机分类监控管理；另一方面在人员配置上，秉承谁开拓谁负责，建立业务人员和柜的直接关系，并通过运营质量与绩效挂钩，更好实现柜机的精细化管控。每50套快递柜就要配备一名维护人员，这又进一步增加了管理成本和人力成本的投入。

在丰巢不断布柜，快速抢占市场的前提下，其成本支出是一笔非常大的开销，尽管有资本与上游流量支撑，但由于当前快递柜仍没有明晰的盈利模式，单纯靠揽件、投件以及柜体广告收入，仍无法有效支撑快递柜的运营支出。

②欠缺明晰的盈利模式。在盈利方面，丰巢快递柜的收入来源依旧十分单一，主要还是广告收入、揽件收入、向快递员收费和向取件用户收费等。但是除了广告收入以外，不管是向快递员收费还是向用户收费都比较困难。2015年，在对快递员执行收费方案后，业务量迅速下滑。2016年，在收到大量投诉后，丰巢依然对消费者进行收费。如今丰巢采取"求打赏"的方式向用户收费，算是维持了最起码的体面，但是如果不是靠着界面设计的误导，大部分用户依旧不愿意付费。

根据丰巢公司的财务报表，目前丰巢的收益模式主要有以下几种。

第一，快递员的使用费。快递员使用丰巢快递柜送货时，按快递柜的大小给丰巢支付一定费用。

第二，用户的使用费。丰巢快递柜按照大小，并划分为几个档次，向用户收取相应的使用费用。

第三，对用户加收超时使用费。快递的保管一般是限时使用的，超过规定时间需要加收一定的费用，正常使用时间一般规定为24小时或36小时，超过规定期限则收取超时使用费。

第四，广告业务收入。广告业务收入指快递货架外观和画面滚动显示的广告。当前丰巢快递柜的布局已超过30万台，每天可处理包裹共2 500万件，服务着超过4亿的用户，但还是无法改变亏损的现状，由于单一的盈利模式，企业依然没有办法实现实质性的增长。

③业务内容单一无法充分实现商业价值。丰巢快递柜的盈利模式也已开始变化，丰巢快递柜通过向快递公司或快递员收取存放费用来获得收入。目前大部分快递依然是免费使用的，存储快递通常是限时免费，只有超时使用才需要缴纳部分费用。丰巢目前的盈利来源主要是广告收入，其次是超时使用收费。广告收入主要是快递柜外观以及屏幕滚动显示的广告，还有一部分是投放在微信小程序和APP上的广告。丰巢快递柜的位置一般都处于安静或者闲置区域，再加上取快递的时间短暂，用户的目的性强，逗留时间极为有限，因此广告投放并不理想，广告收入相当有限，无法充分实现商业价值。

丰巢自助在服务方面依然存在很大的问题。就系统问题而言，用户在尝试联系丰巢的相关客服人员时，打了电话发现并没有人工客服，全是语音提示，也就是说，丰巢无论出了什么问题，想要找人工来解决问题，都是没办法解决的，而语音系统提示都是有一套自己固有的逻辑的，语音智能系统能解决的问题都是一些小问题，真正的问题都解决不了（国内大部分语音智能回复的通病），这也是丰巢自助的一个很大的问题。

④快递柜使用频率低且欠缺精准服务。无论是对快递员还是对取件的客户来说，更加依赖的是快递员的上门取件，这样更加节省时间和成本，最终存入快递柜的快递只会是紧急情况下无法取件的人群，但是这类人群始终是占少数的；而且使用快递柜增加了时间成本，对快递员来说更加得不偿失，因此一般快递柜使

用率较低。对于取件人来说，需要的是更加精准的服务，而将快递放入快递柜，让服务变得被动，无法使取件人得到深入人心的服务。

（2）竞争环境下丰巢自助快递服务的发展策略分析。

①多方并举降低投放及运营成本。快递柜成本分成两部分：第一，科研制造或购置成本。一般情况下，购置一台智能快递柜的费用在2万元左右。市场价格显示，功能齐全的36箱智能快递柜价格在1万元至2万元之间，还需要加装监控设备和设置基础线路，后期还需要装机费用，因此，36箱智能快递柜的购置成本都会超过2万元。第二，运营成本。智能快递柜需要租用场地，场地租金为运营成本的固定成本；设备需要24小时带电运行以及网络支持，还需要技术员定期维护，排除设备故障，这些都是必不可少的成本支出。

丰巢可从以下几点来降低成本。

a.将智能快递柜纳入社区配套基础设施进行规范管理。这样既可降低运营成本，规范期间代管费用、区域租赁费、维护费，也可为社区提供更好的服务。具体快递分成、派送及赔偿措施及标准，都要根据相关法规准则来进行，以规范行业发展，减少快递柜在投放、运作和交付过程中的风险。这样能促进配送效率的提升，促进丰巢服务的更好发展。

b.规范运维人员操作，建立更加完善的运维制度，以降低人工成本。规范运维人员的操作，能够降低人为安全风险，避免安全损失，减轻运维人员的重复操作带来的工作负担，在保障用户体验和用户信息安全的同时，丰巢的效益也能得到保障。

②积极拓展多种盈利模式。根据目前中国快递发展情况而言，直接向消费者收钱很难实现盈利，但通过跟社区物业、金融机构、房地产公司或广告商等形成合作模式，或许是较为长远的发展路径，而智能快递柜掌握的终端数据就是资源。

因此，积极拓展多种盈利模式才是最主要的策略，自提柜市场实则为快递柜企业传递了很好的信号。如果智能快递柜能够充分利用自身与终端用户直接接触的优势，将自身打造为连接社区的一个入口，那么实现更多的商业模式，取得成倍的价值增长就会成为可能。比如，与互联网企业合作，通过消费者大数据分析，拓展民生服务项目，包括菜篮子、干洗、废品回收、代缴水电费等，成为社区互联网细分领域中的先锋，这样智能快递柜能够一柜多用，服务内容不断丰富，开拓新的创收点。

③寻求多方合作形成完整生态链。丰巢快递如果只注重自身企业的发展，那么将会更加独木难支，它需要寻求多方合作形成完整的生态链。如果涉及贸易和物流，就有更多的开放空间。比如，丰巢科技可与支付宝合作。如果用户直接送货，扫描二维码就能从支付宝中获得红包，让用户真正受益。因此，尽管目前智能快递柜尚面临盈利模式痛点，但随着需求量增长且布局点不断延伸、覆盖面不断增大，其潜力仍有较大发掘空间。智能快递柜应充分利用强大的网络体系布局，通过多方合作和多元化的合作，探索出更多的产品形态和盈利模式。

④加快智能化服务并以此拓展增值。未来发展将趋于无人化，也将智能化，面对即将到来的挑战，丰巢怎样才能把握住机会是非常重要的问题。面对不断智能化的生活，丰巢要把握住机会，研发更加智能的快递柜，建成更大型综合快递柜，提供更多的服务才能在接下来的挑战中生存，为未来智能化、无人化的快递物流奠定基础。同时，不仅在城市空间，在许多偏远地区，快递柜也将被普遍使用。

五、配送无人机

（一）无人机发展现状

近年来，无人机不仅受到了各国的关注，被用于多种重要领域，还吸引了各商业企业的注意，开始在商业领域有所应用。随着无人机技术的不断发展及其飞行性能的提高，无人机在民用领域、商业领域，尤其是在物流领域有了广泛应用。但在国内，受低空空域限制、住房密集等问题的影响，无人机暂时无法直接为客户提供配送服务，无人机要想真正进入市场还需得到法律允许并接受监管。

无人机是一种无人驾驶的飞行器，其操控方式有两种：一种是无线电操控，另一种是自身程序控制。本书所说的无人机主要是旋翼无人机，这种无人机是应高技术战场侦察需要而被制造出来的，相较于一般的军用飞行器来说，它的续航时间更长、成本更低且不易被雷达发现。因为无人驾驶，即便在飞行过程中发生意外也不会对人造成损伤，所以被军方视为必不可少的空中力量。在现代战争中，无人机经常被用来执行各种各样的作战任务，如生化侦察、搜潜与反潜、通信中继、战术侦察、精确打击等。

因为无人机可以垂直起降、空中悬停且起降无须太大场地，再加上使用起来机动灵活、造价低、任务能力广，所以它还可以在民用领域广泛应用，包括抢险救灾、边境巡逻、科学考察、航空摄影、航空探矿、交通巡逻、灾情监视、核辐射探测、农林播种与灭虫、事故现场再现、追踪罪犯等。由于应用范围广，无人机备受各国青睐。

例如，在农林作业方面，固定翼飞机的飞行速度快，无法垂直起降，只能在东北三江平原等大面积农作物种植区使用。但在我国的地形地貌中，山地丘陵占比非常大，农作物种植区往往小而分散，可以使用无人机从事农药喷洒等工作。据了解，在农林作业方面，无人机应用有两种形式：一是直接作业，二是间接作业。其中，直接作业包括播种、施肥、喷药等劳动；间接作业包括获取农田地理信息、监测农作物病虫害、检测农作物长势等工作。

在施肥喷药方面，无人机作业的精度与效率都非常高，非常适合规模化作业，再加上无人机的体积比较小，方便转场、运输，有极好的适用性，受地形条件影响小，安全性比较高，能避免人员损伤等，所以无人机逐渐取代了固定翼飞机与旋翼飞机，在农业植保研发与应用领域得到广泛应用。

现如今，矿藏勘探对无人机产生了极大的依赖。石油、天然气等矿物都有特定温度和性质，虽然埋藏在地下却会对地面上的植被等物产生一定的影响。地面上的变化被无人机迅速捕捉到，就能对地下矿藏进行精准定位。

另外，无人机在国土监测、流域调查甚至雾霾成因调查等领域也有一定的应用。例如，北京、上海、辽宁等地的环保部门率先在空气质量检测中用到了无人机，现如今，这些地方的环保部门每天都会使用无人机采集空气样本。在检测过程中，无人机搭载空气样本采集装置可对不同高度、不同位置每立方厘米范围内的颗粒物数量进行测量，这些数据就是空气质量报告的主要数据来源。

（二）无人机在配送领域的应用

近年来，无人机在公安执法、科学考察、电视拍摄、高空作业等领域有了广泛应用，其机动灵活、使用方便等特点吸引了国际物流企业的注意，无人机被视为未来的物流运输载体。在使用无人机方面，物流公司仿佛达成了共识：利用无人机配送可缩短配送时间，提升配送效率，推动电子商务改革。近来，亚马逊、顺丰、京东等都在无人机配送领域做了一些尝试，甚至有人将无人机配送与3D打印技术放在同等地位。

1. 澳大利亚的无人机物流

澳大利亚是第一个将无人机引入物流领域的国家。据了解，早在2002年澳大利亚就已针对无人机立法，为无人机物流的实现提供了可能。之后，澳大利亚Flirtey 公司通过相关部门的审批，于 2014 年正式开启了无人机物流时代。2017 年 1 月，Flirtey 宣布获得 1 600 万美元 A 轮融资，公司计划利用本轮融资为现有客户提供更多的送货服务，并在美国、新西兰和日本的零售领域吸引更多的潜在客户，将公司业务拓展至更多的国家。

Flirtey 公司的无人机可飞行到 122 米的高空，以激光测距与声呐替代摄像头躲避障碍物。Flirtey 无人机可最多承载 2 千克的物品，接到送货指令后，悉尼市区的快递仅需 2～3 分钟就能送达。在快递配送期间，收货人还可通过谷歌地图对快递进行实时追踪。Flirtey 无人机配送费用为每次 2.99 美元，约 18 元。而在悉尼，普通快递费用为 29.95 美元，约 183 元，比无人机配送费用高很多。

2. 德国的无人机物流

敦豪（DHL）对无人机物流进行了测试。虽然敦豪集团的无人机物流业务已在其他国家和地区推行，但本国的无人机物流迟迟难以取得突破性进展。在亚马逊对无人机投递快件进行公开测试之后，敦豪集团就对无人机送货进行了测试。

3. 国内的无人机物流

在国内，顺丰可以称得上是最具创新精神的快递公司。近来，顺丰也投入了无人机配送的测试。顺丰使用的无人机属于自主研发，采用八旋翼，下设载物区，可在 100 米左右的高度飞行。无人机内设导航系统，工作人员根据订单事先对配送目的地与配送路线进行设定，无人机可自动将货物送到目的地，误差不超过 2 米。据分析，该款无人机的自主飞行半径约 10 千米，飞行的相对高度约 1 000 米，载重量不超过 3 千克，在 4 级以下风速内可正常起飞、降落。

2013 年 9 月，顺丰对无人机配送进行了测试，测试地点设在了广州东莞市松山湖。鉴于目前无人机配送还存在一些不可控的人为因素，所以顺丰的无人机物流只用于各网点间的配送，暂时不会直接面向客户。其中，偏远地区的网点间配送是顺丰无人机的主要用武之地，其目的在于节省人力、运力的成本。

据了解，与顺丰无人机类似的飞行器的市场价为 6 万元，一辆依维柯车的市场价为 9 万元，并且无人机可直接飞抵目的地。由此可见，无人机在降低配送成本、提升配送效率方面的作用非常明显。

目前，一些科研院所正在开展无人机方面的研究。其中，哈尔滨工程大学的大学生创业团队就推出了一个无人机配送项目——Linkall，该项目为无人机配送提供了一套完整的方案，尝试用技术解决无人机配送过程中可能出现的各种问题。

Linkall方案包含三部分，分别是无人机、配送中心、客户端。对于该项目来说，无人机的电池续航能力是一个非常关键的技术难题。因为在温度较低的环境下，无人机电池损耗速度会加快。在配送过程中无人机可循环作业，配送结束后无人机必须更换电池，重新设定线路，进行损耗修复，然后才能开始新一轮的配送。

（三）无人机快递原理

无人机快递系统主要由快递无人机、自助快递柜、快递盒、快递集散分点、快递集散基地及区域调度中心组成。区域调度中心用无人机派件到快递集散基地，物品经过分类运至快递集散分点，无人机可在集散分点维修充电，接着将物品发往各区域，物品放置在标准化的快递盒中，由无人机配送到指定地点。

（四）无人机配送可行性分析

快递行业的迅速发展推动物流水平的提高，无人机的引进解决了客户提出的配送时间短、效率高等问题。对于偏远地区，由快递员配送的话耗时、耗财、耗物，无人机配送则不受地形和交通的影响，直线配送，大大缩短快递在途时间。目前，无人机技术不断完善，现有技术能保证物品精准运输。对于偏远地区，无人机配送成本比普通物流成本低。综上，采用无人机配送具有较强的可行性。

（五）无人机配送案例分析

本部分将以京东物流为例，分析无人机配送模式的具体应用。

京东是自营电商企业，其物流配送体系主要由物流配送中心、配送站、快递员组成。根据历年销售数据，京东商城将物品配送至区域各级物流配送中心，电商系统根据客户订单地址从最近的物流仓储中心发货，由小型货车将商品运送到离客户最近的配送点，最后由快递员完成快递的末端配送。综合分析京东的电商经营模式和物流配送体系的特点，从企业成本角度看，京东物流成本居高不下主要是由于末端配送成本较高，末端配送需要耗费大量的人力、物力，占据了物流成本的较大比例。特别是对于农村乡镇、偏远山区等交通不便的地区，物流效率低下，人工成本高的矛盾长期存在。

1. 京东无人机配送模式分析

为提升物流效率、加快商品周转，京东搭建了无人仓、无人车、无人机智慧物流体系，其中无人机拟打造"干线—支线—末端"三级智慧物流航空体系。在物流配送末端投入使用无人机能够解决"最后一公里"问题。在物流的末端配送过程中，无人机从乡镇配送站点出发，按照指令根据每日订单数量、商品重量及体积，按照既定飞行路线、分批次将货物配送至目的地。"点对多"的无人机物流配送，能减少人力需求，节约相应的物流成本，并且提高物流配送效率。这是京东无人机物流配送体系现阶段发展的重点，能在短期内获得显著效果。而对于京东物流仓储中心、各级配送站的物流配送，目前主要采取航空货运、城市货车等运输方式，京东已经摸索出了高效、低成本的物流运输组合模式与运输线路。未来京东可适时利用高铁、干线/支线无人机对现有物流配送进行替代，对物流效率提升、成本降低有一定的促进作用。

2. 京东无人机物流配送的建设思考

针对无人机物流配送模式，京东应从物流无人机平台选择、机场或起降场建设两个方面展开思考。对于京东而言，现阶段重点开展末端物流无人机的研制与应用，搭建从配送站至客户的"点对多"无人机物流配送体系。在末端物流无人机研制方面，京东应采用现有无人机平台改进改型与新型物流无人机平台研制同步推进的方式，开展多旋翼和垂直起降物流无人机的研发应用。

在机场或起降场建设方面，京东可突出小型无人机较强的环境适应能力，结合实际情况充分依托现有资源，借用学校操场、小广场、打谷场、现有通用机场等实现末端物流无人机的起降。对于确实需要建设机场的情况，根据物流无人机起降要求，京东可开展B类通用机场的规划建设。

无人机这种独特的配送方式，不仅能够迅速、准确地完成任务，提高网购顾客的满意度，而且降低了配送企业的用工压力，优化了配送流程，有效地节约了各种社会资源。无人机目前仍处在开发运用的初期阶段，很多企业已经预见到无人机在配送中应用的巨大效益，努力地进行各种尝试和创新，并取得了很大的进展。如果说无人机配送完全替代人力配送还为时尚早，但无人机配送在农村地区、偏远山区很显然具有极大的优势，而在城市中心地区的配送中，快递企业只要能够合理规划无人机配送的站点和路线，将无人机的使用与人力配送有效结合，必然能实现更大的经济效益。今后，随着无人机技术的不断提升、快递企业的积极努力以及国家政策的健全完善，相信无人机必将在物流配送领域大放异彩。

任务五：数智赋能冷链即时配送

一、冷链即时配送行业的发展现状

（一）即时配送概念

在移动互联网和O2O本地生活快速发展的环境下，用户对物流提出了"即时""精准"的新要求。即时配送是配送平台接到用户通过PC或者移动互联网渠道即时提出配送到达时间、数量等方面的配送要求，在短时间内响应并进行配送的方式。即时配送具有即时性和离散性的特点，因此流量、运力和调度系统将成为整个配送环节的关键。

即时配送，即依托社会化库存，可满足45分钟内送达要求的配送方式，是应O2O而生的物流形态，能满足用户快速和及时的要求。而冷链即时配送是指冷藏冷冻类物品在生产、贮藏、运输、销售，到消费前的各个环节中始终处于规定的低温环境下，以保证产品质量和性能，并能够快速送到消费者手中。随着"互联网+"的进一步发展和零售的升级，用户势必对物流形态有新的要求。即时配送能够提高物流效率，适应了用户的新要求，推动了物流行业的发展。

外卖大战驱动即时配送大发展，即时配送的高速发展仍可持续，"宅""忙"和技术进步为即时配送的发展奠定了基础。餐饮外卖交易频次高，用户规模大、黏性强，极大推动了即时配送的发展，"懒人经济"和"快节奏"促进了即时配送行业的规模不断扩大。近年来，越来越多的人开始享受和要求即时配送到家的服务，因为冷链技术的发展，能够即时配送到家的不仅有美食百货，还有对温度要求极高的生鲜食品。

（二）即时配送行业发展现状

随着中国互联网的发展，网上购物技术的不断革新，中国快递市场呈现了爆发式增长，物流行业不断涌现新技术、新模式和新业态，为行业的转型升级开辟了新的路径,人们即将迎来智慧物流的时代。

近年来,即时配送迎来发展拐点,进入了快速发展时期,但即时配送行业的发展开始趋于理性。数据显示,即时配送用户规模在2015年、2016年迅速扩大,保持着35%以上的增长率,2017年中国即时配送行业用户规模为2.93亿人,增长率为26.8%。经过两年多的高速增长,即时配送市场已经得到长足的发展,未来用户规模增速将持续放缓,规范行业标准、优化服务体验将成为即时配送行业关注的重点。

1. 饿了么蜂鸟配送

蜂鸟配送是饿了么即时配送平台旗下配送服务品牌。骑手通过软件获取周边商家的配送单,接单后前往餐厅取餐,并送至订餐客户手中即完成整个配送流程。蜂鸟配送通过自身优化、合作提升和技术、运力、食品安全实现配送质量的多方面提升,同时它也具备冷链配送能力,商超可直接与饿了么平台合作,即时配送生鲜产品也不成问题。目前蜂鸟配送已服务100多万商户和2.5万多个高端品牌,配送服务覆盖1 400多个大中小城市,已超过300万人加入蜂鸟骑手行列。

(1)企业特点。饿了么蜂鸟配送重点发力人工智能领域,实施"未来物流"战略。"未来物流"战略的核心,就是打造以用户体验为中心、创新科技为动力、智能系统为基础的即时配送体系,推动即时配送行业完成第三阶段的转型。

(2)核心竞争力。首先是技术层次。饿了么蜂鸟配送从国际化公司引进了顶级大数据和人工智能专家,对配送调度系统、食品安全、商户管理、风险监管等方面通过科技手段进行优化。饿了么蜂鸟配送与阿里云合作研发人工智能ET新的调度引擎,应对每天大量订单和运送路径、出餐和取餐时间均衡等问题,人力和机器各自负责相应的配送环节,实现无人配送方案。2017年10月,饿了么智能机器人"万小饿"首次代替配送员完成配送。未来,饿了么智能调度及一系列智能硬件将形成优势互补,逐步实现人机配送,并最终实现效率最优化的无人配送。其次是运力方面。配送运力除了专职配送员、外包、加盟和代理四个渠道外,与点我达的合作,实现了更高效的配送运转和更低成本的运营。最后是食品安全方面。除了自研标准配送箱外,饿了么蜂鸟配送通过大数据监管,对运送流程进行有效监督,并与深圳、上海等地市场监管部门合作共建备忘录和共建相关数据平台,保障食品安全。

2. 美团专送

美团专送是美团即时配送平台旗下配送服务品牌，其配送品类全面。美团开展"跑腿业务"后，美团专送的配送品类进一步完善，有助于增大订单量。美团专送采取自营、加盟、代理、众包轻重混合的运营模式，用户群体以高校学生与白领为主。目前美团专送已服务200多万商户，配送服务覆盖1 300多个大中小城市，拥有50万美团骑手。

（1）企业特点。美团与腾讯合作，凭借美团渠道资源和腾讯导流优势，以大而全为目标，涵盖同城配送全部品类，采取多渠道引流、多品类配送和多元化经营的策略，主打全品类即时配送服务，并获得腾讯位置服务（LBS）的支持，腾讯位置服务是由基础位置服务、位置数据和人工智能组成，拥有覆盖最全面的高清地图数据和累计高达40万亿个定位点。美团与腾讯的合作，促进了双方技术和服务的改进与提升。为了满足快速增长的即时配送需求，美团也开始建立智能配送业务团队。

（2）核心竞争力。首先是技术方面。拥有腾讯位置服务和大数据系统建立的美团云，具有管理和控制60万配送员和日处理上千万订单的能力，并与搜狗、华为、英特尔等AI企业建立深度合作，打造即时配送的人工智能生态圈。

其次是平台方面。与腾讯的合作为美团专送带来了大量的用户导流，通过微信、微信小程序、美团、大众点评和QQ五大入口引导不同层次的用户，在增加入口的同时，扩大目标用户群体，促进全品类即时配送的完善。

最后是安全措施。美团专送提出了绿色十条公约，对配送员、外卖封口、配送箱都提出了规范要求，控制骑手的单量，通过大数据对骑手的安全进行监测，还新增了"交通安全培训""交通安全考试"和"配送安全提醒"的考核，通过考试才能进行配送。

二、即时配送行业技术与装备

即时配送，除了巨大的市场需求、资本的助力，以及模式创新以外，推动其快速发展的关键基础，离不开技术装备的创新与应用。

（一）智能调度系统

智能调度系统是即时配送平台运营的基础核心技术，如美团配送拥有"超级大脑"智能调度系统，饿了么拥有"方舟"智能调度系统，达达拥有智慧物流系统等。

伴随即时配送业务的多样化、复杂化发展,以及订单海量化,即时配送的智能调度系统在不断优化,从最初的人工派单模式下依托调度员能力下单,到抢单模式下的配送员通过系统进行抢单,再到系统派单和配送员通过系统抢单结合应用,如今的智能调度系统已经完全实现了智能派单。

从消费者的角度,人们也能切身感受到即时配送服务越来越高级,下单之后商家秒速接单,精准告知送达时间,并能够通过手机实时掌握骑手到店、取餐、配送上门等全过程。这一系列高质量体验的背后,是基于大数据、AI人工智能、机器学习、运筹算法等一系列技术,这些技术共同组成智能调度系统,依托海量历史订单数据、配送员定位数据、商户数据等,针对配送员任务量、配送距离、并单情况、评级等实时情景,对订单进行智能匹配,实现自动化调度及资源最优配置。

(二)即时配送的软硬件支持

即时配送离不开各种设备及软件、硬件的支持,即时配送的软硬件主要有以下几大类。

1. 信息系统

配送中心应根据业务模式配置软件系统,包括 WMS、TMS(运输管理系统)、存货控制系统等。

2. 库房建筑

即时配送除了需要有常温部分的建筑外还要有冷库建筑。冷库建筑主要有土建式、装配式、库架合一式三类。土建式最多,目前国内在建的数万吨级以上的大型冷库基本是土建式冷库。装配式冷库在国内一般用于小型拼装冷库。库架合一式由于其施工水平、工程细节、精准程度要求较高,建造较少。

3. 制冷系统

目前国内的制冷系统主要使用的是氨系列或氟系列的冷媒。一般来说,制冷系统由一系列设备组装而成,包括制冷主机(主要包括机头、压力容器、油分离器、阀件等)、制冷风机(有不同的选择配置,如电热除霜、水除霜、热气除霜)、控制系统(由一系列的阀件、感应装置、自控装置及控制软件等组成)、管路与阀件系统(一般依设计配置)。与制冷系统配套的还有压力平衡装置、温度感应装置、温度记录装置、电气设备等。

4. 物流系统

物流系统主要有以下几类设备。

（1）存储设备。如各类型货架或自动化立体仓库系统以及托盘。其中处于低温环境中的货架对钢材的耐候性、荷重、货架的跨度设计均有特殊要求。

（2）搬运设备。主要有各型叉车以及自动仓库内的堆垛机等。通常这些设备是耐低温的专用设备。

（3）物流容器。包括蓄冷箱、物流箱、笼车、物流筐、台车等。

（4）分拣设备。包括自动分拣机、电子标签拣货系统、RF拣选系统、拣选台车等。这些设备也有耐低温要求。

（5）物流周边设备。包括各种工业门，如冷冻库使用的电动平移门、封闭式低温月台区使用的滑升门、人员进出门等低温专业用门，与门组配套的各型防撞杆以及月台设备设施，如各型月台门罩或门封、月台调节板、月台防撞设施等。

5. 加工系统

加工系统包括食品加工类设备及食品包装类设备、清洗类设备、灭菌消毒类设备、洁净类设备等。

6. 保鲜设备

为满足生鲜食品的特殊保管要求，生鲜配送中心会配置臭氧发生器、加湿器、新风机、二氧化碳发生器、其他特殊气体发生器等设备。

7. 运输设备

运输设备基本上都是各类型冷藏车，车辆一般会配置制冷系统、温度追踪记录系统等设备。食品从超市或配送中心即时配送到用户手里的时候，则主要依赖外卖小哥的保温箱或包装冰袋。

三、即时配送行业的路径优化问题

（一）即时配送行业痛点

1. 配送方向不合理

（1）对流配送。对流配送是指相向配送同类或可相互替换的货物，是配送过程中最普遍、最突出的一种不合理配送。

（2）单程空驶。单程空驶使运输的空间价值不能充分发挥，不能完全利用运输的空间价值，造成了资源浪费。

2. 配送距离的不合理

（1）迂回配送。由于物流网的纵横交错，在配送过程中，通常有多条线路可供选择。凡配送线路不是最短路径的配送都是迂回配送。

（2）过远配送。配送时不就地或就近选取所需物资，却从外地或远处配送货物，造成配送距离拉长，耽误时间，影响配送效率。

3. 配送的标准化程度较低

当前物流配送业务的技术标准和体系还不完善，信息技术覆盖的范围有限，管理制度也不健全，从而导致配送的标准化程度与日本等发达国家相比还有待提高。

4. 配送的基础设施不完善

配送的效率很大程度上也依赖良好的基础设施，我国东部地区的道路运输网比较发达，配送效率和服务相对比较完善，但在西部一些偏远地区交通设施还不完善，因此西部配送效率较低。此外，城乡配送的较大差异也是由于基础设施的不完善造成的。

5. 配送管理理论研究不足

物流业在我国已有几十年的历史，但物流配送管理方面的研究人才相对比较缺乏，没有形成一个科学完善的人才培养体系。所以，在实际的操作过程中存在主观的判断，缺少雄厚的理论支撑，设计出的方案难免可行性较低，造成企业的资源浪费。

（二）即时配送过程

下面以生鲜产品为例，简单讲述产品即时配送流程。

1. 订单接收

生鲜配送的第一步是订单接收。消费者通过电脑或手机访问生鲜配送平台，挑选需要的商品，选择配送地址并完成支付，平台便会将订单信息发送给相应的商家。

2. 商品准备

商家在收到订单后，根据订单中的要求选择相应的商品。为了保证商品的新鲜度和品质，商家会在准备商品的过程中严格把关，确保所选商品没有问题。商家会对每一份商品进行检查和鉴定，只有通过严格筛选和检测后的商品才会被打包和配送。

3. 商品打包

商家需要对准备好的商品进行打包。根据不同的商品类别和数量，商家会采用不同的包装方式，对于易变质的产品，商家会放置冰袋，以保证产品的新鲜度。在打包的过程中，商家需要保证商品的安全性和防止商品的损坏，同时要将商品分门别类，以便配送员能够更加高效地配送。

4. 订单分配

商家在准备好商品并完成打包之后，会将订单信息和商品信息发送给相应的配送员。平台会根据订单信息的不同，将订单分配给不同的配送员进行配送。在订单分配的过程中，平台需要根据订单的时效性和配送员的实际情况进行合理的安排，以确保订单能够按时送达。

5. 商品配送

配送员收到订单后，会立即进行配送。在配送的过程中，配送员需要按照订单上的地址和联系方式，将商品送到消费者的手中。同时，配送员还需要注意保证商品的安全性和商品的新鲜度，尤其是在天气较为炎热或者商品易腐败的情况下，需要采取相应的措施进行保鲜和保持商品的质量。

6. 订单完成

在配送员将商品成功送到消费者手中之后，订单便完成了。此时，消费者需要在收到商品之后进行确认，以确保商品的品质和数量符合自己的需求。

7. 售后服务

在生鲜配送中，售后服务也是非常重要的一环。消费者如果在收到商品后发现商品有问题或者不符合自己的需求，可以联系平台的客服人员进行处理。平台的客服人员会根据实际情况进行相应的处理，如退换货、补发等。售后服务的质量直接关系到消费者对平台的信任度和忠诚度，因此平台会非常重视售后服务质量的提升。

生鲜配送作为一种新型的购物方式，给人们带来了极大的便利和效率提升。在生鲜配送的整个流程中，订单接收、商品准备、商品打包、订单分配、商品配送、订单完成和售后服务是其中的主要步骤。商家需要对商品的质量严格把关，保证商品的新鲜度和安全性；配送员需要按照订单信息进行配送，保证商品能够按时送达，并注意商品的安全和质量。在生鲜配送的整个流程中，平台需要为消费者提供高效、安全、贴心的服务，以提升消费者的购物体验和信任度，这也是平台能够获得成功的关键所在。

（三）即时配送路径的优化方法

扫描法经常运用于由一个配送中心向多个分布在其周围的配送点配送，扫描法的基本思路是以配送中心为起始点，把配送中心作为极坐标的原点，根据角度的定义，水平向右逆时针旋转连接任意配送地所形成的角度就是每个配送地的角坐标，然后从与配送中心角度最小的配送地按逆时针方向进行分组，在约束条件范围内将各配送地添加到组中，组中成员要满足配送的约束条件。然后继续建组，直到所有配送地全部被分到组中，组中配送路线可以使用最近邻点法确定。

最近邻点法的操作非常简单，具体的操作步骤如下。

第一步：以配送中心作为线路的起点；

第二步：在组中找出到距配送中心最近的配送点，将其添加到回路中；

第三步：重复第二步的操作，直到该组中所有配送点都添加到回路中；

第四步：将最后加入的配送点与起点相连接。

（四）即时配送路径优化的意义

1. 促进物流配送市场化发展

这个时候就要充分发挥市场在经济发展中所具有的主导性作用了。物流配送产业需要时刻注意市场风向，并以市场为导向对自己的经营规模、功能、经营秩序进行及时的调整。通过发挥市场的作用，淘汰不合格的物流配送企业，使得顺应市场发展的物流配送企业可以尽享市场资源，促进自身的发展。

2. 提升物流运输效率

物流运输时间的长短，意味着物流运输速度的快慢，这也直接决定了物流企业的工作实力。合理进行即时配送路径优化，不仅让物流运输的安全性更高，还会让物流速度加快，从而能更大程度地提高物流企业实力，物流运输效率就会越来越高，物流运输的过程也会更为安全，快速便捷。

3. 降低物流运输成本

运输费是构成物流运输成本的重要费用，即时配送路径优化能帮助物流企业快速降低物流过程中的运输成本费用。物流企业通过合理进行即时配送路径优化，在运输过程中还能节省更多的时间和精力，降低人工成本费用，缩短运输路程和时间，从而更大程度地降低成本。

4. 节约企业运输能力

企业通过即时配送路径优化可以减少不合理的运输活动，货物运输得到全面优化，这样既能节省运输能力，让企业在工作中避免出现过于紧张的情况，还能有针对性地制定合理的运输方案，提高能源利用率，更好地进行资源优化配置，这样就能在能源紧张的情况下达到更好的物流配送效果。

之所以现在物流企业都比较注重即时配送路径优化，是因为它能发挥出以上这些重要优势和好处，要比传统类型的工作优化效果更好，能更大程度地解决工作中的难题，还能达到降本增效的效果。

思考题

1. 冷链配送中心应该如何选址？
2. 冷链配送的作业流程是什么？
3. 简述数智赋能冷链运输流程。
4. 简述智能快递柜的运行模式。
5. 数智赋能即时配送技术有哪些？

项目四：冷链配送行业应用与典型案例

> **学习目标：**
>
> 1. 了解冷链配送在各行业的应用；
> 2. 掌握冷链配送节能管理相关知识；
> 3. 熟悉数智赋能冷链配送实际应用意义。

任务一：冷链配送行业应用

一、数智赋能果蔬冷链配送

（一）果蔬产品特点

果蔬是对水果和蔬菜的统称，属于植物性食品，从植物学角度看，果蔬食品是指可供人类食用的植物器官。它含有糖类、有机酸、矿物质和维生素等，是人类获取矿物质和维生素的主要来源，是人们生活不可缺少的食物。

果蔬产品的特点如下。

1. 季节性

水果和蔬菜的生长、采收都明显地受到季节的制约。

2. 区域性

水果和蔬菜的生长受自然条件和生长环境的制约，不同果蔬都有其特性，要求不同的生长环境，正所谓"橘生淮南则为橘，生于淮北则为枳"。同一种水果和蔬菜，由于生态环境不同，其生长时期、收获期、收获量乃至品质都不同。

3. 易腐性

水果和蔬菜大都富含水分，极易腐烂变质，如果受到机械损伤，则更易变质。

4. 复杂性

水果和蔬菜的种类很多，品种也不相同，其构造、形状、大小、营养成分及加工工艺也不相同。

果蔬在贮藏保鲜时，必须具有一定的条件，主要指温度、湿度、气体成分以及它们组成的环境因素的综合影响。

（1）温度。对果蔬来说，温度是最重要的贮藏条件，它既影响果蔬的各种生理生化过程，也影响微生物的活动。温度升高，果蔬的呼吸作用、蒸腾作用、水解作用、后熟衰老作用都会加强。一般来说，高温对果蔬的贮藏是不利的，过低的温度则会破坏果蔬的原生质和细胞结构，对果蔬也是不利的。只有在适当的低温环境下，果蔬的各种代谢环节之间保持原有的平衡，保持原有的代谢过程，才是最理想的贮藏条件。

（2）湿度。贮藏环境中相对湿度的高低一方面影响果蔬的蒸腾作用，另一方面也影响微生物的生理活动。从降低蒸腾作用这个角度考虑，贮藏环境应保持高湿度，但是高湿度会加强微生物的活动，就更易变质。因此，在实际的生产中，人们要全面考虑，兼顾两者的作用，寻求一种最优化的处理手段。

（3）气体成分。空气的组成成分对果蔬的贮藏也会产生较大的影响。空气含有氧气、氮气和二氧化碳等成分，一般情况下，其组成成分的占比是相对稳定的。如果改变空气的组成成分，适当降低氧气的比例或提高二氧化碳的比例，将有利于抑制果蔬的呼吸强度、水分的蒸发和微生物的生命活动。

（二）果蔬冷链物流操作模式

果蔬冷链物流是指水果和蔬菜在采摘后，在储藏、运输、包装、加工、配送、销售及消费者短暂存放的全过程中，始终保持果蔬新鲜所要求的温度、湿度和氧气含量，即果蔬从离开田间的那一刻起到消费者的餐桌都在冷链状态下流通。

果蔬本身具有的各种特性决定了果蔬冷链物流具有以下特点。

1. 质量安全要求高

果蔬冷链物流是一项复杂的低温系统工程，涉及采摘、加工、储藏、运输等多个环节，冷链物流企业一定要确保各个环节的质量安全。

2. 时效性强

果蔬产品本身极易腐烂,保鲜时间短,要想满足消费者对果蔬的新鲜度、色泽和营养成分的要求,必须尽快地将果蔬产品送到消费者手里。

3. 建造和运营成本高

果蔬产品冷链物流体系建设投入大,保温、保鲜、节能等技术手段应用于库房的规划和建设、冷藏车的冷藏运输等多个环节,因此建造和运营成本高。

在我国,果蔬产品流通体系主要包括三种:以批发市场为中心的流通体系;以超市为中心的流通体系;以加工企业为中心的流通体系。其中,80%的果蔬产品是通过批发市场销售的,主要是因为批发市场同我国的农业经济发展状况相适应,小规模生产方式决定了小规模大群体的流通性质,因此以批发市场为中心的模式将继续是我国果蔬产品主要的冷链物流模式。这种模式的主导者是果蔬批发中心,参与者是农户、批发商、零售商。果蔬产品批发市场有两个层次。

第一,作为果蔬农产品集散地分布在农村乡镇的农产品集市中心,其主要功能是为果蔬农产品生产者和批发者建立一个交易平台,一般称之为产地批发市场。

第二,作为果蔬农产品批发零售地分布在城市的农产品批发中心,其主要功能是为农产品批发商和分销商、零售商建立一个交易平台,一般称之为销地批发市场。与产地批发市场相比,当前销地批发市场规模更大,设施更加完善,发展潜力更大,所以目前批发市场主导模式主要是指销地批发市场主导模式。

在整个果蔬冷链物流中,果蔬产品必须从产地预冷、分级、包装、储藏、运输、销售直到消费的各个环节都处于一定的低温环境中。

(三)储存

1. 入库

(1)长期保鲜储存的果蔬应先进行预冷。

(2)根据新鲜蔬菜的种类,可采用水冷预冷、强制通风预冷、真空预冷、压差预冷等方式预冷;新鲜水果则应采用强制通风预冷、压差预冷等方式预冷。

(3)预冷温度的选择依果蔬种类而异。多数果蔬可预冷至适当的储存温度,部分对冷害敏感的作物,预冷终点须设定在冷害临界温度以上。

(4)入库前库房温度宜预先降至略低于货品储藏要求的温度。

(5)预冷后的果蔬应快速入库。

(6)储藏库温湿度参数应根据果蔬种类的储存要求,按照 GB/T 26432-2010

的规定执行。

2. 储存码放

（1）库内码放时应保证空气均匀流通。

（2）码放时应按照品种、规格、产地、成熟度、加工程度分库码放。

（3）易造成交叉污染的果蔬应单独码放并挂牌标识。

（4）货品码放托盘间应有空隙，货品不能紧靠墙壁、屋顶或与地面直接接触。

（5）入库后应及时对货位标签和平面货位图进行记录。

（6）应预留人行通道及出入库通道。

（7）至少每周两次检查储藏库中果蔬的状况，并及时剔除不合格货品，防止交叉污染。

（8）禁止与有毒、有害、有异味、有腐蚀性、易污染的货品混合码放。

（9）对温度、湿度要求差异大的产品和对乙烯敏感的产品不应混放。

（10）储存期间，应适当通风换气，排除乙烯等有害气体。

（11）储存过程中，不要频繁打开外包装和内包装。

（12）若果蔬长期储存于气调库，储存期间不应开门。

3. 储存记录

（1）建立温度及湿度控制方法与基准，视需求随时检查和记录。

（2）仓储应有存量记录，货品出库应有出货记录，内容应包括但不限于：批号、保鲜期、出入库时间、库房位置号、出入库单位、出入库数量等，以对应盘点需求。

（3）每批货品应有出入库检验记录。

（4）各项记录保存期限宜参照 GB/T 26432-2010 的要求。

4. 出库

（1）出库应遵循"货品先进先出"和"货品保质期先到先出"的原则，并进行记录。

（2）装载作业区内任何处理作业应在符合货品保存温度或于 15 ℃以下场所迅速进行。

（3）在装卸及运输配送时，货品温度应按照 GB/T 26432-2010 的规定执行。

（四）运输

1. 运输车辆选取

（1）建立运输车辆及车厢的维修及检验制度，至少半年进行一次。

（2）用于输送、装卸的设备及用具应保持清洁。

（3）装载前应检查车辆及运输装备，确认制冷系统和除霜系统运转正常，确认车厢内无结露产生。

2. 车辆预冷

运输前车厢应进行预冷处理，使车厢温度达到货品所需的运输温度。

3. 装载

（1）装载作业区的作业时间、能量消耗、温度及湿度均应有控制措施。

（2）待运时，应批次分明、码放整齐、环境清洁、通风良好。

（3）装载作业因故中断时，车厢门应保持关闭，且制冷系统应保持运转。

（4）运输时严禁与有毒、有害、有异味、有腐蚀性、易污染的货品混装混运。

（5）易于产生乙烯气体的果蔬不应混放（装）于同一车厢（船舱）里；对于使用过的车厢，装载前应清除可能残留的乙烯气体。

4. 厢内摆置

（1）运输车厢同一空间不得码放不同温度要求或可能造成交叉污染的货品。

（2）果蔬应与运输车厢四壁有适当的空间，并保持码放稳固。

（3）低温敏感的果蔬，应避免紧靠机械冷藏车的出风口或者加冰冷藏车的冰箱挡板。车厢货品应按照"先卸后上"与"重下轻上"的原则码放。

5. 运输过程

（1）运输过程中货品应防止挤压、防止水淋、防止受潮、防止曝晒、防止污染。

（2）运输时应保持车厢内温度均匀，每件货品均可接触到冷空气。

（3）运输配送期间，车厢门闭开频率应降至最低。

（4）运输过程中应至少每10分钟监测记录一次车厢内温度，超出允许的波动范围应有警示，并按货主与承运方的协议规定及时处理。

6. 运输记录

（1）建立温度控制方法与基准，并及时、准确地进行记录。

（2）果蔬的温度在装卸货前均应加以检测及记录。

（3）司机需携带手持终端设备或纸质记录表，随时记录送货与交货状况。

（4）承运方应保留装卸货的时间记录、车厢温度记录、运输配送期间制冷系统的运转时间记录。

（5）长途运输期间应对果蔬的温度进行抽测；测试应在低温的环境下进行，且车厢门应保持关闭。

7. 卸货

（1）卸货作业区的任何处理作业应迅速，应于15 ℃以下场所进行。

（2）卸货时应轻搬、轻放，不得任意摔掷。

（3）卸货作业因故中断时，车厢门应保持关闭，且制冷系统应保持运转。

8. 交货验收

（1）交货时按照合约在规定的时间、地点交货，并对数量和温度进行核对检查。

（2）货品温度的检测应依据果蔬冷链物流操作规范的规定执行；或者由货主与承运方或承运方与验收人员共同决定。

（3）查验货品外观是否因温度影响而产生变化。

（4）须保留货品在运输过程中的温度、到达目的地后的等待装卸时间和可追溯的温度等记录。

（5）交货有异议时，应在保证货品安全的条件下，按照合约规定及时处理。

（6）货品验收后，应迅速移入低温储存设备或空间内。

二、数智赋能肉类冷链配送

（一）肉类产品特点

肉类主要包括畜肉和禽肉，畜肉指猪、牛、羊等大牲畜的肌肉、内脏及制品；禽肉指鸡、鸭、鹅等家禽和野鸡、野鸭、鹌鹑等野禽的肌肉。

肉类产品特点如下。

（1）肉类蛋白质含量较高，每100克瘦肉中蛋白质含量为12～35克，并且所含必需氨基酸的数量和种类都较接近人体生理的需要，故消化吸收率高于植物蛋白。

（2）肉类脂肪含量高于其他食物，一般肉中的脂肪含量在10%～30%之间，而肥肉中可高达90%左右，并且大多为饱和脂肪酸。

（3）肉类中的胆固醇含量也高于其他食物，一般每100克瘦肉中约含胆固醇70毫克，而肥肉比瘦肉高2～3倍，内脏比瘦肉高4～5倍。

（4）动物肝脏是维生素A、维生素B2、烟酸、铁等营养素的丰富来源，如每100克鸡肝中维生素A含量高达2 867微克；每100克猪肝中维生素B2含量高达2.08毫克，铁含量为22.6毫克。

（5）不同肉类中蛋白质的含量及钙、铁等矿物质的含量存在较大差异。一般家庭放养的牲畜比集中圈养的牲畜营养价值高，野生的又比家庭放养的营养价值高。

（6）同一动物不同部位的肌肉，其营养成分的比例也不尽相同。一般动物活动范围越大、活动频数越多部位的肌肉，其蛋白质氨基酸组成比例越接近人体需要的模式，也即蛋白质的营养价值越高。由此，不同部位的蛋白质营养价值比较，腿部肌肉优于翅膀，翅膀优于其他部位的肌肉。

（二）肉类冷链物流操作模式

市场上销售的肉品有三种：热鲜肉、冷鲜肉和冷冻肉。热鲜肉是指畜禽屠杀后不经过冷却处理，直接上市的畜禽肉。冷鲜肉，又称冰鲜肉、冷却肉，是指严格执行检疫制度，屠杀后的畜禽胴体按照一定标准进行冷却处理，并在后续的过程中保持低温的生鲜肉。冷冻肉是指屠杀后畜禽肉经预冷处理后在 $-18\ ℃$ 以下速冻，使深层温度达 $-6\ ℃$ 以下的肉。肉类冷链物流操作的肉主要是冷鲜肉和冷冻肉，它们的销售主要是通过大型超市。

屠宰场进行屠宰后在24小时内对初期的胴体进行充分冷却之后进行了排酸处理、分割剔骨、包装、冷藏、运输至配送中心；由配送中心运输至生鲜超市，由超市进行验收，合格后进行保鲜处理、商品化处理和分级包装，最后进行标价、陈列和销售。整个过程对温度和时间都有严格要求，时间应控制在2天之内，温度要遵守相关要求。

（三）肉与肉制品冷链物流操作的基本原则

（1）应保证肉与肉制品的运输、仓储、配送、交接等过程均在规定的温度要求下进行。

（2）应有防止温度变化影响肉与肉制品质量的控制措施。

（3）服务过程应满足时效性要求，各个环节的操作应在规定的时间内完成。

（4）肉与肉制品温度检测方法应符合 GB/T 28843—2012 中附录A的规定。

（5）在运输、仓储、配送、交接等过程中应采用温度记录设备和温度检测工具进行温度监控和记录，必要时，应对湿度进行监控；作业过程中，应进行必要的产品温度和质量的查验与交接。

（6）对于不同肉与肉制品的记录，应规定保存时间，保存期限不得少于产品保质期满后6个月；没有明确保质期的，保存期限不得少于2年。

（7）应建立符合肉与肉制品冷链物流要求的管理体系文件，应按照规定的程序进行控制和实施，保证各类载体文件的有效。

（四）肉与肉制品冷链物流操作的流程

1. 生产仓储

冷藏的肉与肉制品入库时温度为0～4℃，冷藏间温度为0～4℃；冷冻肉品入库时温度为-18℃以下，冷冻间温度为-18±1℃。

2. 运输

（1）应根据肉与肉制品的类型、特性、运输季节、运输距离的要求选择不同的运输工具和配送线路。

（2）装车前，应保持车辆清洁卫生；运输前车辆应进行清洗消毒，并符合相关规定；装载时冷冻肉与肉制品温度应达到-15℃或达到双方约定的收货温度；同时，装车前车厢温度宜预冷至-10℃；冷藏肉与肉制品的车厢温度应预冷至7℃以下时方可装运。

（3）装车过程宜使用物流工具，确保在较短时间内装车完毕。

（4）散装生、熟肉品，易串味肉品等不能混装于同一托盘、同一车辆，含有独立包装的预包装肉与肉制品可采用物理隔离等方法装载于同一车辆内。

（5）装车完成后，根据肉品运输要求设置车厢的制冷温度，确认制冷机组正常运转后，依指定路线配送。

（6）运输过程中制冷系统应保持正常运转状态，全程温度应控制在指定的温度范围内。冷藏设备的温度记录间隔时间每次不应超过1小时。冷藏设备温度偏离设定范围时，应予以纠正。

（7）冷藏肉、冷冻肉与肉制品的运输作业应符合GB/T 28640—2012中的相关规定。冷藏肉与肉制品在运输过程中厢体内温度应保持在0～4℃，产品温度应保持在0～4℃；冷冻肉与肉制品在运输过程中厢体内温度应保持在-18℃以下，厢体内温度最高允许升到-15℃，产品温度保持在-15℃或更低的温度。

3. 分拨仓储

（1）肉与肉制品到货时，应对其运输方式及运输过程的温度记录、运输时间等质量控制状况进行重点检查和记录。到货冷冻肉与肉制品温度高于 -15 ℃或高于双方约定的最高接受温度时，冷藏肉品高于 4 ℃或高于双方约定的最高接受温度时，收货方应及时通知货主，双方按合同约定协商处理。

（2）经检验合格的肉与肉制品才能入库储藏，并依据进货信息和随货清单做好记录。

（3）冷藏、冷冻肉品储存作业应分别符合 GB/T 28640—2012 的规定，管理应符合 WB/T 1059—2016 的规定。

（4）肉与肉制品堆码应按照分区、分类、生产批次和温度等进行管理。

（5）肉与肉制品堆码应符合 GB/T 30134—2013 的规定，堆放高度以纸箱受压不变形为宜，散装货物堆放高度不宜高于冷风机下端部位。

（6）冷库温度波动幅度不应超过 ±1 ℃；在肉与肉制品出入库时，库房温度升高不应超过 3 ℃。温度的测定按 GB/T 28640—2012 的规定执行。

（7）冷库温度记录间隔时间每次不应超过 2 小时，温度偏离设定范围时，应采取纠正措施。

4. 配送

（1）肉与肉制品出货前应确认包装是否良好，装卸过程中不应损坏其外包装。

（2）肉与肉制品的出货暂存区的温度要求在 5~10 ℃，暂存时间不得超过 1 小时。

（3）肉与肉制品出库和装车、卸车的速度应在规定的时间内完成，使用的方法应以产品温度上升不超过 3 ℃为宜。

5. 交接

（1）肉与肉制品交接过程应保持作业环境温度符合相关标准规定。

（2）应根据合同标注或标准要求在规定的时间、地点进行交接，交接内容包括但不限于以下项目：产品出入库时间、品类、数量，产品温度，运输厢体温度，生产日期，保质期，贮藏条件，产品内外包装标准及车厢内卫生状况，并经双方签字确认。

（3）交接发生异议时，应在保证肉与肉制品质量安全的条件下，按照合同规定及时处理。

（4）应保留交接过程中所有涉及的可追溯的记录单据，追溯信息应符合 GB/T 28843-2012 的规定。

6. 不合格品处理

在运输、仓储、配送、交接等过程中发生的或可能发生的肉与肉制品质量受到影响的产品，应进行不合格品处理。

7. 包装与标识

（1）冷藏肉与肉制品的运输包装与标志应符合 GB/T 24616—2019 中的相关规定。

（2）冷冻肉与肉制品的运输包装与标志应符合 GB/T 24616—2019 中的相关规定。

（3）进入食品零售市场销售的肉与肉制品宜进行预包装，包装标识应符合 BB/T 0039—2013 的要求。

（4）肉与肉制品的外包装应有明显标识，应标明货物批次等。

三、数智赋能水产品冷链配送

（一）水产品特点

水产品是指从江河、湖泊、海洋中生产出来的动物、海藻的总称，一般指有经济价值的产品。根据不同的划分依据，水产品有不同的分类：按流通形态可分为鲜活品、冰鲜品、冰冻品和干制品；按类型可分为鱼类、虾、蟹、贝类和海藻类等；按生长环境可分为淡水水产品和海水水产品。水产品含有丰富的蛋白质、脂肪、无机盐和维生素等，拥有丰富的营养成分，是人类非常喜欢的食品。

水产品具有以下特点。

1. 多样性

水产品多种多样，种类不同，可食部分的组织、成分也不同。即使是同一种类的鱼，由于鱼体、年龄、成熟期、生长环境等不同，其组成也不同。

2. 多变性

水产品的获得有一部分是靠天然捕捞，受资源量和资源限制以及渔期、渔场和捕获量不定的影响，其供给并不稳定。

3. 季节性

不同季节的鱼，鱼体成分有很大的变化，因此鱼有一个味道最佳时期。

4. 易腐性

捕获的鱼比家畜更易于腐烂，一方面是由于鱼类本身含有更多的水分以及鱼体表面的黏液易于细菌的生长，另一方面是由于家畜在清洁的屠宰场屠杀后，会立即进行清洗，而鱼类在捕获后并不立即进行清洗，在运输时容易腐坏。

(二) 水产品冷链物流操作模式

水产品冷链物流是指水产品在冷链环境下流通、消费，贯穿于从捕捞到产品零售的科学管理，并经过信息网络产生综合经济效益和社会效益的物流形式。它作为一项系统工程，包含和涉及的技术领域广泛而复杂，其核心技术主要包括冷链标准、认证技术、冷链冷藏技术、冷链保鲜、包装技术、冷链的节能技术和自动化技术及信息化技术。

水产品冷链物流具有以下特点。

(1) 水产品冷链物流成为降低水产品成本的一个重要因素。水产品在冷链下管理，其新鲜度和质量得到了保证，降低了成本。

(2) 水产品冷链物流形式多种多样。水产品来源渠道很多，相应的冷链物流也形式多样，如海运、铁路运输、冷藏车运输等。

(3) 科技含量增加。GPS定位技术、网络摄像头跟踪在水产品冷链物流操作中得到了应用，同时管理软件等高科技的应用提高了管理效率，降低了人为出错率，规范了运作行为，提高了经济效益。

(4) 水产品批发市场成为整个链条的核心。在大城市中，各种水产品都有适合自己的批发市场，水产品批发市场成为水产品冷链物流的核心。

(5) 公路运输成为主力军。以前，水产品主要是通过水路进行运输，随着现代高速公路的建设，水运的水产品数量逐年降低，公路运输由于快速、便捷、高效而成为水产品冷链物流的主要运输方式。

(三) 货品包装与标识

1. 货品包装

(1) 进入零售市场销售的低温水产品应进行预包装。

(2) 内包装材料应无毒无害，应采用质料紧密且能隔绝水气（湿气）与油浸的材料。

(3) 内包装应完整，且不得使用金属材料钉封或橡皮圈等物来固定包装袋封口；内包装材料薄膜不得重复使用。

（4）水产品的包装盒内应有合适的衬垫，单独包装的水产品可无衬垫。

（5）用于货品外包装的容器，如塑料箱、纸箱等应按照货品的大小规格设计，应整洁、干燥、牢固、透气、无污染、无异味、无毒无害、内壁无尖突物、无虫蛀、无腐烂霉变等；纸箱无受潮、离层现象。

（6）包装材料间干燥通风，内、外包装分别码放，内包装材料应放于货架上，并加盖防尘设施。

（7）包装材料及包装方式应确保水产品在正常储存、运输、销售过程中不发生变质或遭受外界污染。

2. 货品标识

（1）包装上应清楚标明以下货品信息，且标签上的字迹应当清晰、完整、准确。

①品名；

②原料名称及原产地；

③净重或数量：以千克（或数量）为单位，清楚标识；

④保存条件：标明冷藏或冷冻温度；

⑤保存期限；

⑥生产企业的名称、地址及电话；

⑦委托加工的货品须标注受委托生产厂商与委托者的名称、地址及电话；

⑧工厂的名称、地址及电话；

⑨使用注意事项。

（2）标签上应清楚注明货品为养殖或捕捞，以及货品来自的水域。

（四）储存

1. 入库

（1）水产品入库前应先进行预冷。

（2）预冷后的水产品应快速入库。

2. 储存码放

（1）库内码放时应保证空气均匀流通。

（2）码放时应按照品种、规格、加工程度分库码放。

（3）入库后应及时对货位标签和平面货位图进行记录。

（4）货品码放托盘间应有空隙，货品不能紧靠墙壁、屋顶或与地面直接接触，并应符合 GB/T 30134—2013 的规定。

（5）应预留人行通道及出入库通道。

（6）逾期或腐败的货品至少每个月应汇集整理一次，并退还供货商处理。

（7）禁止与有毒、有害、有异味、有腐蚀性、易污染的货品混合码放。

（五）储存记录

（1）建立温度及湿度控制方法与基准，视需求随时检查和记录。

（2）仓储应有存量记录，货品出库应有出货记录，内容应包括但不限于：加工批号、保质期、出入库时间、库房位置号、出入库单位、出入库数量等，以对应盘点需求。

（3）每批货品应有出入库检验记录。

（六）出库

（1）出库应按照"货品先进先出"和"货品保质期先到先出"的原则，并进行记录。

（2）装载作业区内任何处理作业应在符合货品保存温度或于 15 ℃以下场所迅速进行。

（3）水产品在装卸及运输配送时，货品温度应按照水产品冷链操作规范予以保存。

（七）运输

1. 运输车辆选取

（1）车辆的选取应符合 SC/T 9020—2006 的要求。

（2）建立运输车辆及车厢的维修及检验制度，至少半年进行一次。

（3）用于输送、装卸的设备及用具应保持清洁。

（4）装载前应检查车辆及运输装备，确认制冷系统和除霜系统运转正常，确认车厢内无结露产生。

2. 车辆预冷

（1）运输前车厢应进行预冷处理，使车厢温度达到货品所需的运输温度。

（2）冷藏水产品运输车厢内应先预冷至 4 ℃以下或达到双方商定的预冷温度。

（3）冷冻水产品运输车厢内应先预冷至 –18 ℃以下或达到双方商定的预冷温度。

（八）装载

（1）装载作业区的作业时间、能量消耗、温度及湿度均应有控制措施。

（2）待运时，应批次分明、码放整齐、环境清洁、通风良好。

（3）装载作业因故中断时，车厢门应保持关闭，且制冷系统应保持运转。

（4）运输时严禁与有毒、有害、有异味、有腐蚀性、易污染的货品混装混运。

（九）厢内摆置

（1）运输车厢同一空间不得码放不同温度要求或可能造成交叉污染的货品。

（2）水产品应与运输车厢四壁有适当的空间，并保持码放稳固。

（3）使用保冷箱装运水产品时，箱内应放置足够的蓄冷器以保持温度。

（4）车厢货品应按照"先卸后上"与"重下轻上"的原则码放。

（十）运输过程

（1）运输过程中货品应防止挤压、防止水淋、防止受潮、防止曝晒、防止污染。

（2）运输时应保持车厢内温度均匀，每件货品均可接触到冷空气。

（3）运输配送期间，车厢门闭开频率应降至最低。

（4）运输过程中禁止打开容器或货品包装。

（5）用于盛装未包装的已处理生鲜水产品的容器，应避免融化的冰水与水产品直接接触。

（6）运输过程中应至少每10分钟监测记录一次车厢内温度，超出允许的波动范围应有警示，按货主与承运方的协议规定及时处理，并符合SC/T 9020—2006的相关要求。

（十一）运输记录

（1）建立温度控制方法与基准，并及时、准确进行记录。

（2）水产品的温度在装卸货前均应加以检测及记录。

（3）司机需携带手持终端设备或纸质记录表，随时记录送货与交货状况。

（4）承运方应保留装卸货的时间记录、车厢温度记录、运输配送期间制冷系统的运转时间记录。

（5）长途运输期间应对水产品的温度进行抽测；测试应在低温的环境下进行，且车厢门应保持关闭。

（十二）卸货

（1）卸货作业区的任何处理作业应迅速，应于 15 ℃以下场所进行，并且货品温度应符合 GB/T 36192—2018 的要求。

（2）冷冻水产品在装卸及运输配送时，货品温度应保持在 –18 ℃以下；冷藏水产品应保持在 4 ℃以下、冻结点以上。

（3）卸货时应轻搬、轻放，不得任意摔掷。

（4）卸货应配备封闭式站台，水产品及其制品不应落地，且不应滞留于常温下。

（5）卸货作业因故中断时，车厢门应保持关闭，且制冷系统应保持运转。

（十三）交货验收

（1）交货时按照合约在规定的时间、地点交货，并对数量和温度进行核对检查。

（2）货品温度的检测依据 GB/T 36192—2018 的温度测量方法执行；或者由货主与承运方或承运方与验收人员共同决定。

（3）查验货品外观是否因温度影响而产生变化。

（4）须保留货品在运输过程中的温度、到达目的地后的等待装卸时间和可追溯的温度等记录。

（5）交货有异议时，应在保证货品安全的条件下，按照合约规定及时处理。

（6）货品验收后，应迅速移入低温储存设备或空间内。

四、数智赋能冷饮和乳制品冷链配送

（一）冷饮和乳制品种类

现在市场上畅销的冷饮产品主要包括食用冰块、冰激凌类、棒冰类、碳酸饮料类、果汁和蔬菜汁、乳制品等，这些产品不仅能消暑降温，其中雪糕、冰激凌还含有乳、蛋、糖及淀粉等营养物质，具有一定的营养价值。

（1）食用冰块。食用冰块指将食用水放入模型冻结成的块状冰。质量好的食用冰色泽应均匀，有透明感；形态完整，且大小一致；冻结坚实，滋味纯正，无异味；肉眼看不出杂质。

（2）冰激凌类。冰激凌类指以牛乳或乳制品为主原料，加糖、乳化剂、稳定剂、香料等调配而成的液状物加以冻结处理成的固体食品，包括冰激凌、冰冻果子露、雪糕等。冰激凌乳脂含量不低于8%，总乳固形物含量不低于16%，而冰冻果子露的乳成分较低，乳脂含量1%～2%，总乳固形物含量2%～5%。

（3）棒冰类。棒冰类指以水、糖、乳化剂、稳定剂、食用色素等调和而成的混合液加以冻结而成的固态食品。

（4）碳酸饮料类。碳酸饮料类指含有二氧化碳的饮料，俗称汽水。好的汽水色泽纯正，无沉淀物及肉眼看得见的杂质；瓶口干净、严密，无漏气、漏液现象；汽水的液面与瓶口距离为3～6厘米。若汽水甜味不足，异味有余，表明汽水已变质；若汽水的清凉刺激感不明显，则表明饮料中的二氧化碳含量偏低。

（5）果汁和蔬菜汁。果汁和蔬菜汁指由新鲜水果和蔬菜，经挑选、洗净、榨汁或浸提等方法制得的汁液。果汁和蔬菜汁是果蔬中最有营养价值的成分，风味佳美，易于吸收。

（6）乳制品。乳是哺乳动物乳腺的分泌物，其营养丰富，易于消化吸收。乳制品是由乳汁加上其他辅料制成的食品。

（二）冷饮和乳制品冷链物流特点

冷饮及乳制品中巴氏奶、酸奶等必须通过低温储藏才能最大限度地保持其新鲜程度、色泽、口感和营养成分，要求在采购、生产、运输、储藏、销售及消费的整个链条中处于规定的低温环境下，整个过程必须通过冷链物流进行管理，包括冷却加工、冷冻储藏、冷藏运输和配送、冷冻销售，其间涉及的信息流、物流、资金流须按照一定的顺序进行。

冷饮和乳制品的冷链物流具有以下特点。

1. 涉及多种设施投入，设施具有特殊性

冷饮和乳制品冷链物流是一个复杂的系统工程，涉及多种硬性配套设施、设备，主要有冷藏设备、运输设备、销售设备等。

2. 低温产业链长

冷饮和乳制品产业链长，从第一产业开始一直到第三产业，整个链条上有非常多的环节。

3. 具有很强的时效性

消费者对冷饮和乳制品的营养价值有很高的要求，所以生产、运输、消费的全过程都必须处于低温环境下，以满足消费者的要求。冷饮和乳制品的生命周期短，如果运输时间长，其品质就得不到保证，因此运输的过程常常会受到时间窗的限制。

（三）冷饮和乳制品冷链物流操作模式

目前，我国主要存在两种冷饮和乳制品冷链物流操作模式：一种是以生产企业为核心的冷链物流模式；另一种是以物流中心为核心的冷链物流模式。在以生产企业为核心的冷链物流模式下，生产企业处于核心地位，具有强大的市场力量。生产企业从奶农处收购奶源，运至奶站储藏，进而在企业内加工，最后分销至各零售企业，保证了生产的可持续性。该模式提高了企业的管理成本，增加了风险，乳制品企业的管理水平成为整个供应链的关键。对于以物流中心为核心的冷链物流模式，其形成原因是生产企业受本身物流的有效半径和目标消费市场的制约。这种模式实现了生产企业与消费市场的有效配送，减少了流通环节，提高了反应速度。物流中心采用先进的信息技术与生产企业的联系，根据销售订单及销售计划进行发货，是联结生产、销售的核心环节。

（四）蒙牛乳业冷链物流操作实例分析

1. 蒙牛乳业简介

蒙牛乳业是内蒙古自治区近年来成长起来的全国知名企业，始建于1999年8月，总部设在中国乳都核心区——内蒙古和林格尔经济开发区，拥有总资产100多亿元，员工近3万人，乳制品年生产能力达到600万吨。到目前为止，包括和林基地在内，蒙牛乳业集团已经在全国16个省（自治区、直辖市）建立生产基地20多个，拥有液态奶、酸奶、冰激凌、奶品、奶酪五大系列400多个品项，产品以其优良的品质覆盖国内市场，并出口到美国、加拿大、蒙古、东南亚等多个国家和地区。

2. 蒙牛供应链运作模式

（1）扩张式奶源管理。依据"得奶源者得天下"的市场法则，在上游奶源的争夺中，蒙牛已具有令其他竞争者羡慕的优势。目前，蒙牛的奶源供应模式有三种："公司＋农户"传统模式、"公司＋规模牧场"探索模式、"公司＋OEM供应商"创新模式。

（2）全程式库存管理。蒙牛的产品主要有巴氏消毒奶、酸奶、液态奶、冰激凌、灭菌奶和各种奶粉等。在这些产品中，巴氏消毒奶和酸奶的货架期最短，必须保持快速的库存周转。因此，在供应链管理中，蒙牛需要严格监控不同种类产品的生命周期，防止过期产品流入市场。在供应链始端，蒙牛借助于立体仓库，精确控制产品生命周期。在供应链末端控制管理库存，蒙牛的销售终端包括大型超市、便利店以及各种送奶公司，终端的产品库时刻都要受到严格控制，既不能出现在某个销售终端断货，得不到补充而影响销售额，也不能使终端库存太多，产品过期造成损失。

（3）多渠道配送网络。

①传统的分销模式。传统的分销模式主要有三种表现形式："公司直营+经销配送"扁平平台式、"公司直营+社会力量配送"扁平网络式、"传统经销代理"金字塔垂直式。不同的表现形式适合于不同的销售地区。

②电子商务式的直销模式。随着蒙牛的飞速发展，送奶到户的直销模式也应运而生。这种模式主要实施于对牛奶的新鲜度和方便度更加关注的一线城市，如上海、北京等发达城市，因此，电话订购和网上订购成为一种新的配送模式。

③专卖店式的终端销售模式。连锁加盟店的开设将集中在经济发达的大城市，建立的连锁专卖系统增强了企业对市场的掌控能力，进行了深度分销，同时补充了渠道的市场空白，增加了市场占有率。

3. 蒙牛提高产品质量的冷链物流措施

（1）缩短运输半径。对于酸奶产品，由于其保质期较短，产品必须及时送达，蒙牛就尽量缩短运输半径，其生产布局向市场伸展，尽量接近市场，以达到低温产品快速送达卖场、超市的要求。

（2）合理选择运输方式。目前，蒙牛产品的运输方式主要有两种：汽车和火车集装箱。对于路途较远的低温产品运输，为了保证产品能够快速送达消费者手中，保证产品质量，蒙牛往往采用较昂贵的汽车运输，车上配备的 GPS 导航系统能够了解车辆的情况；对于保质期较长的产品，如果将其运输至较远的市场，蒙牛往往依靠火车集装箱来完成。在火车集装箱运输方面，蒙牛与中铁集装箱运输公司开创了牛奶集装箱"五定"班列铁路运输的新模式。"五定"指定点、定线、定时间、定价格、定编组，保证了牛奶运输的及时、准确和安全。

（3）全程冷链保障。低温奶产品必须全过程都保持在 $2 \sim 6$ ℃ 之间，蒙牛的冷藏运输系统保证奶源在 6 小时内运输至生产车间，保证奶源的新鲜度和营养成分；在成品的运输过程中，蒙牛采用冷藏车保证低温运输；在终端销售场所，蒙牛投放冷柜，确保其产品质量。

五、数智赋能医药冷链配送

(一) 医药产品特点

医药是指用于预防、治疗、诊断人或动物的疾病,有目的地调节人或动物的生理机能并规定有适应证或者功能主治、用法和用量的物质,包括中药材、中药饮片、中成药、化学原料药及其制剂、抗生素、生化药品、放射性药品、血清、疫苗、血液制品和诊断药品等。而有一部分医药产品对贮藏、运输有冷储、冷冻等温度要求,这些医药产品都需要使用冷链进行管理,主要包括血清、疫苗、血液制品、诊断药品等。这部分需要使用冷链管理的药品就是指冷藏药品,与普通药品不同,其研制、生产、销售、使用都有特殊的要求,购、销、运、存过程,应实施非常规的方式、方法,进行必要的管理,一旦出现疏漏极易导致人体损害和社会危害。

(二) 医药产品冷链物流操作模式

医药产品冷链物流是指冷藏药品在生产、贮藏、运输、销售到消费前的各个环节中始终处于规定的低温环境下,以保证产品质量,减少损耗的一项系统工程。冷藏药品作为一种特殊商品,与其他商品不同,对冷链提出了更高的要求,主要体现在以下几个方面。

1. 质量要求

医药行业涉及很多临床方面的科学实验,需要从其他国家进口一些生物制品,这些生物制品的生产需要很长时间,如果在冷链运输过程中没有控制好温度,使这些生物制品发生质变,将严重影响临床医学的实验。由于关乎人类的生命健康,质量控制是医药行业冷链物流的最重要目标。

2. 及时性要求

随着现代社会的发展,时效性成为人们关注的焦点。对于作为第三产业的物流服务业而言,时效性就显得更为突出,因此大多数物流企业采用了直达运输、联合一贯运输、时间表系统等管理和技术。同时,生物药品本身的特性也决定了医药冷链运输的及时性要求。

3. 成本控制要求

物流行业本身不增加商品的使用价值,所以在冷链运输的过程中采取各种减耗措施,降低冷链物流成本是提高相对产出的重要措施。

4. 信息化要求

医药行业的冷链以保证冷藏药品的质量为最终目的,对冷藏药品实时追踪。建立信息化平台对确保药品的质量将具有重大的作用。

在药品冷链的具体操作上,不同的药品由于其流通渠道不同,操作上也不尽相同,本书以疫苗为例进行说明。疫苗从生产到最终的消费过程使用到的冷藏设备包括冷藏车、冷库、冰箱、冷藏箱、冷藏包、冰瓶、冰排和冰排速冻器等,不同的疫苗,其温度条件也不同。

(三) 强生公司中国区域冷链物流实例分析

1. 美国强生公司简介

美国强生公司成立于1886年,是世界上规模较大、产品多元化的医疗卫生保健产品及消费者护理产品公司,在全球拥有200多家公司,雇员超过12万人,在世界各地都有产品销售。1985年,强生公司在中国成立了第一家合资企业——西安杨森制药有限公司,随后建立了上海强生有限公司、强生(中国)有限公司、强生(中国)医疗器材有限公司和上海强生制药有限公司。目前在中国其产品涉及多个领域,包括消费品及个人护理产品、医药产品和医疗器械及诊断产品。

2. 强生公司对冷链物流的要求

强生公司临床诊断部的试剂类产品主要分为三类:生化、免疫和血液。每一种类又有试剂、定标液和质控液三个品种。其中生化类试剂包含了比色法、速率法、离子等三种不同的类型;免疫类试剂分为肿瘤标志物、心肌酶谱、传染病、肝炎等几种大的类型;血液类试剂有正反定型试剂卡、抗体筛查试剂卡、Bliss液、试剂红细胞。这些产品的运输都离不开低温,冷链运输在其中具有极其重要的作用。同时,强生公司对冷链运输也提出了很高的要求,主要包括温度要求、配送要求等。

(1) 温度要求。强生公司需要冷链冷藏的产品种类多,温度要求层级多,且湿度要求也不相同。同时,其产品有效期短,生化类试剂的有效期一般可达六个月,免疫类试剂有效期要短得多,从一个月至三个月不等,血液类红细胞则只有不到半个月。对于冷藏类药品其温度要求在常温以下冰点以上,约为 $2\sim 8\ ℃$,至多可保存几个星期。对于冷冻类药品其温度要求在 $-18\ ℃$ 以下,其保存期长一些,从几个星期至几个月不等。低温条件的产生借助于良好设计的冷冻机械及合理的隔热装置,温度精度控制在 $\pm 1\ ℃$。

（2）配送、运输要求。冷链物流是一项复杂的系统工程，为达到以低成本满足高服务水平的目的，需要供应链各环节之间高度协调、信息流通通畅、运作高效、资源优化管理等。配送是整个冷链物流中一个极其重要的环节，从这个环节来研究冷链物流的特性，对减少配送时间、节省物流成本和货损成本有着重要作用。强生公司整个物流网络共有五个层级，即先由国外生产工厂将试剂进口到国内，经过报关后暂存于上海曹路仓库的冷库中，而后根据订单将货物发送至全国各地的一级代理商的冷库，随后到达二级代理商的冷库，之后再根据客户需求送至终端用户医院。公司要求在整个冷链的运输过程中，试剂必须按照规定的要求存放，每个环节都由专业的低温车来负责，这些车辆由第三方物流公司 DHL 提供，车上配有低温制冷装备和温度控制系统。车上配备的温度变化控制装置具有不可逆属性，易于分辨出在运输的过程中是否有试剂的温度超出范围。

3. 强生公司在中国的物流网络

强生公司经过多年的发展，已形成了一套完备的冷链物流管理软硬件系统，此系统的特点是垂直管理、层级分明、清晰明确、易于分辨。强生公司的物流网络呈树状发散结构，从上至下每个节点都是一对多的形状，整个物流有五个层级，分别是国外生产工厂、上海曹路冷库、一级代理商、二级代理商、终端用户医院。

任务二：冷链配送节能管理

一、节能管理的必要性

全球性气候变暖已经成为迫在眉睫的世界性环境问题，而人为温室气体的排放是全球变暖的主要原因。冷链物流产品需要消耗大量能量，以保证产品在低温下储存和运输，这使冷链物流成为人为温室气体的重要排放源之一。据统计，全球近1%的碳排放是由冷链物流产生的。冷链物流的低碳化发展是冷链企业实现经济与环境可持续发展的必由之路。冷链物流低碳化是指冷链物流管理全过程的低碳化，仓储、运输和包装是冷链物流碳排放的主要作业环节，下面将分析冷链物流在仓储、运输和包装环节低碳化管理存在的问题，提出相应对策，以促进冷链物流的低碳化发展。

由于我国冷链物流行业起步较晚，至今很多冷链物流企业还处在成立初期的发展阶段，低碳化管理水平较低，尤其是在仓储、运输、包装三大环节。仓储是冷链物流的重要环节之一。有研究显示，我国冷库年平均耗电量131千瓦时/立方米，高于英国和日本平均水平的2倍。运输是冷链管理体系中温室气体的最大排放源。冷链运输低碳化管理不仅包含运输环节的低碳化管理，还包含运输过程中制冷环节的低碳化管理。据统计，我国每年冷链运输制冷系统的油耗高达50万吨，近20亿元。包装对冷链物流中温室气体排放的影响是双面的。一方面，包装能延长产品的保质期，特别是易腐食品，从而减少产品浪费和处理变质产品带来的温室气体排放。另一方面，包装材料的生产、消费和处置都会带来大量的温室气体排放，并且包装会影响产品的重量和体积，从而影响产品的运输和存储等作业过程，进而影响产品物流过程的温室气体排放。

二、冷链配送中的低碳管理问题

冷链低碳管理在仓储、运输、包装环节存在如下问题。

（一）在仓储方面

1. 不能混藏的产品存在混藏现象

由于温度、气味或光照等的影响，某些冷链产品不能与其他产品共同存放，但如果产品分类不合理或存储区域划分不明确等，不能混藏的产品出现混藏会导致产品损耗和成本增加。

2. 出入库策略不合理

例如，没有遵循"货品先进先出"和"货品保质期先到先出"原则，导致过期产品积压，给企业造成损失；出入库没有集中作业时间，导致能耗增加。

3. 库区及储位设置不合理

例如，一些冷库未设置专用的入库、出库暂存区，或者没有分别设置冷冻品出货暂存区和冷藏品出货暂存区，出入库时产品易发生损耗。又如，储位安排不合理，导致库内操作距离增大，影响工作效率，增加能耗。

3. 货物堆垛方式不规范

不规范的货物堆垛方式，导致冷库使用率降低或堆垛密度太大影响换气和冷气流动。

（二）在运输方面

冷链运输低碳管理问题可从冷链运输和制冷两个环节进行分析。

1. 运输环节

（1）能耗大的运输方式所占市场份额较大。我国地域辽阔，地形复杂，人口众多且消费者需求具有多样性，因而大多数易腐货物的运输具有批量小、流量和流向分散的特点，这使得公路运输成为目前冷链运输的主要方式，但公路运输能耗相对较大。

（2）运输受环境的影响较大。一些产品的生产具有地域性和季节性，其运量在地域上和季节上波动较大，可能造成车辆满载率较低。

2. 制冷环节

（1）制冷系统能耗高。Tassou等研究发现，通常用于运输制冷的常规柴油发动机驱动的制冷系统的温室气体排放量高达运输车辆温室气体排放总量的40%。

（2）制冷剂泄漏现象严重。由于运输制冷设备比固定制冷设备的工作环境恶劣，运输制冷系统的制冷剂泄漏量高于固定制冷系统的制冷剂泄漏量，而大量的制冷剂都具有较高的全球变暖潜能值，联合国政府间气候变化专门委员会（IPCC）指出运输车辆年制冷剂的泄漏量是制冷剂充注量的10%左右。

（三）在包装方面

1. 包装材料使用不恰当且循环利用率低

目前，我国冷链物流中产品使用的包装材料大多是高分子材料。尽管这些高分子材料的导热系数较低、保温性能及防水防潮性能良好，但其降解性较差，而且由于包装的受损、变脏等因素，许多冷链物流产品的包装都是一次性使用的，大量的丢弃包装物会严重污染环境。

2. 存在过度包装问题

例如，一些货物的实际体积很小，但包装的体积过大；一些货物包装的衬垫保护材料过厚，保护功能过剩。过度包装不仅使货物多占用存储空间和运输空间，造成物流成本费用上升，还造成包装材料的资源浪费，加剧温室气体排放，并且可能损害消费者利益。

3. 包装设计不当引起货物损失

易腐货物具有易受损坏、易变质的特点，包装设计不当，如密封性不好，会使包装的保温、防水防潮性等保护功能不足,造成易腐品的损坏和变质,加剧温室气体排放。

4. 缺乏包装低碳化标准

冷链物流行业中缺乏完善的法律、法规及行业标准对包装低碳化进行规范,包装的低碳化设计,以及包装材料的减量、回收、再利用和处理等低碳管理尚没有相关的标准。

三、冷链仓储节能途径

仓储在冷链物流中起着缓冲、调节和平衡的作用,其节能潜力巨大。冷库布置及日常管理、制冷系统管理、照明系统管理等方面都有节能的潜力。冷链仓储的主要节能途径如下。

(一)冷库布置及日常管理

(1)不同的食品对于冷冻及冷藏的要求是不一样的,冷链企业应根据物品的特性和保管温度的不同做好系统、科学分类,合理安排库房储存,避免不能混藏的物品出现混藏现象。

(2)合理进行储位管理和货物出入库管理,做到存储空间明确,储位分配合理,遵循"货品先进先出"和"货品保质期先到先出"的库存策略。

(3)不同产品由于对温度的需求不同,不宜在同一温层的出货暂存区暂存,应分别设置冷冻品出货暂存区和冷藏品出货暂存区。

(4)出入库作业应选择在气温较低的时段进行,集中作业力量,尽可能缩短作业时间。

(5)做好日常管理和维护工作。定期进行冷风机除霜,保持库房清洁、干燥,经常清洁、消除残留物和冰,库内不能出现积水,经常通风换气,保持库内含氧量和湿度;合理堆放货物,减少仓库的面积,以及制冷和照明的面积,从而减少仓库的固定成本和温室气体的排放;提高冷库利用率,在淡季时可将几个冷库内的货物按贮藏温度及时并库,以实现节能减排。

(二)制冷系统管理

冷库门的开闭将会引起很大的冷量散失,设计时应尽量减小冷库门的面积;采用自动冷库门,并在冷库门处设立空气幕,以降低冷库冷损耗;加强制冷系统的自动化控制程度,随时调整制冷系统的工作负荷,达到最优化的运行,实现节能；合理利用昼夜温差，增加夜间开机时间，有利于冷库节能。

（三）照明系统管理

按照我国冷库设计规定合理布置冷库的灯具位置；尽量采用高效低耗照明光源；采用智能照明系统，根据冷库的工作情况自动控制冷库的明暗程度并及时关灯，这样既有利于有效地减少库房的热负荷，又有利于节能减排。

（四）日常维护节能管理

解决冷链运输低碳管理存在的问题，促进冷链运输低碳化运行，可以从发展联合运输、创新制冷技术、优化装卸搬运作业和运输工具的日常维护等方面着手。

1. 发展联合运输

将铁路、公路、水路、航空等运输方式有机结合，实现多环节、多区段、多工具的相互衔接，既有利于克服单个运输方式的缺陷，还有利于提高物流效率，降低物流成本，实现节能减排。

2. 创新制冷技术

运输过程中汽油、柴油等化石燃料的燃烧会造成严重的空气污染，要实现冷链运输低碳化发展，企业应该逐渐倾向选择压缩天然气等清洁能源替代汽油、柴油；同时，开发和利用新的节能制冷技术，如空气循环制冷技术、太阳能制冷技术和磁制冷技术等。

3. 优化装卸搬运作业

装卸搬运是冷链中必不可少的环节，装卸搬运过程也是影响能耗和货物质量的关键过程。应采取必要的隔热防护措施，如在冷藏运输装备车门处设置空气幕，在装卸搬运过程中应尽量减少开门时间和次数，加快装卸搬运速度，改善装卸搬运作业条件，有效降低能耗。

4. 做好运输工具的日常维护管理工作

由于受到外界运行条件的影响，各种运输工具在运行一定时间后容易出现破损、老化等问题，定期对车辆进行清洁、检修和维护，既能提高运输的安全可靠性，又能减少由于运输工具破损、老化引起的能耗浪费。

（五）包装节能管理

包装低碳管理主要通过改进冷链产品的包装，达到节约资源、保护环境的目的。包装低碳化包括包装的生产、使用和废弃处理等全过程的低碳化，可以从以下方面改进冷链产品的包装。

1. 优化包装设计

改进包装的几何形状、总开口面积和堆叠形式、配置通气孔等；提高产品包装的技术含量和保护力度，避免产品在运输过程中由于压力、振动、冲击等产生损坏或腐烂，减少产品损耗；从包装的整个生命周期考虑包装设计，注重对产品冷却、产品质量、系统能耗等多种包装功能的权衡。

2. 实行包装标准化

包装标准化是指将产品按照特性和保管温度进行系统科学分类，对每类产品的包装规格、包装材料、结构及标志等给予统一的规范措施，建立完善的低碳冷链物流包装标准体系，提倡适当包装，有效提高冷链物流效率，降低物流成本，实现节能减排目标。

3. 建立循环利用体系

包装材料的循环利用能够减少浪费，降低包装成本，还能够促进节能减排。应提倡使用绿色包装材料，从源头减少包装带来的环境问题；促进包装材料的循环使用，如使用可折叠式的包装箱等。随着全球变暖问题和能源问题越来越严重，冷链物流的低碳管理越来越受到关注。做好冷链物流低碳管理需要从冷链企业的管理现状着手，发现问题并寻找解决对策。冷链物流低碳管理对策分析，对冷链物流企业的管理活动具有一定的指导意义，有利于企业降低冷链物流成本，提高冷链物流效率，提高社会信誉度，提升竞争力，对促进我国经济社会和环境的可持续发展等具有十分重要的意义。今后，冷链物流企业应进一步深入研究，运用系统学、协同学等方法综合分析整个冷链物流的经济效益、社会效益与环境效益，探索系统的低碳化策略。

任务三：数智赋能冷链配送案例解析

一、顺丰冷链物流案例解析

2012年5月，顺丰公司推出自己的电商平台，定位于全球优质新鲜美食。从

2013年9月开始,优选的物流配送任务由顺丰速运全面接手。通过承接顺丰优选配送任务,顺丰开始积累在仓储、冷链方面的经验,同时开拓市场,目的在于大力发展冷链物流,健全服务网络,构建生鲜食品供应链。

随后,顺丰速运公司打造了"顺丰冷运",标志着顺丰正式开始进军冷链物流行业。顺丰冷运是在整合顺丰现有物流、电商、门店等资源的基础上,为生鲜食品行业客户提供冷运仓储、冷运干线、冷运宅配、生鲜食品销售、供应链金融等一站式解决方案。

顺丰冷链物流快速发展,建成启用包括北京、广州、深圳、武汉、成都等地的总计10座冷库。仓储体系较完善,拥有完整的配送体系,能够保证基本冷链物流配送要求,同时能够很好地解决落地配缺失等难题。同时,顺丰速运公司在2014年5月在全国布局顺丰嘿客店,数量多达518家,形成"快递+社区便利店"模式。当货物无法马上送达客户手中时,嘿客店由于配置了冷柜,就可以发挥暂存功能,保证生鲜产品的新鲜。

顺丰在2014年推出"顺丰冷运"品牌,意在扩宽顺丰业务范围,抢占冷运市场,并规划在3～5年间通过快速发展使得顺丰冷运成为顺丰的支柱产业。但由于发展时间较短,顺丰冷运还没有形成完善的冷链物流系统,尚存在如下一些问题。

(一)冷链物流信息系统不完善

一套完整的冷链物流系统含有多个子系统,其中包括包装加工子系统、运输子系统、配送子系统等。各个子系统之间的有效衔接可以保证冷链物流的高效率运行。食品冷链物流对物流效率的要求更加严格,需要在短时间内完成加工、运输、配送,因此对于冷链信息系统的要求也很高。信息是冷链物流所有环节之间交流连接的工具。如果没有明确的信息指导,那么冷链产品的流向就会失去方向,不能对产品流通进行有效的控制,冷链流程安排将不合理,从而造成生鲜食品在途时间太长,最终会导致在途损失严重,影响产品质量。

由于顺丰冷链物流系统构建时间不长,虽然已经搭建了各个物流子系统,能够完成产品从产地到消费者手中的配送活动,但是不同小系统的相互衔接还不够紧密,这些单个系统之间的信息没有得到有效地传递。缺乏高效统一的物流信息系统会降低冷链物流系统的运行效率,降低产品的流通质量,增加产品流通成本。信息系统的不完善最终的结果就是导致整个冷链物流系统的实时性差、监管脱节,无形中增加了冷链物流的成本。

从顺丰冷链物流的温度管控方面来看，虽然顺丰冷链系统在各环节有对于温度的监测，但是这个温度监测不是一个连续的过程，各个环节之间的温度监测是独立的、没有关联的。同时对于监测到的温度数据没有一个统一的数据平台进行数据分析，温度监控的作用没有得到体现。

从整个冷链物流系统来看，顺丰冷链物流缺乏一个统一的信息系统进行整个冷链物流系统的监控和调度，没有形成一个完整的信息网络。这样会出现对产品信息把控不到位，不能很好地协调各个环节的运行。

（二）冷链物流系统自动化程度不高

物流自动化对完整的物流系统有着至关重要的作用。物流自动化能有效地将自动化的理念和技术设备融合到物流操作中，使得物流各环节能够有效配合、紧密衔接，达到提高物流效率的目的。生鲜产品的时效性很特殊，它要求冷链物流对时间进行严格把控。系统中采用高科技设备以及引进自动化技术，可以提升系统自动化程度，缩短生鲜产品在途流通时间。

冷链物流自动化技术主要是从"软"与"硬"两个层面来看。前者指被使用到冷链物流系统中的系统信息技术、工程技术等，其目标是建立物流系统运作的软件平台，通过对现有物流装备的操作和调配，实现物流系统运作的最优化。后者指物流各环节涉及的仓储设备、运输工具、机械设备，以及服务于物流的计算机、通信网络设备等硬件设施设备，其目标是建立物流系统运作的硬件平台，实现具体物流活动的高效率和智能化。物流自动化硬技术主要包括立体仓库、自动搬运系统、自动识别系统、自动分拣配货系统等。

首先，从冷链物流自动化技术的软技术方面来看，顺丰冷链物流系统的信息流通没有形成一个完整的网络。例如，产品采购信息、产品在途的物流信息、后台的订单需求信息是几个独立的信息流，并没有一个统一的信息平台对这些信息进行有效的整合再进行处理。信息不能通畅地流通，不同冷链物流环节就不能有效配合，会导致物流效率低下。其次，从冷链物流自动化技术的硬技术方面来看，顺丰冷链物流系统中的装卸搬运、分拣配货等方面的设施设备投入还不够，并没有实现自动化的操作。顺丰冷链物流在装卸以及搬运环节，主要是依靠人员驾驶叉车实现操作。分拣配货环节，进库主要是人工根据货品条码扫描信息进行进库分拣，出库环节主要是人员根据订单信息进入冷库进行配货。现有设备的限制，决定了冷库中的货物不能堆码太高，货架比较低，必须保证人工能够进行分拣，导致冷库空间利用不充分。由此可以看出，顺丰现有的冷链物流系统的自动化程度还不够高。整个冷链物流系统尚缺乏一个成熟的数据系统进行统一的调度，同时现有冷链物流系统的物流管理、物流控制、物流作业等过程依旧是依靠人工结合物流设备这种半自动化操作，自动化程度较低。

（三）缺乏先进的食品冷链技术

顺丰冷链物流的主要运输对象是生鲜食品，生鲜食品由于特殊的时效性要求，因此必须要有先进的冷链产品加工技术作为食品冷链的保障。食品冷链系统的构建要求集中考虑从产品采购到最终消费者手中这一整个过程涉及的多方面的问题，包括加工、中转、仓配的技术水平、设备条件等各种问题。所有环节间的合理配合是确保生鲜食品在整个流通过程中安全的必要条件。要想降低产品在各环节的损耗，就需要采用先进的食品冷链技术。加工包装环节的高质量加工可以保证产品的安全完整，降低产品在流通中转过程中的浪费、破损，先进的加工技术可以延长生鲜产品的保鲜期。同时，冷链物流是一个持续低温的流通过程。顺丰在2014年推出"顺丰冷运"品牌，发展时间较短，尚未形成完善的冷链物流系统，在冷链产品的加工环节也缺乏相应的冷链加工技术。同时，对于冷链各个环节中温度的监控，顺丰冷运缺少系统的温度监测系统，因此没有对流通环节中的温度改变进行有效监控。

顺丰优选旨在打造全球优质美食网购商城，其商品来源主要是"产地直采"，即产品直接由顺丰公司从原产地进行采购，在保证产品质量的同时可以缩减中间供应商环节以提高利润空间。在原产地采购后，顺丰优选需要对产品进行加工包装才能进入冷链运输。目前顺丰优选在原产地产品的包装加工环节并没有规范且严格的管理，基本上是各个采购地区人员根据产品情况及加工条件进行包装加工，然后装入固定规格的货箱中再运至冷库进入库存。在现有的加工条件中，顺丰优选采用的这种方式较低端，即工作人员对产品进行简单的拣选清洗后再装入固定规格包装箱，这种简单的加工方式并不能保证产品的安全，同时没有对产品进行进一步的冷处理，不能延长产品保鲜期。顺丰优选对于包装好的产品也缺乏统一的检测标准，产品包装良莠不齐。

另外，温度作为冷链物流的关键因素，对于温度的监控是保证冷链物流质量的关键步骤。要控制某一节点的温度并非冷链中的最大难点，最困难的方面是整条流通链上的全程温度控制，尤其是不同环节衔接之间的温度控制。在顺丰现有的冷链物流系统中，除了在冷库中有温度监测外，在产品从原产地运至冷库储藏，到产品出库运送至客户手中这些环节，并没有对温度进行有效的监控。生鲜食品对存储温度要求极高，缺乏有效的温度监测系统就不能把握产品在途情况，极易出现产品因温度变化造成的产品损坏情况，且产品损坏可能造成货物间相互污染，从而造成巨大损失，同时由于缺乏连续的温度监测数据，在出现产品损坏的情况时难以界定责任方。

二、麦当劳食品冷链物流解析

（一）麦当劳先进的冷链物流发展模式

麦当劳是世界上知名的快餐食品公司之一，如今的麦当劳已经在全球120多个国家拥有近30 000家餐厅，麦当劳取得如此辉煌的成绩得益于自己先进的冷链物流技术，其严格保证食品质量，得到了消费者的认可，同时被很多企业学习借鉴。

1. 麦当劳冷链物流采取外包模式

麦当劳对自身食品运输采取的是外包模式，而不是自营模式，就是将食品冷链物流管理承包给物流企业，并且建立了战略合作伙伴关系，物流企业按照标准完成订货、储存及运输环节，严格控制食品质量。这样使得麦当劳能够集中核心力量投入食品的研发过程中，同时通过制定严格的物流标准来保证食品质量。麦当劳对食品质量严格要求，对炸薯条、炸鸡翅和汉堡包等食品，坚决把好食品质量关。

麦当劳对食品的严格要求必须找一个专业的物流企业进行统一的服务，夏晖公司是一个3PL企业，能够满足小批量送货的要求。麦当劳将食品的冷冻运输委托给夏晖公司能够有效地节约运营成本。

2. 加强核心产品的研发

由于食品的冷藏运输需要专业的设施和一流的服务，因此，转包出去后的麦当劳能够有效解决本企业对于冷链物流资源有限的问题，将资金、技术投入食品的研发中，既节省了物流投资，又能提高食品质量。麦当劳通过制定严格的标准来监督和管理食品的运输流程，可以节省监督和管理成本，提高企业运行的效率。

3. 冷链物流实行标准化管理

麦当劳对餐厅实行统一的标准化管理，对食品的制作和运输，对于员工和店长的要求，都有统一的管理标准。麦当劳的冷链物流也有统一的标准，包括温度控制、商品运输、商品验收等都有严格的标准。

食品在装卸、储存时也有严格的标准，麦当劳公司要求运货员不能直接接触食品，而是将货物放在托盘上，统一搬运，这样既保证了食品的清洁卫生，又提高了运输效率。即使是细小的生产运输环节，也有相应的参考标准，从而使麦当劳可以对食品生产、运输、销售实行严格的标准控制。

（二）麦当劳冷链物流管理分析

1. 订单管理

麦当劳餐厅店长要提前对库存进行评估，如果库存量低于标准库存，经理需要在网上下订单，发送到配销中心，夏晖公司接到订单后完成装货、运输任务，冷藏车既能保证供货量，又能保证食品质量。

2. 库存与配送管理

夏晖公司对食品的运送有严格的标准，保证准时送货到店，保证每个餐厅不断货。同时，夏晖公司研发了一套很有效的送货路线，以保证运输效率。在接到订单后，夏晖公司会保持每一件货物的质量都处于最佳状态，冷藏车坚持"先进先出"的进出货方式，冷冻品在冷藏车内的摆放都有严格的要求，并且每次的进货都会由麦当劳餐厅的经理亲自检查食品温度和质量。经理还会记录接货时间、地点、食品安全证明等，抽查食品温度和质量，最后再签字接收，严格把好质量关。如果经理发现产品不合理，会直接退回夏晖公司。

麦当劳对冷藏车的要求也十分严格，标准的2吨重的冷藏车，要在工作500小时后就必须进行一次安全检查，检查冷藏车的冷藏效果是否达到标准等，出现问题及时解决。

（三）我国发展冷链物流的对策

通过比较我国当前冷链物流业的发展状况和麦当劳公司的冷链物流发展状况，我国应该在多个方面进行改进。

1. 规范市场

由于我国冷链物流发展起步晚，冷链物流体系不够完善，因此，我国发展冷链物流的首要目标就是建设规范的冷链物流市场。另外，要结合当前国家的法律法规和政策支持，促进冷链物流市场的良性发展，加强协调；加强第三方物流企业的进入，提高冷链物流的市场需求导向，提高专业化的冷链物流企业发展。

2. 提高冷链物流基础设施的水平

我国应借鉴麦当劳公司冷链物流发展的先进管理经验和技术，加大资金支持，政府要和企业联合起来，共同管理。政府要履行好自己的服务职责，提供政策指引和技术支持。

3. 提高冷链物流的标准化程度

麦当劳公司之所以会将食品的运送委托给夏晖公司运行，并且运行效果很好，其中最大的原因是麦当劳制定了严格的物流标准，即使是再细小的工作细节都有标准来参考，都会有标准来衡量，这就是整个冷链物流有统一的标准。因此，我国发展冷链物流要加强规范性操作，制定统一、严格、规范的标准，并且将食品运输标准纳入市场准入制度中，建立严格、有效的监管机制。

4. 加强对冷链物流整个系统的标准监督

政府要制定严格的标准和行业规范，同时提高社会对冷链物流业的监督力度，发现质量问题及时解决，实施HACCP控制，确保食品在运输过程中各个环节的质量保证。

思考题

1. 果蔬智慧冷链配送流程是什么？
2. 简述医药智慧冷链配送的重要性。
3. 冷链配送节能管理有必要吗？为什么？
4. 冷链仓储节能途径是什么？

项目五：冷链配送质量安全与追溯

学习目标

1. 了解冷链配送与食品安全的关系；
2. 掌握冷链配送监管计划；
3. 熟悉冷链配送追溯体系；
4. 明确冷链"最后一公里"的重要性。

任务一：冷链配送与产品安全

一、易腐货物概述

（一）易腐货物分类

1. 按原料来源分

易腐货物按原料来源可以分为畜禽肉类、水产类、乳蛋类、鲜蔬菜、鲜水果、速冻食品等。

（1）畜禽肉类。畜禽肉类易腐货物主要包括猪肉、牛肉、羊肉、兔肉和禽肉等。

①猪肉。猪肉主要有冻猪肉、冻猪肉片、冻分割猪肉、冷却猪肉等形态。冻猪肉感官上要求肉质紧密、坚实；肌肉有光泽，红色或稍暗，脂肪呈洁白色或乳白色，无霉点；具有冻猪肉正常气味，无异味；外表及切面湿润，不粘手。冷却

猪肉色泽鲜艳，肉质柔软有弹性。其中，冻分割猪肉还要求肉质紧密、坚实；肌肉有光泽，红色或稍暗；脂肪呈乳白色或粉白色；具有冻猪肉正常气味，无异味。冻猪肉保藏温度要求在 $-18\ ℃$ 以下；冷却猪肉保藏温度要求在 $0 \sim 4\ ℃$。

②牛肉。牛肉主要包括冻牛肉、带骨牛肉等形态，感官上要求肌肉有光泽，红色或稍暗，脂肪呈洁白色或微黄色，肉质紧密、坚实；外表微干或有风干膜或外表湿润，不粘手。解冻后指压凹陷恢复较慢，具有牛肉固有的气味，无臭味。保藏温度要求在 $-18\ ℃$ 以下。

③羊肉。冻羊肉感官上要求肌肉有光泽，色鲜艳；脂肪呈乳白色，肉质紧密，有坚实感，肌纤维韧性强；外表微干或有风干膜或外表湿润，不粘手，具有羊肉正常气味，无异味。保藏温度要求在 $-18\ ℃$ 以下。

④兔肉。兔肉主要包括冻带骨兔肉、冻去骨兔肉、分割冻兔肉等形态。冻兔肉感官上要求瘦肉呈均匀的鲜红色；脂肪呈乳白色或浅黄色；无霉点；肉质紧密，有坚实感；具有冻兔肉正常气味，无异味；表面微湿润，不粘手。保藏温度要求在 $-18\ ℃$ 以下。

⑤禽肉。禽肉主要包括鸡、鸭、鹅、鸽子等禽类的冻禽肉、禽副产品。禽肉感官上要求表皮和肌肉切面有光泽，具有禽肉固有的色泽；肌肉经指压后凹陷部位恢复慢，不能完全恢复原状；具有禽肉固有的气味，无异味。保藏温度要求在 $-18\ ℃$ 以下。

（2）水产类。水产品易腐货物主要包括冻鱼、冻水产品、冰鲜鱼等。

①冻鱼。冻鱼包括大黄鱼、黄花鱼、带鱼、青鱼、草鱼、雄鱼、鳊鱼等，感官上要求冻块块形清洁完整，冰衣均匀，鱼体排列整齐、正确，无血冰。单冻鱼平直、完整；透过冰衣检验鱼体色泽正常，无氧化、风干现象，气味正常，鱼眼清晰明亮；内外包装清洁卫生、完整坚固，适合长途运输。保藏温度要求在 $-18℃$ 以下。

②冻水产品。冻水产品包括冻虾、蟹、贝类等，其中贝类包括蛤、毛蚶、毛蛏、赤贝、蛙等，感官上要求冻品表面无变形、破碎、融化、氧化变色现象，冰衣（被）良好。单冻的个体间容易分离。虾仁排列整齐，冰衣（被）完好。蟹解冻后色泽正常，无黑斑或其他变质异色；腹面甲壳洁白，有光泽，脐上部无胃印；体形肥满，品质新鲜；用手指压腹面有坚实感。贝表面无风干。保藏温度要求在 $-18℃$ 以下。

③冰鲜鱼。冰鲜鱼是指已死但是还新鲜,并以碎冰或者冰水来保持其新鲜度的鱼。感官上要求鱼体有自然光泽,鱼鳞完整,体表无破损;眼睛饱满明亮,清晰且完整;腮呈鲜红色或者血红色;肉质坚实且富有弹性,轻按鱼肉后,指压凹陷处可马上恢复。

(3)乳蛋类。乳蛋类易腐货物主要包括鲜奶、甜炼乳、酸奶、奶油、冷冻饮品、蛋类等。

①鲜奶。鲜奶,又称巴氏杀菌奶或消毒奶,主要为鲜牛奶,感官上要求色泽呈乳白色或稍带微黄色;组织状态呈均匀的胶态流体,无沉淀、无凝块、无肉眼可见杂质和其他异物;具有新鲜牛乳固有的香味,无其他异味。鲜奶保藏温度一般在2～6℃。

②甜炼乳。甜炼乳感官上要求甜味纯正,无任何杂味;组织细腻,质地均匀,黏度正常;无脂肪乳、无乳糖沉淀;色泽呈乳白(黄)色,颜色均匀,有光泽;无杂质。保藏温度一般在25℃以下。

③酸奶。酸奶感官上要求具有纯乳酸发酵剂制成的酸牛奶特有的滋味和气味,无酒精发酵味、霉味和其他外来的不良气味;凝块均匀细腻、无气泡,允许有少量乳清析出;色泽均匀一致,呈乳白色或略带微黄色,保藏温度一般在2～6℃。

④奶油。奶油包括冻奶油、鲜奶油和人造奶油。冻奶油要求外观呈乳白色或淡黄色半固体状,质地均匀细腻,具有天然奶油特有的风味,无霉变、无异味、无异嗅和无杂质。包装容器应牢固、干燥、清洁,并符合食品卫生包装要求。冻奶油保藏温度要求在-15℃以下。鲜奶油、人造奶油要求外观呈鲜明的淡黄色或白色可塑性固体,质地均匀、细腻,风味良好,无霉变和杂质。保藏温度一般在15℃以下。

⑤冷冻饮品。冷冻饮品包括冰激凌、雪糕、冰棍、雪泥、甜味冰等,保藏温度要求在-18℃以下。冰激凌要求形态完整,大小一致、不变形、不软塌、不收缩;组织细腻滑润,无凝粒,无明显粗糙的冰晶,无气孔。含水果、干果等不溶性颗粒(块),无明显粗糙的冰晶。滋味协调,有奶脂或植脂香味,香气纯正;具有该品种应有的滋味、气味,无异味;无可见杂质。单件包装;包装完整、不破损,封口严密,内容物无裸露现象。雪糕、冰棍、雪泥、甜味冰等要求冻品应具有与品名相符的色泽和香味,无任何不良气味、滋味;具有品种应有的色泽,

形态完整；组织状态细腻滑润，无明显粗糙大冰晶；具有该品种应有的滋味和气味，无异味；单件包装；包装完整、不破损，内容物不外露；无外来可见杂质。

⑥蛋类。蛋类包括鲜蛋、巴氏杀菌冰全蛋、冰蛋黄、冰蛋白。呈黄色或淡黄色，具有正常气味，无异味，无杂质；冰蛋黄要求坚洁均匀，呈黄色，具有正常气味，无异味，无杂质；冰蛋白要求坚洁均匀，呈白色或乳白色，具有正常气味，无杂质，外包装须牢固、完整，适合长途运输。

（4）鲜蔬菜。鲜蔬菜主要有叶菜类、根茎类、瓜菜类、花菜类、葱蒜类、菜用豆类、水生蔬菜、茄果类等。

①叶菜类。叶菜类蔬菜主要有青菜、油菜、塌棵菜（太古菜）、抱子甘蓝、结球甘蓝（卷心菜、洋白菜、包菜）、芹菜、小白菜、蓟菜、芥蓝、大白菜、菊苣、羽衣甘蓝、欧芹、菠菜、牛皮菜、结球葛苣、仙人掌叶、茼蒿、雄菜等。感官上要求成熟适度，色泽正，新鲜，清洁；无腐烂、畸形、开裂、黄叶、抽薹、异味、灼伤、冷害、冻害、病虫害及机械伤（注：腐烂、异味和病虫害为主要缺陷）。保藏温度一般在 0～3 ℃。

②根茎类。根茎类蔬菜感官上要求成熟适度，色泽正，新鲜，清洁；无开裂、糠心、分叉、腐烂、异味、冻害、病虫害及机械伤（注：腐烂、异味和病虫害为主要缺陷）。保藏温度方面，粗根芹菜、辣根、洋姜、大头菜、土豆、芜菁甘蓝、木薯、各种萝卜、山药等要求在 0～3 ℃；芋头和炸薯条用的（早熟品种）土豆等要求在 7～12 ℃；姜、甘薯、豆薯和炸土豆片用的早熟品种土豆等要求在 13～18 ℃。

③瓜菜类。瓜菜类蔬菜感官要求成熟适度，色泽正，果形正常，新鲜，果面清洁；无腐烂、畸形、异味、冷害、冻害、病虫害及机械伤。保藏温度方面，黄瓜、苦瓜、丝瓜、佛手瓜、西葫芦、笋瓜等要求在 6～9 ℃；冬瓜、南瓜等要求在 3～6 ℃。

④花菜类。花菜类蔬菜主要有花椰菜、青菜花等，感官上要求成熟适度、紧实，色泽正，新鲜，清洁；无腐烂、散花、畸形、抽茎、异味、开裂、灼伤、冻害、病虫害及机械伤。保藏温度一般在 0～3 ℃。

⑤葱蒜类。葱蒜类蔬菜主要包括大蒜、韭葱、洋葱、鸦葱、青葱、细香葱、大葱、韭菜、蒜蔓等。感官上要求成熟适度，色泽正，新鲜，果面清洁；无腐烂、畸形、异味、发芽、抽薹、散瓣、冷害、冻害、病虫害及机械伤。保藏温度一般

在 0～3 ℃。

⑥菜用豆类。菜用豆类主要包括菜豆、青豆、蚕豆、蛇豆、芸豆、扁豆、豌豆、荷兰豆、甜荚豌豆、四棱豆等。感官上要求粗细均匀，成熟适度，色泽正，荚鲜嫩，清洁；无腐烂、异味、冷害、冻害、病虫害及机械伤。保藏温度一般在 2～7 ℃。

⑦水生蔬菜。水生蔬菜主要包括荸荠、豆瓣菜、水芹等。感官要求成熟适度，色泽正，新鲜，无腐烂、异味。保藏温度一般在 0～3 ℃。

⑧茄果类。茄果类蔬菜感官上要求成熟适度，色泽好，果形好，新鲜，果面清洁；无腐烂、异味、灼伤、冷害、冻害、病虫害及机械伤（注：腐烂、异味和病虫害为主要缺陷）。保藏温度方面，青番茄一般在 10～15 ℃；已开始上色的番茄一般在 2～6 ℃；辣椒一般在 1～4 ℃；茄子、日本茄子、甜椒、树番茄等一般在 6～9 ℃。

（5）鲜水果。鲜水果主要包括仁果类、浆果类、核果类、瓜类、柑橘类、热带亚热带水果等。

①仁果类。仁果类主要有苹果、梨、山楂等。苹果感官上要求完整良好，新鲜洁净，果梗完整；不带不正常的外来水分；无刺伤、裂果、虫伤、病虫果，无异常气味或滋味；保藏温度一般在 0～4 ℃。各品种的鲜梨感官上要求完整良好，新鲜洁净，无不正常的外来水分，发育正常，具有贮存或市场要求的成熟度；无刺伤、破皮划伤、雹伤、虫伤、病果、虫害，无异常气味或滋味；保藏温度一般在 0～4 ℃。山楂感官上要求果皮色泽呈本品种成熟时固有色泽。果肉颜色红果类型呈红、粉红或橙红，黄果类型呈浅黄至橙黄。无苦味、异味。无病果、腐烂、冻伤果。保藏温度一般在 0～2 ℃。

②浆果类。浆果类主要有越橘（蓝莓）、黑莓、草莓、醋栗（红、黑和白）、罗甘莓、覆盆子（树莓）、葡萄、接骨木果、柿子、无花果、猕猴桃、石榴、桑葚等。感官上要求果面洁净，无日灼、病虫斑、机械损伤等缺陷；果形端正，基本均匀一致。果皮、果肉和籽粒（仅限石榴）颜色符合本品种特征；具有本品种特有的风味，无异味；充分发育。

③核果类。核果类主要有杏、樱桃、桃、油桃、李、梅、枣等。核果类感官上要求果实充分发育，新鲜清洁，不带不正常的外来水分，具有本品种应有的特征；果皮颜色具有本品种成熟时应有的色泽；无异味。保藏温度一般在 0～3 ℃。

④瓜类。瓜类水果主要有西瓜、哈密瓜、甜瓜和香瓜等。西瓜感官上要求果实发育正常、完整，无任何外伤，新鲜洁净；具有本品种应有的果形、色泽和条纹。无霉变、腐烂、异味、病虫害；保藏温度一般在 5～9 ℃。哈密瓜、甜瓜和香瓜等，感官上要求品质良好，新鲜洁净，无非正常外部潮湿，无异味，发育正常，具有储运要求的成熟度；无霉变、腐烂现象；保藏温度方面，中、晚熟品种为 3～5 ℃，早、中熟品种为 5～10 ℃。

⑤柑橘类。柑橘类水果感官上要求同一品种或相似品种，大小基本整齐一致，无畸形果，无异味，无明显缺陷（包括日灼、病斑、虫伤、刺伤、擦伤、碰压伤、裂口及腐烂果等）。保藏温度方面，柠檬、柚类一般在 10～15 ℃，甜橙类、宽皮柑橘类一般在 3～8 ℃。

⑥热带亚热带水果。

a.青香蕉、蛋黄果、面包果：感官要求果形完整，新鲜，无变质和腐烂现象；清洁，基本上无可见的异物，无机械伤、无病虫害、无异味。香蕉色泽青绿，无黄熟、无裂果，着色良好。无黑心病，无冻伤现象，要求在运输前为七八成熟。保藏温度一般在 11～15 ℃。

b.荔枝：感官要求果形完整，新鲜，无变质和腐烂现象；清洁，基本上无可见的异物，无机械伤、病虫害、异味；无裂果，着色良好。成熟度不大于九成。保藏温度一般在 2～6 ℃。

c.龙眼：感官要求果形完整，新鲜，无变质和腐烂，清洁，基本上无可见的异物，无机械伤。无裂果，着色良好。无病虫害、异味。成熟度为八成左右。保藏温度一般在 1～5 ℃。

d.番荔枝：感官要求果形完整，新鲜，无变质和腐烂，清洁，基本上无可见的异物，无机械伤；无病虫害、异味。保藏温度一般在 5～14 ℃。

e.人参果：感官要求果形完整，新鲜，无变质和腐烂，清洁，基本上无可见的异物，无机械伤；无裂果，着色良好；无病虫害、无异味。成熟度为八成左右。保藏温度一般在 0～2 ℃。

f.菠萝、番石榴、西番莲果、鳄梨（产于亚热带）、橄榄、杨桃：感官要求果形完整，新鲜，无变质和腐烂，清洁，基本上无可见的异物，无机械伤；无病害、无异味及其他病虫害；菠萝无黑心病，西番莲果不允许有刺伤、药害、日灼、病害、冻害、皱缩存在。保藏温度一般在 7～10 ℃。

g. 杧果、鳄梨（产于热带）、木菠萝（菠萝蜜）、山竹果、番木瓜（青果）、红毛丹：感官要求果形完整，新鲜，无变质和腐烂，清洁，基本上无可见的异物，无机械伤。无病虫害、无异味。发育充分，具有适于市场或贮存要求的成熟度。保藏温度一般在 1～13 ℃。

h. 枇杷、杨梅等其他娇嫩水果：感官要求果形完整，新鲜，无变质和腐烂，清洁，基本上无可见的异物，无机械伤；无病虫害、无异味。保藏温度一般在 0～3 ℃。

（6）速冻食品。速冻食品主要有速冻水果、速冻蔬菜、速冻方便食品等。保藏温度一般在 -18 ℃以下。

①速冻水果。速冻水果主要有速冻荔枝、速冻草莓、速冻樱桃等。感官要求果面洁净，不沾染泥土，无不洁物污染；冻结良好，无结霜或粘连；具有产品固有的色泽、形状；具有本品种固有的滋味及气味，无异味；不带有产品本身的废弃部分及外来物质。

②速冻蔬菜。速冻蔬菜主要有速冻叶菜类、速冻豆类、速冻块茎类。保藏温度一般在 -18 ℃以下。

a. 速冻叶菜类：主要有速冻菠菜、青梗菜、白菜、甘蓝、芹菜等。感官要求成品的外观平面形状规则、平滑，厚度均一，棱角分明；单冻产品色泽应符合本产品应有色泽，如鲜绿色、深绿色、白色等，无粘连；块冻产品解冻前色泽鲜亮，冰衣完整，无混浊黄色冰衣，无晦暗；色泽均匀，无黄枯叶、褐变叶及不正常色泽。

b. 速冻豆类：主要有速冻青刀豆、荷兰豆、毛豆、青豆、蚕豆等。感官要求单体散冻，无粘连、结块、冰霜现象；产品呈鲜绿色、呈深红色的各品种应有色泽；色泽均匀，无发黄、褐变及不正常色泽；无风干荚；无虫体及虫蛀伤产品。

c. 速冻块茎类：主要有速冻甜玉米、芋仔、甘薯、牛蒡、土豆、薯条、大姜、莲藕、胡萝卜、白萝卜、青萝卜、魔芋、蒜米、山药、辣根、芦笋、蒜薹等。感官要求单体散冻、无粘连、结块、冰霜、复冻等现象；正常时应有色泽；无风干、失水、冰衣脱落等现象；无斑点粒、片、条、块；无畸形粒、块、条；无虫体及虫蛀伤产品。

d. 速冻方便食品：主要有速冻蒸、煮食品，油炸食品，熏烤食品等。感官上要求外观形态轮廓清晰，大小均匀，不破、不裂，产品表面不允许有明显冰晶存在；无异味、无杂质。

（二）按热状态分

易腐货物按热状态不同，可以分为冻结货物、冷却货物和未冷却货物等三类。

1. 冻结货物

冻结货物是指经过冷冻加工成为冻结状态的易腐货物。冻结货物一般应在 -18 ℃下贮藏或运输，其中超低温冻结货物（如金枪鱼）则要求在更低的温度（如 -50 ℃）贮藏和运输。

2. 冷却货物

冷却货物是指经过预冷处理后货物温度达到贮藏或运输温度范围之内的易腐货物。冷却货物的贮运温度，除香蕉、菠萝为 $11 \sim 15$ ℃外，一般在 $0 \sim 7$ ℃。

3. 未冷却货物

未冷却货物是指未经过任何冷冻工艺处理，完全处于自然状态的易腐货物，如采收后以初始状态提交运输的瓜果、鲜蔬菜等。

（三）按销售形态分

易腐货物按销售形态，可以分为散装货物、预包装货物。

1. 散装货物

散装货物，又称"裸装"货物，是那些没有进行包装即进行零售的货物。散装货物因节省了烦琐的包装，降低了货物的价格，且买多买少随意，很受消费者欢迎，无论在商场超市，还是在集贸市场，均随处可见。散装易腐货物主要包括面食、肉食、腌制品、糕点等，品种繁多。

目前，散装货物管理不规范问题逐渐引起人们的关注。在一些商场、超市，散装食品裸露在外，消费者可用手直接触摸、随意挑拣，甚至当场"品评"。但是，消费者在选购时，也无从知道这些没有外包装的散装食品到底是由谁生产的，在什么地方生产的，由哪些成分组成，它们的配料及其来源是什么，有无添加剂、生产日期、保质期等情况。由于商品质量难以辨别，也给少数不法经营者以可乘之机，致使散装食品市场鱼龙混杂。在个别地方甚至成为管理的"盲区"，导致隐患不断，问题频频。

2. 预包装货物

预包装货物是指预先定量包装或者制作在包装材料和容器中的货物，包括预先定量包装以及预先定量制作在包装材料和容器中并且在一定限量范围内具有统一的质量和体积的分类及基本属性标志的货物。预包装货物克服了散装货物易受污染、无法定量和无法辨识的缺点，是易腐货物冷链物流提倡的货物形态。

二、易腐货物控制原理与方法

（一）食品腐败变质控制原理

控制食品腐败变质的控制原理：

1. 防止微生物污染；

2. 杀灭微生物，如高温杀菌、微波加热和辐射杀菌；

3. 控制微生物繁殖，如低温冷藏、冷冻；减少食品水分，提高食品渗透压，使用防腐剂。

（二）食品腐败变质控制方法

1. 低温保藏的方法

低温保藏包括冷藏和冷冻两种方法，其中冷冻的温度一般要达到 $-18\ ℃$ 以下。

2. 低温保藏的原理

低温可以降低或停止食品中微生物的增殖速度，还可以减弱食品中一切化学反应过程。

3. 对冷藏冷冻工艺的卫生要求

（1）食品冷冻前，应尽量保持新鲜，减少污染。

（2）用水或冰制冷时，要保证水和人造冰的卫生质量相当于饮用水的水平；采用天然冰时，更应注意冻冰水源及其周围污染情况。

（3）防止制冷剂（冷媒）外溢。

（4）冷藏车船要注意防鼠和出现异味。

（5）防止冻藏食品的干缩。

对不耐保藏的食品，从生产到销售整个过程中，应一直处于适宜的低温下，即保持冷链。

4. 高温杀菌

温度影响微生物生长。大多数细菌在食品中的最适生长温度为 $28 \sim 45\ ℃$，有些细菌在 $20 \sim 25\ ℃$ 下能迅速生长。在高温作用下，微生物体内的酶、脂质体和细胞膜被破坏，原生质构造中呈现不均一状态，以致蛋白质凝固，细胞内一切代谢反应停止。

在较冷的环境中，细菌繁殖迟缓。在冰箱中冷藏（最适温度为 3 ℃，最高温度为 10 ℃）能预防或减缓微生物生长。在这些条件下，仅少数微生物能够繁殖，在冷冻条件下，大多数活细胞不能再生。沸腾和巴氏杀菌能在几分钟内杀死细菌，但是不能破坏有耐热性的孢子或毒素。这就是烹饪后食品应该立即食用的原因所在。

5. 脱水与干燥保藏

这是常用的保藏食品的方法。其原理为将食品中的水分降至微生物繁殖所必需的水分以下。水分活度在 0.6 以下，一般微生物均不易生长，食品有稳定的货架期，因为此时微生物不能生长，但微生物仍残存于其中。这意味着只要脱水食品的水分含量增加，就必须像对待新鲜食品一样，注意防止（残存）微生物的生长。

6. 食品腌渍

腌渍（如盐腌、糖渍等）可以增加食品的渗透压，使微生物因失水而代谢停止。提高酸度即提高食品的氢离子浓度，也可以提高渗透压，如可向食品中加酸或加乳酸菌进行酸发酵。

7. 化学添加剂保藏

一些化学添加剂可以对微生物细胞产生抑制作用，抑制微生物的生长繁殖。

8. 食品的辐射保藏

辐射保藏是利用高能射线的作用，使微生物的新陈代谢、生长发育受到抑制或破坏，从而杀死或破坏微生物的代谢机制，延长食品的保藏时间。这种方式使食品营养素损失较少。因剂量不同，辐照保藏有三种方法：辐照灭菌、辐照消毒、辐照防腐。

三、冷链配送食品安全保障

（一）加强监管力度

针对我国冷链物流目前的状况，国家已经建立健全冷链物流的法律法规。现如今，我国已经建立从生产加工到流通消费的全过程监管机制、社会共治制度和可追溯体系，健全从中央到地方直至基层的食品药品安全监管体制。因此，对物流作业流程的监管力度要加强，用法律来监控物流过程中的所有行为，制约不法商贩的不良行为，让食品安全真正有保证。

（二）严格遵守冷链食品行业标准

国家制定了严格的行业标准，使冷链物流的所有环节都有章可循。冷链物流作业的流程需要严格的把关和监控，良好的作业习惯则是物流作业人员必须具备的素质，操作时必须穿御寒衣，规范操作动作，尽量减少冷库门开关的频率等。建立一个安全的供应链体系，在采购作业时，和上游供应商协商，确保食品从源头开始就是安全的，还要控制采购量，避免食品过期等问题。验收作业时，要检验产品的中心温度，以及保质期，如果不符合标准，验收人员应该予以拒收。储位规划要考虑到食品的周转率，做到先进先出。仓储管理时，控制好温度，分组管理商品，有些商品需要特殊处理，如表面需要包冰衣的商品要定时喷水。理货作业时，要事先规划好，以便及时出货。运输和配送作业时，一定要注意冷藏车内的温度是否保持在规定的范围内。

不同类别的食品冷链物流环节有不同的注意事项，操作的时间、方法等都要规范，如乳制品一般要在早晨、晚上或夜间运输，容器必须装满盖严，严格消毒，严禁中途停运。速冻食品对贮藏运输要求严格，必须在 –18 ℃以下。冷冻冷藏类食品在物流作业过程中，都应配备温控仪，监控温度的变化，控制物流作业环境和时间。物流作业过程要谨慎细心，尽量避免坏货的发生，确保让消费者吃到健康、安全、放心的食品。

（三）大力建设冷链物流设备

冷链物流设施设备的建设应该大力加强。2014 年中央一号文件提到，加快发展主产区大宗农产品现代化仓储物流设施，完善鲜活农产品冷链物流体系。对于冷链物流企业来说，开发引进先进的设备是至关重要的。所有的冷链装备包括冷库、制冷机组、货架、叉车、监控产品都必须达到一定的标准。冷库作为冷链物流的节点，要自备发电机，以防突然停电。严格限制危险制冷剂——氨的注入量。货架要经过特殊处理，防止钢架倒塌。搬运设备也要经过特殊处理，如堆垛机的液压油要耐低温等。新引进的制冷设备一般都可以达到规定的温度，但是年代长久的冷冻冷藏设备难免会出现这样那样的问题，因此制冷设备必须在一定的期限内更新换代，这样才能保障食品安全。对于存在安全问题的设备要及时淘汰，以免带来安全隐患。

冷链技术的创新是不容小觑的。在今天这个物联网时代，网络互联、RFID、远程无线监控系统以及传感器应用技术等新技术都将发挥不可替代的作用。这些技术能够对货物进行温度监控,做到物流全过程的监管,从而保证食品新鲜。各种先进的冷链技术不断创新和引进,冷链物流将逐渐走上正轨。

任务二:冷链配送监管

一、冷链配送监管的必要性

冷链物流实际上是近年来随着供应链的不断优化和客户需求的不断变化而形成的。它的出现主要是为了满足人们需要收购和销售高品质食品、医药和生物制品等产品的需求。此外,与新兴经济体和发展中国家的贸易不断增长,人们对这些产品的需求量也不断增加,而且市场的品种和数量也不断增加。

冷链物流不仅满足了现代人们对高品质产品种类的需求,也有助于物流供应链的全球化和一体化。要想保证冷链物流产品的质量,就必须要实施冷链配送监管。

(一)维护产品品质和安全

在温度、湿度、氧气和二氧化碳等参数的控制下,冷链物流可以确保产品质量和安全。在食品和医药等方面尤其重要,一旦食品和药品存储或运输过程中发生质量问题,可能会危及人们的健康和生命。

(二)提升供应链的整体效率

冷链物流在物流供应链中的运用,可以降低产品的损耗率,增加货品的周期、批量、品种,提高效益,降低成本,节约运输时间,使得供应链更加高效。

(三)加强了食品安全监管

随着国家食品安全意识的提高,冷链物流的发展逐渐变得突出。采取冷链物流,食品在运输和储存过程中始终保持在合适的温度和湿度环境下,在保证品质的同时,也可以更好地监管产品的流向和安全性。

(四)推动农村经济的发展

冷链物流的发展可以带动农村经济的发展。借助物流技术手段的提升,农产品可以更快地流向市场，实现市场营销和经济价值的最大化。

二、冷链配送监管计划

（一）加强冷链物流全链条监管

1. 完善冷链物流监管体制机制

建立统一领导、分工负责、分级管理的冷链物流监管机制，进一步明确各有关部门监管职责，强化跨部门沟通协调，加大督促检查力度。严格执行农产品、食品入市查验溯源凭证制度。加快物流行业信用体系建设，建立冷链物流从业单位和人员信用信息档案，完善守信激励和失信惩戒机制。

2. 推进冷链物流智慧监管

引导企业按照规范化标准化要求配备冷藏车定位跟踪以及全程温度自动监测、记录设备，在冷库、冷藏集装箱等设施中安装温湿度传感器、记录仪等监测设备，实现各环节数据实时监控和动态更新。加快区块链技术在冷链物流智慧监测追溯系统建设中的应用，提高追溯信息的真实性、及时性和可信度。推动海关、市场监管、交通运输等跨部门协同监管和数据融合，依托进口冷链食品追溯监管平台、冷藏冷冻食品追溯系统形成全链条追溯体系，提升冷链监管效能。

3. 强化冷链物流检验检测检疫

围绕主要农产品产销区、集散地、口岸等，优化检验检测检疫站点布局，加强检验检测检疫设施建设和设备配置。鼓励有条件的地区率先布局建设区域田头快检小站。完善应急检验检测检疫预案，实行闭环式疫情防控管理，防范非洲猪瘟、禽流感等疫情扩散风险。完善广州、泉州、珠海、黑河、深圳、天津、上海等进口口岸城市疫情防控措施，建立多点触发的监测预警机制。建立健全进口冻品集中监管制度，健全进口冷链食品检验检疫制度，压实行业主管部门责任，加强检验检疫结果、货物来源去向等关键数据共享，建立全程可追溯、全链条监管体系。加强国家级、区域性食品安全专业技术机构冷链物流检验检测检疫能力建设，支持物流企业建设快检实验室，推动各地冷链产品检验检测检疫信息互通、监管互认、执法互助。

（二）提高冷链运输服务质量

1. 强化冷链运输一体化运作

依托骨干冷链物流基地、产销冷链集配中心，大力发展公路冷链专线运输、干线运输。试点开行铁路冷链班列,推动粮食、牛奶、冻肉等品类通过铁路运输,提升铁路冷链市场规模。探索开通荔枝等特色农产品冷链航空绿色通道和高铁冷链专列。推动冷链物流干线运输与区域分拨配送业务高效协同,构建干支线运输和两端集配一体化运作的区域冷链物流服务网络。

2. 大力发展冷链物流多式联运

鼓励国家骨干冷链物流基地完善吊装、平移等换装转运专用设施设备,加强自动化、专业化、智能化冷链多式联运设施建设。推进港口、铁路场站冷藏集装箱堆场建设和升级改造,重点推进铁路货场建设,发展冷链集装箱公铁联运。鼓励现有多式联运公共信息平台拓展完善冷链物流服务功能,培育冷链多式联运经营人。提升中老、中欧班列冷链物流服务水平,增强国际冷链联运组织能力。积极推动各城市参与西部陆海新通道公铁海联运冷链物流业务。依托枢纽机场,大力发展面向高端生鲜食品、医药产品的航空冷链物流,加强冷链卡车航班建设。

3. 推动冷链车辆通行更加便利

鼓励各地市加快统一城市配送冷藏车辆标志标识,对统一标志标识的冷链城市配送车辆,以及需在限行区域通行的新能源、民生保障冷链运输车辆,优先发放通行许可。探索实施城市配送车辆分时、错时、分类通行和停放措施,合理规划设置中心城区商业区、居住区、大型公共活动场地等区域专用卸货场地和道路范围内配送车辆的临时停车泊位,在不影响正常交通的前提下允许冷链运输车辆进行不超过30分钟的停靠装卸作业。

(三)推进冷链物流数字化、智能化、绿色化发展

1. 加快数字化发展步伐

开展数字化冷库试点工作,推动冷链物流全流程、全要素数字化。鼓励冷链物流企业加大温度传感器、温度记录仪、无线射频识别(RFID)电子标签及自动识别终端、监控设备、电子围栏等设备的安装与应用力度,推动冷链货物、场站设施、载运装备等要素数据化、信息化、可视化,实现对到货检验、入库、出库、调拨、移库移位、库存盘点等各作业环节数据自动化采集与传输。

2. 统筹信息化平台建设

支持冷链公共服务管理平台建设,加强与全国农产品冷链流通监控平台对接,引导更多冷链企业纳入平台管理,加强冷链全过程温湿度、定位轨迹监测预警,完善冷链数据采集、认证、查询、溯源等功能。依托数字供销平台,加快智慧冷

链信息服务、冷链运输配送、冷链资源整合三大平台建设。鼓励骨干企业搭建市场化运作的冷链物流信息平台，整合区域冷链货源、运力、库存等市场供需信息，提供冷链车货匹配、仓货匹配等信息撮合服务，促进冷链物流业务一体化发展。推动专业冷链物流信息平台间数据互联共享，打通各类平台间数据交换渠道。加强对冷链物流数据资源的开发利用，充分挖掘数据要素潜力。

3. 提高智能化发展水平

鼓励企业加快传统冷库等设施智慧化、国产化改造升级，打造自主可控的自动化无人冷链仓，加快运输装备更新换代，加强车载智能温控、监控技术装备应用。推动冷库"上云用数赋智"，基于国产基础软硬件环境，加强冷链智慧仓储管理、运输调度管理等信息系统开发应用，优化冷链运输配送路径，提高冷库、冷藏车利用效率。

4. 推动绿色低碳发展

推进冷链设施设备节能改造，推行合同能源管理、节能诊断等模式。逐步淘汰老旧高能耗冷库和制冷设施设备。鼓励新建冷库等设施利用自然冷能、太阳能等清洁能源，严格执行国家节能标准要求。加快淘汰高能耗和国三及以下排放标准的冷藏车，适应城市绿色配送发展需要，鼓励新增或更新的冷藏车采用新能源车型。鼓励使用绿色低碳高效制冷剂和保温耗材。

任务三：冷链配送追溯体系

一、冷链配送追溯体系概述

（一）冷链配送追溯体系含义

冷链配送追溯系统是指对冷藏冷冻食品从产地、运输、仓储到销售整个环节的信息进行跟踪记录和管理的系统。冷库的温湿度监控、温度报警等设备，以及冷库内部的管理软件都是实现冷链信息追踪的手段，而利用RFID技术建立的冷链物流信息系统则是将上述手段整合在一起的一种解决方案。

（二）冷链配送追溯体系分类

冷链物流重要产品需要建立了完善的社会化追溯体系、企业内部追溯体系和政府监管体系。

1. 社会化追溯

大众关注的是社会化追溯体系，农产品和各类食品是与大众生活息息相关的产品，需要在完善的企业内部追溯体系和政府监管体系的基础上，根据老百姓对产品保真、保质、溯源的市场需求，利用产品编码系统及手机扫码等手段，实现方便的扫码即追溯。

2. 企业内部追溯

对于冷链物流而言，企业内部追溯是非常重要的。产品的入库、在库、出库、运输、配送等各个环节的温度需要实时记录，并且相关记录应保存两年以上。企业应该针对自己的具体情况，制定符合本身实际情况的内部控制制度，明确每个环节的职责和操作流程。制度应当制定明确的、具体的任务、步骤、标准，确保业务流程的规范化和真实性。

对于内部的可追溯性，人员管理也是非常重要的一点。企业应对员工进行培训，提高员工的业务水平和管理能力，培养员工的诚信和责任意识。此外，企业还应建立一套高效的激励和惩罚机制，激励员工提升内部控制水平，惩罚员工的违规记录、违规处理等不当行为。

3. 政府监管体系

现如今，为实施追溯管理，构建监管体系，多个城市的政府部门建立了"食用农产品监管平台"，将产业链条完整、具备全程可追溯管理系统和质量安全控制体系健全的生产主体纳入追溯管理，涵盖肉、蛋、奶、菜、果等食用农产品主要品类，创新提出"生产主体责任+在线检测+政府监管"三位一体数字化追溯管理模式。

真正的追溯系统必须建立在企业内部追溯体系之上，国家可以制定标准，要求企业必须按照标准要求建立完善的内部追溯体系，该体系既是企业内部管理体系，其中的重要数据又是政府监管对象，必须自动接入政府监管系统后台，由于是实时自动接入，数据无法造假，政府也不需要专门维护平台，需要监管检查时打开数据即调出监管数据与图表，可以按照数据一查到底。此外，政府要求系统内全程冷链系统必须把产品保真、保质关键数据实时附加在产品编码上，让老百姓用手机一扫码即可追踪与追溯。

(三) 追溯的编码技术

1. 编码技术重要性

编码是给事物或概念赋予代码的过程，产品编码是给产品赋予代码的过程。编码让产品有了身份证，是追溯的基础。

产品代码化过程是实现信息化的基础，是物理产品计入信息系统的身份。代码是表示特定事物或概念的一个或一组字符，这些字符可以是数字、字母和所有便于人和机器识别与处理的各种符号，如一维码、二维码、EPC码（electronic product code，产品电子码）等。

2. 产品编码标志体系分析

产品标识体系由编码过程和解码过程组成。标识体系的核心是标志，通过编码标示和识别完成标识；标示是将代码化信息计入载体，以便于识别；识别是对标志信息进行采集、处理和分析，实现对物品进行描述、辨认、分类和解释的过程；标识需要载体，如条码、二维码、磁卡、IC卡、RFID芯片等；标识需要能够被自动感知和自动识别。

二、冷链配送追溯体系工作任务

(一) 加快追溯平台建设

1. 建设国家指挥平台

国家指挥平台由市场监管总局开发建设，定位为指挥预警。平台通过"异构识别"机制，依据各地现有工作基础，在不统一制定标准、不统一编码赋码、不改变各地系统的情况下，实现追溯信息省际互认互通。

2. 优化完善省级平台

省级平台定位为追溯信息管理和公共服务，帮助重点冷链食品生产经营者实现信息化追溯和数据对接。由各省（自治区、直辖市）市场监管部门负责建设或在原有追溯信息化系统基础上进行优化改造，并按照统一数据对接规程接入国家级平台。北京、天津、辽宁、上海、江苏、浙江、福建、山东、广东、重庆等有条件的省份已于2020年12月中旬完成建设改造和试运行，2020年12月底前实现与国家平台对接。

3. 实现企业数据对接

按照属地管理原则,各省(自治区、直辖市)市场监管部门应当会同有关部门制定发布省级平台接口标准规范,指导督促重点冷链食品供应链各个企业与省级平台对接追溯关键信息。

(二)广泛推广应用

1. 全面摸清底数

各地要对重点冷链食品进口商、生产经营企业、第三方冷库、农产品批发市场入场销售者、商场超市、生鲜电商和餐饮企业等进行排摸,全面掌握底数和实际情况。

2. 明确主体责任

重点冷链食品生产经营者应当按照《中华人民共和国食品安全法》以及《食品药品监管总局关于发布食品生产经营企业建立食品安全追溯体系若干规定的公告》《市场监管总局关于加强冷藏冷冻食品质量安全管理的公告》等要求,严格执行进货查验、出厂销售记录等制度,建立食品安全追溯体系。生产经营企业应当及时、准确记录每批次重点冷链食品的检验检疫信息、业经消毒的证明、货物来源去向和数量、位置等关键数据。

3. 加强培训指导

各地要加强对重点冷链食品生产经营者的培训指导,引导重点冷链食品生产经营企业进行自我承诺,落实专人联络。

(三)强化信息通报和应急处置

1. 强化信息管理

各地要重点核查重点冷链食品生产经营企业进出库台账记录、索证索票情况,指导相关生产经营者准确填写、记录数据信息,及时报告发现的问题。各地海关要与市场监管部门对接重点冷链食品进口相关信息,实现信息共享和校验,具体实现方式由海关总署和市场监管总局研究确定。

2. 实现追踪溯源

为了控制冷链食品质量,国家建立和完善了一套食品安全可追溯系统,从生产、加工、销售到消费者终端,通过特殊的硬件设备共享信息,为最终消费者服务。在这种可追溯系统的整个过程的覆盖下,一旦出现问题,可追溯系统可以快速响应,获取问题产品的生产、流通整个过程的信息,进行调查和定位,确定问题的根源，然后有针对性地解决问题。可追溯系统在冷链食品中的应用则主要表现在应用食品溯源码上。

冷链食品溯源码完整地记录了冷链食品的流通过程，如进货检验记录等。根据溯源信息的完整性，冷链食品溯源系统对不同品类的冷链食品赋不同颜色的溯源码。红码是指该冷链食品的可追溯信息严重缺失，不得进入市场交易；黄码即冷链食品的可追溯信息普遍缺失，应谨慎购买；绿码即冷链食品的可追溯信息符合要求。

三、冷链配送追溯体系要求

（一）冷链配送追溯体系工作要求

1. 快速精准追溯

鼓励企业采用信息化手段自动识别产品信息，实时反映重点冷链食品关键信息，实现正向可追踪，逆向可溯源，发生问题时产品可处置、原因可查清、风险可管控。

2. 严格信息发布

各省级市场监管部门要加强信息审核，确保数据真实准确。未经省级市场监管部门许可不得擅自发布冷链食品追溯相关信息。针对突发情况及人民群众关注度较高的新闻事件和舆情热点，会同相关部门通过公告、召开新闻发布会等形式及时回应。

3. 确保信息安全

按照"必要性""需要时"和"最小限度"原则访问和获取企业追溯信息数据，科学设置访问权限，保护企业商业秘密，进行必要的脱敏处理。

4. 加强组织领导

各省（自治区、直辖市）联防联控机制要落实疫情防控属地责任，强化进口冷链食品输入风险防控措施，建立相关部门协作机制。按照国务院联防联控机制有关文件要求，加大投入保障和工作力度，组织精干力量集中攻坚、专班推进追溯平台建设。有关工作情况将纳入食品安全工作评议考核。

（二）冷链配送追溯体系卫生管理要求

1. 基本要求

（1）应配备与冷链食品生产经营相衔接的冷库、运输工具或其他符合冷链食品储存温湿度要求的设施设备。冷库、运输工具等设施设备应配置温湿度监测、记录、报警、调控装置，监控装置应定期校验并记录。设施设备应易于清洗、消毒、检查和维护。

（2）冷库应具备配套的制冷系统或保温条件缓存区的封闭月台，同时与车辆对接处应有防撞密封设施。冷库门应配备限制冷热交换的装置，并设置防反锁装置和警示标识。

（3）运输工具厢体应使用防水、防锈、耐腐蚀的材料，厢体内壁应保持清洁卫生，无毒、无害、无污染、无异味。应定期对运输工具的冷藏性能进行检查并记录。

（4）应建立与储存、运输相配套的信息化系统，信息化系统应有储存、运输管理相应的模块。

（5）需温湿度控制的食品在物流过程中应符合其标签标示或相关标准规定的温湿度要求。

（6）当食品冷链物流关系到公共卫生事件时，应及时根据有关部门的要求，采取相应的预防和处置措施，对相关区域和物品按照有关要求进行清洗消毒，对频繁接触部位应适当增加消毒频次，防止与冷链物流相关的人员、环境和食品受到污染。

2. 交接

（1）交接环境应符合食品安全要求，并建立清洁卫生管理制度。

（2）交接时应检查食品状态，并确认食品物流包装完整、清洁，无污染、无异味。

（3）交接时应确认食品种类、数量、温度等信息，确认无误后尽快装卸，并做好交接记录。

（4）交接时应测量食品外箱表面温度或内包装表面温度，并记录；如表面温度超出规定范围，还应测量食品中心温度。

（5）交接时应严格控制作业环境温度并尽量缩短作业时间，以防止食品温度超出规定范围，如无封闭月台，装卸货间隙应随时关闭厢体门。

（6）交接时应查验运输工具环境温度是否符合温控要求。入库和配送交接时，还应查验全程温度记录；出库交接时，还应查验在库温度记录。当温度或食品状态异常时，应不予接收。

（7）当食品冷链物流关系到公共卫生事件时，应进行食品外包装及交接相关用品用具的清洁和消毒。

3. 运输配送

（1）运输工具应保持清洁卫生，应建立清洁卫生消毒记录制度，定期对运输工具清洁、消毒。运输工具不得运输有毒有害物质，防止食品被污染。当食品冷链物流关系到公共卫生事件时，应增加对运输工具的厢体内外部、运输车辆驾驶室等的清洁消毒频次，并做好记录。

（2）应根据食品的类型、特性、季节、运输距离等选择不同的运输工具和运输路线，同一运输工具运输不同食品及多点装卸时，应根据产品特性，做好分装、分离或分隔，并存放在符合食品储存温度要求的区域。

（3）装货前应对运输工具进行检查，根据食品的运输温度对厢体进行预冷，并应在运输开始前达到食品运输需要的温度。

（4）运输过程中的温度应实时连续监控，记录时间间隔不宜超过10分钟，且应真实、准确。

（5）当运输设备温度超出设定范围时，应立即采取纠正行动和应急措施，并如实记录超温的范围和时间。

（6）运输过程中运输工具应采取安全措施，如铅封或加锁等。运输过程宜保持平稳，装卸时应行动迅速、轻拿轻放，并尽量减少车厢开门次数和时间。

（7）配送前应确认食品物流包装完整，温度符合要求。

（8）需冷冻的食品在运输过程中温度不应高于 $-18\ ℃$；需冷藏的食品在运输过程中温度应为 $0\sim10\ ℃$。

4. 储存

（1）冷库的温度显示、区域划分标识应清晰规范，并做好温度记录，确保准确、真实，记录间隔时间不超过30分钟。

（2）冷库温度记录和显示设备宜放置在冷库外便于查看和控制的地方，温度传感器或温度记录仪应放置在最能反映食品温度或者平均温度的位置，建筑面积大于100平方米的冷库，温度传感器或温度记录仪数量不少于2个；应建立库房温度记录保存制度。

（3）当冷库温湿度超出设定范围时，应立即采取纠正行动和应急措施，并如实记录超过的范围和时间。

（4）不同品种、规格批次的产品应分别堆垛，防止串味和交叉污染。储存的食品与库房墙壁间距应不少于0.1米，与地面间距不少于0.1米。

（5）冷库机房应24小时不间断运行并有应急措施。

（6）冷库作业区应建立清洁卫生制度，并建立记录机制。当食品冷链物流关系到公共卫生事件时，应加强对货物转运存放区域、冷库机房的清洁消毒频次，并做好记录。

（7）需冷冻的食品储存环境温度应不高于$-18\ ℃$，需冷藏的食品储存环境温度应为$0 \sim 10\ ℃$。对于有湿度要求的食品，还应满足相应的湿度储存要求。

5. 人员和管理制度

（1）应符合GB 31621—2014的相关规定。

（2）从事食品冷链物流各环节工作的人员，应接受运输、储存、配送、交接及突发状况应急处理等相关知识和技能培训，具备相应的能力，并有明确的职责和权限报告操作过程中出现的食品安全问题。

（3）应建立食品运输、储存、配送、交接等环节温湿度及操作要求制度。

（4）应建立有效的风险控制措施及应急预案。

（5）当食品冷链物流关系到公共卫生事件时，应按照有关部门的要求，加强人员健康管理，根据岗位需要做好人员健康防护。

6. 追溯及召回

（1）应符合GB/T 37029—2018的相关规定。

（2）当食品冷链物流关系到公共卫生事件时，对受污染的食品应按照有关部门的要求进行处置。

7. 文件管理

（1）应符合GB 31621—2014的相关规定。

（2）文件保存期限应不少于食品保质期满后6个月；没有明确保质期的，保存期限应不少于2年。

（3）当食品冷链物流关系到公共卫生事件时，应按照有关部门的要求执行。

四、数智赋能下的食品安全追溯管理

（一）RFID与食品安全追溯管理

为保证食品安全，人们原来采用的各种技术在实际应用中存在成本过高、标准不统一、数据安全和隐私保护不理想、企业信息化程度不高和技术开发落后等主要问题。RFID技术问世以后，在食品的生产、加工、运输、仓储、销售等各个供应链环节具有广泛的应用价值，相应地解决了上述问题。

1. RFID的工作原理

RFID俗称电子标签，是非接触式的自动识别技术，可通过射频信号自动识别目标对象并获取相关数据。RFID技术具有防水、防磁、耐高温、使用寿命长、读取距离远、标签上数据可以加密、存储数据容量大、存储信息更改自如、可识别高速运动物体并可同时识别多个标签、操作快捷方便等优点。其应用给物流、零售等产业带来革命性变化。RFID系统一般由四个部分组成，即电子标签（tag）、读写器（reader）、RFID中间件和RFID应用系统软件。

RFID的工作原理是将读写器通过发射天线发送一定频率的射频信号；当标签进入发射区域内时产生感应电流，标签获得能量被激活，并向读写器发送自身编码等信息；读写器接收到载波信号后进行解调和解码，然后送至后台信息网络系统进行处理。系统识别该编码所标识物体的信息，并根据系统设定的要求做出处理，从而实现对该物品的管理和监控。

2. RFID在食品供应链安全领域的应用

近年来，食品安全事件频繁发生，严重威胁消费者的身体健康，引起了人们的广泛关注，也影响了食品行业的健康、持续、稳定的发展。如何保证食品供应链的安全，已成为一个迫切需要解决的全球性课题。传统的对食品品质检验的方法存在管理滞后、效率低下和较高的出错率等问题。国际上食品安全控制体系有ISO系列、良好操作规范和HACCP体系等，但是这些控制体系主要是针对食品供应链上单个环节的内部活动的控制，缺少将整个食品供应链全过程的信息衔接起来的手段。

利用RFID技术建立安全食品供应链体系可以有效解决以上问题。RFID系统可提供食品供应链中食品与来源之间的可靠联系，确保到达超市货架及厨房的食品的来源是清晰的，并可追踪到生产企业甚至是动物、植物个体及具体的加工操作人员。RFID是一个100%追踪食品来源的解决方案，因而可回答用户有关"食品从哪里来？中间经过哪些环节？中间处理环节情况如何？"等问题，并给出详尽、可靠的回答，可有效监控食品安全问题。RFID解决方案可确保食品供应链的高质量的数据交流。

3. 食品供应链中的安全与追溯

要实现食品安全，就需要食品供应链各环节实现无缝衔接，达到物流与信息流的统一，从而使供应链处于透明的状态。将 RFID 技术应用于食品供应链，首先是建立完整、准确的食品供应链信息记录。借助 RFID 对物体的唯一标识和数据记录，将食品供应链全过程中的产品及其属性信息、参与方信息等进行有效的标识和记录。基于这一覆盖全供应链、全流程的数据记录和数据与物体之间的可靠联系，可确保"农场到餐桌"的食品来源清晰，并可追溯到具体的动物个体、农场、生产企业、操作人员，或者流通加工的任何中间环节。

（1）生产（种植、养殖）环节。在养殖业方面，在养殖产品活体身上加装 RFID 电子标签，可将牲畜、水产品从养殖开始到养殖结束的所有信息进行记录，包括来源、品种、喂料信息、用药信息、疾病及治愈状况等。养殖场不仅可以监控养殖产品的健康状况，追查养殖产品患病或死亡原因，还可以利用 RFID 实现养殖产品的选育、繁殖、喂养等过程的科学管理。在农作物种植方面，使用 RFID 的田间伺服系统。田间伺服系统可将农作物品名、品种、等级、尺寸、净重、收获期、农田代码、田间管理情况（土壤酸碱度、温湿度、日照量、降雨量、农药使用情况）等信息进行记录，实现科学种植。在食品生产的源头使用 RFID 电子标签，可为食品原料追溯提供源头数据，并为后续环节使用 RFID 提供物质基础。这不但保证了食品原料在源头上的安全，而且可以实现科学生产和管理。

（2）加工环节。加工企业在读取食品原料上的产地 RFID 信息后，可根据其中的信息进行分类分级处理，确定食品加工方法、流程、参数及产品的形式，并将成品加工工艺及参数、加工工序员、加工时间、食品添加剂使用情况、保质期、储藏要求、包装重量和方式等数据写入电子标签。将批次管理变成单件实施管理，增加了生产加工过程的透明化。RFID 技术也可以用于对食品加工工位的确定和控制，保证对产品的精确加工。

（3）流通环节。在食品的流通环节中，温度、湿度、光照度、震动程度等因素对食品品质影响很大，记录、分析这些数据在流通环节就显得十分重要，企业首先读取电子标签的信息，根据其信息内容决定食品的运输方式、运输设备、运输条件、运输要求、仓储方式、仓储条件及仓储时间等。在运输方面，在必要的环节安装集成了温度、湿度、震动程度等多种传感器的读写器设备，实时记录食品在流通环节的环境条件的变化信息。例如，安装在车门后的读写器每隔一段时间就会读取车内食品货箱的电子标签信息，连同传感器信息一起发送至食品安全管理系统中记录。利用 RFID 标签和沿途安装的固定读写器跟踪运输车辆的路线和时间。日本 NTT 公司开展了使用 RFID 技术保持酒质新鲜的试验，通过监控运输过程中的温度变化来掌握米酒的品质变化。北美最大的食品服务营销和分配组织 Sysco 公司已经完成低温储运系统的无线射频和传感系统测试，表明 RFID 技术在食品运输过程中具有监控温度和环境条件的能力。

在仓储方面，在仓库进口、出口安装固定读写器，对食品的进、出库自动记录。很多食品对存储条件有较高的要求，利用 RFID 标签中记录的信息能迅速判断食品是否适合在某仓库存储，可以存储多久。仓库中的集成传感器的读写器按照一定时间间隔读取标签信息和记录环境信息，在出库时，利用 RFID 系统甚至可以改变传统"先进先出"的评估方法，根据流通中环境信息进行综合判断，安排更有可能变质的食品先发货，使库存管理更科学合理。另外，利用 RFID 还可以实现仓库的快速盘点。

（4）食品销售、消费环节。在此环节，零售商通过食品上的电子标签的信息，获得食品在生产阶段、加工阶段、流通环节的信息，做出产品销售的时间、地点、方式、价格等决策，对产品实行准入管理，并往电子标签中添加相关记录。收款时，利用 RFID 标签比使用条形码能够更迅速地结算货款，减少顾客等待的时间。

①保质期管理。食品一旦超过保质期或者变质，标签就会发出警告，以便零售商尽快将其撤下货架。Fresh Alert 公司将温度传感器和定时器内置于 RFID 标签中，从而能够在食品腐烂无法食用时发出信号。

②补货管理。零售商可根据仓库和零售终端对 RFID 信息实时更新，RFID 系统还可以使生产商、零售商了解食品的畅销、滞销情况，实现及时地补货，不仅改善库存，而且能对市场做出快速反应，满足消费者的需求。

③跟踪和追溯管理。跟踪（tracking）是指从供应链的上游至下游，跟随一个特定的单元或一批产品运行路径的能力。例如，对于水果蔬菜等农产品而言，跟踪是指从农场到零售店 POS（point of sale）跟踪蔬菜、水果的能力。追溯（tracing）是指从供应链下游至上游识别一个特定的单元或一批产品来源的能力，即通过记录标识的方法回溯某个实体的来历、用途和位置的能力。对于水果蔬菜等农产品而言，追溯是指从零售店 POS 到农场追溯蔬菜、水果的能力。由于食品的生产、加工、运输、存储、销售等环节的信息都存在 RFID 标签中，消费者、

监督部门可以通过有效的途径获得电子标签上的有关食品供应链所有环节的信息。若发生食品质量安全事件，则可以通过该系统快速了解相关食品的流转情况，确定发生问题的环节，界定责任主体，并及时采取召回措施，尽可能地减少消费者和企业的损失。

（二）蔬菜可追溯系统

随着物联网的发展，其技术也被广泛应用到农业生产的各个环节中，目前有些蔬菜生产企业打着绿色蔬菜的旗号，但消费者并不能看到其蔬菜是不是真正的绿色食品。有了物联网，消费者可以通过应用安装在厨房中的点菜机，把所需的蔬菜信息发送给生产厂家，厂家会把新鲜的蔬菜送上门；蔬菜送到家后，消费者可以通过上网查询蔬菜包装上的条码，就能了解这棵蔬菜从种子到采摘的全过程。基于物联网的蔬菜可追溯系统，具有高度自动化的特点。目前基于该方案开发的蔬菜可追溯系统在国外已经得到广泛的应用，国内的部分蔬菜企业也有使用。

1. 系统概述

智能农业系统通过实时采集温室内温度、土壤温度、二氧化碳浓度、湿度信号以及光照、叶面湿度、露点温度等环境参数，自动开启或者关闭指定设备。系统可以根据用户需求，随时进行处理，为设施农业综合生态信息自动监测、对环境进行自动控制和智能化管理提供科学依据。系统通过模块采集温度传感器等信号，经由无线信号收发模块传输数据，实现对大棚温湿度的远程控制。

为提高蔬菜追溯效率，降低蔬菜跟踪、监控成本，通过记录蔬菜生产企业的生产、定位、跟踪、监控、销售等全过程，基于物联网的蔬菜可追溯系统可给出一种基于RFID和Internet技术的蔬菜可追溯系统的物联网设计方案。

在物联网相关技术方面，国内目前在无线传感器网络的软件方面也取得了相应的突破，在国外的操作系统基础上，开发自己的中间件软件。国内研究机构在理论研究方面，如对无线传感器网络协议、算法、体系结构等方面，提出了许多具有创新性的想法与理论。

2. 系统架构及作用

基于物联网的蔬菜可追溯系统采用了无线射频身份识别和二维码技术，每棵蔬菜上都贴上二维码，不管蔬菜卖到哪里，消费者都可以查到蔬菜的来源。蔬菜可追溯系统主要由蔬菜识别、信息处理/控制/跟踪、PML服务器、本地数据库服务器、业务系统五大模块组成。它们的作用分别如下。

（1）蔬菜识别。蔬菜识别系统的核心是蔬菜的编码和识别。由于每棵蔬菜的条形码都有唯一编码，不管蔬菜卖到哪儿，只要输入蔬菜的编号，就可以对蔬菜进行跟踪和监控。所以，基于RFID或二维码标签的蔬菜可追溯系统，采用EPC码作为蔬菜的唯一标识码，标签由芯片和天线（antenna）组成，每个标签具有唯一的产品电子码。

EPC码是为每个物理目标分配的唯一的可查询的标识码，其内含的一串数字可代表蔬菜类别和蔬菜（身份标识码）、生产日期和产地等信息。同时，随着蔬菜的销售转移或变化，这些数据可以实时更新。通常，EPC码可存入硅芯片做成的电子标签内，并附在被标识蔬菜上，以被信息处理软件识别、传递和查询。

（2）信息处理/控制/跟踪。跟踪信息处理/控制/跟踪模块是系统的核心功能模块，它通过数据采集接口、信息处理、蔬菜跟踪和监控3个接口同其他功能模块进行交互，从而实现蔬菜的自动处理。

（3）专用服务器。这种服务器主要为蔬菜生产厂家创建并维护的服务器，它可以提供蔬菜的详细信息，如蔬菜类别和ID、生产日期和产地等信息，并允许通过蔬菜的EPC码对蔬菜信息进行查询。

（4）本地数据库服务器。本地数据库服务器主要用于存储数据采集和处理接口获得的蔬菜信息，以便在业务系统中查询和维护。例如，用户可以通过手机或无线PDA或Web客户端随时随地查询蔬菜的当前状态。

3. 系统开发平台

系统运用Internet环境进行开发。系统服务器端操作系统选用Linux，主要技术为JavaEE和使用Java语言编程，数据库系统选用Oracle llg。

4. 关键技术

蔬菜可追溯系统的关键技术简要介绍如下。

（1）RFID电子标签编码组成。为了确保蔬菜处理的完整性，系统对每棵蔬菜上的标签都进行了唯一编码。编码由3位蔬菜类别码和10位蔬菜ID码、10位生产日期码、4位生产地码、4位生产厂家码、4位销售地码、10位销售日期码、4位销售企业码及6位序列号组成。在蔬菜销售前，每棵蔬菜都贴上一个RFID标签。

（2）RFID中间件的设计。根据标签ID表示方法以及中间件的定义，RFID中间件的功能模块应该包含如下几个功能模块：读写器接口模块、逻辑读写器映射模块、RFID 数据过滤模块、业务规则过滤模块、设备管理与配置模块、上层服务接口模块。其中，读写器接口模块用于中间件与 RFID 读写器的数据通信，主要有获取 RFID 数据以及下达设备管理模块的读写器指令。设备管理与配置模块用于调整 RFID 读写设备的工作状态，配置相应的读写器接口参数等。逻辑读写器映射模块用于将多个物理读写器或者读写器的多条天线映射成为一个逻辑读写器。

（3）RFID 数据采集过滤方法设计。RFID 采集的原始数据量非常大，在实际应用中，根据具体的配置不同，每台读写器每秒可以上报数个至数十个不等的电子标签数据，如重复多次扫描同一个电子标签，但其中只有少部分是对用户有意义的、非重复性的数据，这样大量的数据如果不经过处理而直接使用，很有可能会造成运行速度过缓或误读数据的现象。

（三）肉品质量追溯管理系统

目前，我国牲畜屠宰行业技术管理水平落后，覆盖牲畜养殖、屠宰、加工、流通和消费等环节的全过程监管体系尚未形成，对肉品质量安全构成了较大隐患。肉品质量信息溯源系统将养殖、屠宰和肉品加工、运输、批发、零售等纳入肉品供应链全程在线监管，使政府部门有限的监管人员对需要监管的环节进行远程管理和监督。消费者在购买肉制品时也能对其进行查证和比对。

1. 系统设计

肉品质量安全信息追溯管理从牲畜养殖环节入手，通过不同形式的 RFID 标签和供应链业务人员 RFID 身份卡的实时信息绑定，分别向下游批发和零售环节通过移动无线通信技术自动地链接质量信息和进行数据的上传下载，实现从牲畜养殖到肉品零售终端相关信息的正向跟踪，同时实现了肉品零售终端到牲畜养殖相关信息的逆向溯源。

2. 工作流程

（1）养殖环节。牲畜出生后将佩戴 RFID 电子耳标，关联牲畜的上辈信息，在养殖过程中通过 RFID 手持机将饲料信息、防疫信息、用药信息、环境信息等写在牲畜耳标上，并上传到食品安全平台数据中心。

（2）屠宰环节。屠宰前首先要查"三证"，并进行成品检验。合格的肉品绑定射频识别溯源标签，在出厂时获取的肉品代码与 RFID 溯源一体机获取的下游销售商的 RFID 身份卡信息自动关联。同时，一体机也与电子秤连接获取重量，一体机打印出具溯源系统肉品交易凭证。

（3）批发环节（滑轨交易系统）。在滑轨交易系统中读取肉品的溯源标签，并与滑轨挂钩信息自动关联，称重后关联上下游经营者信息，并打印交易凭证。下游销售商、团购单位和个人在肉品批发交易市场获得批发市场交易凭证。

（4）零售环节。在农贸市场、便民肉店等零售终端进行销售，专用电子秤读取RFID标签数据以后再称量每块切割猪肉时，其打印的销售小票上可标注肉品识别码，同时将每次称重数据上传到每个农贸市场管理方的服务器。在超市大卖场内应用溯源一体机可以方便地与政府数据中心信息对接备案，同时将RFID肉品标签转化为低成本的二维码不干胶标签提供给消费者作为零售溯源凭证。

（5）溯源管理。在肉制品交易过程中，经营者或最终消费者都将获得肉制品溯源标签，其中包括溯源代码。经营者或者消费者可进行质量信息追溯查询，即可了解所购买猪肉的养殖场地、屠宰加工场地、检验检疫等信息。

（6）政府监管。在共用一个数据中心的省、市、县三级业务管理平台下，商务、农委、工商、质检、卫生等政府部门工作人员可以随时通过互联网按各自权限进入系统查看整个流程的运行状况及与本部门有关的肉制产品情况。

任务四：冷链"最后一公里"

一、冷链"最后一公里"的重要性

随着我国电子商务面向大物流时代的到来，"最后一公里"所蕴含的商业价值越来越明显。其中，生鲜电商产品的冷链配送模式的有效性和顾客满意度的高低，最终决定于末端冷链物流的服务质量。

目前，主要发达国家和地区，如北美、欧洲和日本的果蔬冷链流通率是95%，而肉禽产品冷链流通率已经是100%了；而国内的生鲜水产品、普通肉类和蔬菜水果的冷链流通比率分别是23%、15%和5%，冷藏运输比率则分别为40%、30%和15%，还有很大的提升空间。另外，统计资料数据显示，发达国家和地区的蔬菜水果产品的总体损失率均在 6% 以内，而国内蔬菜水果等农副产品经历了采摘、存储和运送等环节后，损失率已经高达 25%～30%，每年全国光水果一项腐烂近 1 200 万吨，蔬菜则是 1.3 亿吨，造成超过发达国家三倍的一千亿元的巨额经济损失。

冷链物流"最后一公里"的品质配送，对于实现全程冷链以及提升企业形象有着重要的意义。"最后一公里"物流配送是唯一与顾客直接联系的物流环节，存在配送成本高、效率低等问题，极大地制约了整个物流配送的效率。面对这一难题，各大公司也在相继探索提升"最后一公里"物流配送效率的途径，以改变单纯依靠人力送货的局面，如淘宝的菜鸟驿站、京东的无人机，但也都存在一定的局限性。

（1）以电商为例，探讨和尝试建立针对不同 B2C 生鲜电商和消费者需求的配送模式，可以让电商企业向消费者提供特色产品与个性化的服务，以区别于其他竞争者，从而提高竞争力，增加用户黏性，最终扩大销售额；还可以使物流企业进行产业升级，通过提升服务细分度，建立合理高效的冷链配送机制，从细节着手提供更高质量的服务，获取更多的附加值，从而摆脱陷入价格战等初级竞争阶段的纠缠，在提升自身品牌价值的同时更好地保证、促进电商发展，形成一个双赢的良性发展局面。

（2）建立和整合冷链配送的机制，有利于为广大的网络购物体验者提供更优质的服务和高质量的产品。不论是阿里巴巴的"大物流"战略，还是沱沱工社的自建冷链物流配送体系，都需要尽快改变目前冷链物流在终端宅配方面面临的瓶颈问题。无论是从开拓产品角度，还是提供更多的服务选择角度，物流企业和电商企业都希望使网购客户真正体验到网络带来的快捷、有效、个性化的服务，从而相互促进，蓬勃发展。

（3）"最后一公里"的冷链配送将有利于开辟一条更具盈利前景的物流企业盈利模式，从另一个角度促进了物流企业向集约化和协同化发展。目前，大城市的劳动力成本越来越高，越来越多的物流企业在不断压价维持客户，但看似饱和的网购经济，其实还有着巨大的提升空间。无论是提高服务质量还是改进终端配送管理，都将为中小物流企业在激烈的竞争的市场中获得一席之地。

二、"最后一公里"物流配送现状及发展趋势

(一)"最后一公里"发展现状

目前,电商物流末端配送主要是以人工送货为主,但也相继有新的配送方式出现并推广,呈现出物流配送方式多样化的趋势。物流企业主要有以下几种末端配送方式。

1. 人工送货

人工送货就是快递员驾驶小型电动车进行送货,以短信或电话的方式通知收货人在具体的时间、地点取货。但这种配送方式受时间、地点限制较大,且存在返货配送情况,以及受交通、天气影响较大,准时性得不到保证,一般以配送员时间为准,成本较大。

2. 自提

自提主要出现在城市小区和大学校园,以自提柜和自提点的形式存在。由于其不受时间限制,用户可以随时取货,从而缓解了配送压力。缺点是若自建,前期投入成本较大;若以加盟方式建设,加盟商户类型复杂,且一般是副业经营,服务质量难以保证。但是,从整体上看,这种配送方式具有明显优势,效果显著,因此有望成为现阶段的主流配送方式。

3. 众包

由于众包这种方式整合了有业余时间的人力资源,实现点对点的配送,完美避开了接单量不均衡的问题,不仅节约了配送时间,也使配送区域扩大,但也由于配送人员来源广泛而复杂,人员管理难度大,以及存在货物、人员安全方面等问题。在未来,众包只能应用于短途配送。

4. 无人机

目前,无人机仍处于试运行阶段,将投用于我国农村末端物流的配送。这种方式由于利用了无人机的飞行优势,能够轻易突破山地阻碍,解决了偏远地区的送货问题。但是由于无人机本身承重的局限性,只能运送小型包裹,且有关管理条例还不明确,也存在使用安全等问题,所以目前只是丰富了现有的配送方式。

(二)"最后一公里"物流配送存在的问题

1. 配送成本高

"最后一公里"物流配送是一种小批量多批次的配送,加之配送地点分散,耗

费的人力、装卸搬运成本较多，配送需求存在差异，车辆存在不满载和空载返程的情况，耗费成本较多。此外，如遇收货人无法及时取货，配送员甚至会返送，造成二次配送成本。

2. 时效性差

目前的末端物流配送一般是由配送人员凭经验选择路线并进行配送，存在着极大的主观性，不准时率高；由于部分地区配送量小，货物一般会在配送站点停留一段时间，形成一定规模之后才进行配送，配送周期长。

3. 服务质量差，顾客满意度低

一方面，配送员服务意识不强，存在对顾客的服务态度差的情况。比如，当顾客不能及时取货时，配送员会不断地以电话或短信方式催促顾客取货，甚至有时会因为言语不当而发生口角争执；另一方面，由于配送时间延迟、货物受损等情况发生，使得顾客期望值降低。

（三）"最后一公里"物流配送问题原因分析

1. 物流系统不完善

硬件方面，配送车辆没有统一车型，没有健全的车辆技术标准，各种车辆混杂，缺乏管理；软件方面，缺乏运输IT系统的应用，缺乏具体物流信息的跟踪，对货物在道路上的情况十分模糊，且仍停留在人工选择路线的阶段，无法及时调整路线和应对各种不确定因素。

2. 配送需求的不确定性

由于末端配送广且分散，各个区域配送需求存在差异，以及电商促销影响，导致配送车辆会出现不满载或供不应求的情况。加之，基础资源投入有限，缺乏预测，缺乏事先准备计划，对需求弹性的反应不是十分灵活，进而使配送时间受到限制，配送成本大幅增加。

3. 配送人员的逐渐流失

由于配送工作强度大，薪资水平不稳定，保险等福利得不到保障，许多配送人员纷纷转行，给以人工送货为主的末端配送业务造成了人力资源流失，使得许多货物不能得到及时配送，进而造成了延迟送货等问题出现，整个服务质量下降。

三、数智赋能在"最后一公里"的技术应用

(一) 数智赋能配送模式的设计内容及要点

数智赋能配送系统不仅能自动识别配送信息,对配送信息做出自动预警,还能对配送路径的优化进行智能管理。它开创了一种全新的物流智能配送模式,使物流配送效率得以有效提升,物流配送成本大幅下降。

具体来看,数智赋能配送模式的设计内容及要点包括功能设计、GIS 设计、配送管理信息系统、RFID 分拣系统和读写器设置。

数智赋能配送系统必须能自动识别配送信息,能够自动识别需要分拣的货物,并从多个层面对其进行检验,如库位、货架、货物信息是否对应,分拣货物信息与便携式读写器提示的信息是否一致等,同时在提货、送货环节要对货物进行自动检验。

数智赋能配送系统必须能对配送信息进行自动预警。如果在货物分拣、提货、送货环节发现问题货物,如货物分拣错误、货物数量与订单要求不符等,系统要做出自动预警。

数智赋能配送系统必须能对配送路径优化进行智能管理。如果提货、送货地点发生变化,系统必须及时调整物流配送路线,并以配送评价为依据对配送班线、配送站点、配送成本、配送路径进行智能优化,使其实现实时更新。

(二) 数智赋能冷链配送技术

1. GIS 设计

GIS 设计是以 GIS 为基础增加一些与配送作业联系紧密的功能,或以配送企业的作业需求为依据对 GIS 专业版本进行设计、开发。具体来看,物流配送作业的 GIS 设计必须满足五项功能,分别是信息查询功能、数据维护功能、辅助决策功能、配送路线设计与调整功能、配送评价功能。

2. 配送管理信息系统

配送管理信息系统的功能是向各站点发送配送信息,根据订单查询各站点的配送能力,向其发送配送指令,汇总并反馈配送信息。该系统由七个模块组成,分别是货物信息管理模块、订单管理模块、配送路线信息模块、配送事故管理模块、货物交接管理模块、配送业务结算管理模块、客户评价反馈管理模块。

3. RFID 分拣系统

RFID 分拣系统借助 RFID 对货物的出库品种与数量进行指示,达到货物分拣快速、准确的目的。

现阶段,RFID 分拣系统有两类。

一类是 DPS。在库位、货架、货物 RFID 标签准确对应的前提下,一旦货物出库信息通过系统传到相应的 RFID 电子标签上时,标签就会发出信号,让拣货人员快速找到货物。

另一类是 DAS。工作人员为每位客户的每个储存位添加 RFID 电子标签,然后使用读写器将货物信息录入系统,一旦货物出库信息通过系统传输到下单客户储存位分拣货物所在的 RFID 标签上时,标签就会发出信号,让拣货人员快速找到货物。

在数智赋能配送系统中,为货物贴 RFID 标签的目的是提升货物分拣效率,对提货、送货环节进行检验,对市区配送班线专车进行检查。所以,以 DPS 和 DAS 两种分拣系统的特点为依据,RFID 标签贴放有两种方式:一种是在库位、货架、货物上贴放 RFID 标签,另一种是在客户存储位及货物上贴放 RFID 标签。其中,第二种方法能更好地为货物集中的大客户服务,有效提升客户存放货物位置的查询效率。在库区内,该标签是客户信息的唯一标识,在货物分拣、查询的过程中,通过将客户存储标签与货物标签一一对应,能对货物分拣的准确性做出有效判断。

另外,为了能更好地对配送班车进行检查,配送企业可以在配送班车上贴放 RFID 标签。配送班车检查的主要内容是是否符合市区内车辆通行要求等。现如今,随着智慧物流项目不断开展,配送班车逐渐成为各个配送企业的共有资源,所以,为配送班车贴放 RFID 标签不仅能满足配送班车的检查要求,还能实现班车资源的优化配置。

4. 读写器设置

读写器有两种,一种是固定式读写器,一种是便携式读写器。固定式读写器一般设置在班车停靠点,读取车辆信息、班车时间、运行时间等班车信息。同时,固定式读写器还能将班车实际运行情况与运行计划进行比较,将班车的出入信息展示出来,发现其中的错误,进行改进。

便携式读写器设置有几种情况,如在叉车、手推车等库存管理设备上安放读写器，在配送车辆内安放车载读写器，为操作人员配备手持读写器等。

（三）数智赋能技术在冷链配送中的应用实践

随着经济发展，人们的收入水平不断提升，有车族的人数越来越多，城市交通拥堵问题愈发严重，且城市交通情况瞬息万变。在现代城市配送过程中，如何将物品及时准确地配送给客户是一大难题。

在物联网技术与实时通信系统的作用下，配送车辆之间可实时通信，以做到快速配送、准时配送。为此，物流企业可以在配送车辆中安排主车辆和附属车辆，主车辆和附属车辆可以实时通信，主车辆接受指挥中心的调配，根据交通情况实时调整运行线路。在接收到线路调整指令后，主车辆指挥其他附属车辆优化道路选择，实现准时配送。

如果在配送途中主车辆与配送管理中心失联，主车辆就可以自行根据实时路况选择合适的配送线路，指挥其他的附属车辆按照最优线路配送货物，让货物实现准时配送。在这种情况下，主车辆必须拥有强大的信息处理能力和与附属车辆通信的能力。物联网及其他信息技术的迅猛发展让城市快速配送有了实现的可能，对未来的城市配送产生了极其重要的影响，使城市配送效率大幅提升，使在城市交通拥堵情况下的物流配送难题得到了妥善解决。

继互联网之后，物联网必将再次引发一场世界级的信息革命。所以，我国当下要紧抓这一机遇，重点发展物联网技术，构建协调统一的物联网标准，推动物联网产业实现规模化发展，为未来的发展奠定良好的基础。物联网在物流行业的应用有着广阔的前景，但过程比较曲折。在其他领域应用物联网出现的问题同样会出现在物流领域，结合物流行业的特点，物联网在物流领域的应用大概会出现以下5个问题。

（1）完全识别问题。电子标签无法做到完全识别，物流过程中很多商品因为电子标签无法识别被淘汰，导致企业损失严重。

（2）成本问题。条形码标识的成本只有几分钱，电子标签的成本是其10倍，成本较高。

（3）标准化问题。目前，世界范围内还没有形成统一的物联网标准，使物联网发展受到了严重制约。

（4）传感器功耗问题。

（5）安全问题。

随着物联网技术的迅猛发展，上述问题都能得到有效解决，为物联网在物流领域的大规模应用提供有效支持。

对于整个数智赋能配送项目来说，工作包是最初级的可交付成果，是整个项目的基础和关键执行点。在数智赋能配送项目执行的过程中，工作人员要对各个工作包的完成情况进行评估与检验，具体内容包括配送管理业务流程描述、项目需求分析与功能设计是否正确，标签贴放是否符合要求，读写器安装是否符合设计方案，固定式读写器与便携式读写器联调系统运行是否正常，软件系统后台数据库的更新是否与实际操作情况相符等。

数智赋能配送项目验收也分为两部分。一是在项目实施过程中，对各种设备质量的达标情况进行检验，主要包括标签的完整性是否符合要求，读写器能否顺畅地接收信息，配送管理信息系统及 GIS 的实现是否与需求说明书相符等内容。二是在项目实施后，对项目功能与项目预期目标的实现情况进行检验。

（四）众包：以信任为基础的高效配送模式

随着移动互联网向诸多传统行业的不断渗透，越来越多的企业开始和消费者实现无缝对接，同城配送及"最后一公里"配送订单迎来爆发式增长，这给几乎满负荷运转的传统物流企业带来了巨大的挑战。自建物流的成本压力也使诸多企业望而却步。于是，建立在信任基础上的众包物流模式逐渐成为打破同城配送困境的关键所在，并借着"互联网+"在冷链物流行业掀起的巨大浪潮，吸引了创投界的广泛关注。

1. 人人快递：以众包同城配送为切入点的电子商务信息服务平台

人人快递借助顺路捎带的众包物流模式，充分利用社会中的闲置运力资源，在为兼职人员带来一定收入的同时，帮助商家扩大了覆盖范围，突破了区域、人力配置等方面的限制，使其产品能够在短时间内到达消费者手中。

借助人人快递移动端，货主可以快速、高效地在平台上发布订单，那些提供兼职配送服务的"自由快递人"将就近抢单，从而为货主及时高效地完成运输任务。在众包物流模式中，所有人都可以成为"自由快递人"。为了有效应对"自由快递人"难以监管的问题，人人快递要求兼职人员必须进行实名认证、拍照存档、绑定银行卡等认证工作。

2. 达达：为 O2O 行业提供"最后一公里"物流配送服务

达达是一家通过众包物流模式为商家提供"最后一公里"配送服务解决方案

的物流平台。2016年4月，京东集团宣布京东到家与达达合并。合并后，京东集团将拥有新公司47.4%的股份并成为单一最大股东，新公司将包含两大业务版块：众包物流平台及超市生鲜O2O平台。其中，众包物流平台将整合原有达达和京东到家的众包物流体系，并继续使用"达达"品牌；O2O平台则继续沿用"京东到家"的品牌。

2016年10月，新达达配送平台获得沃尔玛战略投资3.36亿元人民币，双方将建立全面深度战略合作，将整合各自在O2O到家服务、物流和零售领域的优势，共同打造中国领先的生鲜商超线上线下相结合的零售模式。达达物流官方公布的数据显示，目前达达平台中的兼职自由快递人总规模已经达到了数十万人，并建立起了较为科学完善的服务质量监管机制。

截止到2018年3月，达达配送平台已经覆盖全国360多个重要城市，拥有300多万达达骑士，服务80万商家用户和3 000万个人用户，日单量峰值超过400万单，累计融资近7亿美元。其生鲜商超O2O平台京东到家，包含超市便利、新鲜果蔬、零食小吃、鲜花烘焙、医药健康等业务，覆盖北京、上海、广州等22个城市，注册用户超过3 000万。

3. 闪送：为用户提供全程可监控的直送服务

北京同城必应科技有限公司旗下的闪送上线于2014年，创始人薛鹏担任CEO（首席执行官）一职。以智能交通及快递配送分享为核心的闪送，专注于为广大货主提供优质、高效、安全的私人物品及加急件配送服务。

闪送平台中的配送人员"闪送员"主要是兼职人员，凡是年满18周岁的法定公民都能报名参加，闪送在经过一定的筛选后将会对符合条件的报名者进行培训。这些闪送员在为货主提供服务时，需要出示记载了他们详细信息的工作证件"闪送服务卡"，而取件、收件时，人们可以使用闪送提供的独立密码获取货物并查询相关信息。

4. 京东众包：携手如风达力推众包服务，实现同城快速送达

通过自建物流崛起的电子商务企业京东对于自建物流的高成本问题有着深刻的认识，其对众包物流有着巨大的期望。京东通过与落地配公司如风达进行战略合作，为京东旗下的众包物流创业公司京东到家提供完善的众包物流服务解决方案。

作为京东到家衍生应用产品的京东众包以众包物流模式为核心，吸引社会中

具备闲置运力资源的兼职人员，为京东到家平台用户提供优质配送服务。当然，京东众包在招募兼职配送人员上也设置了一些条件，如必须年满18周岁、具备完全民事行为能力等。此外，这些配送人员需要向平台缴纳一定的保证金，并完成平台的考核任务。现阶段，京东众包的主营业务是为京东到家平台用户提供三千米内的同城生鲜产品配送服务。

四、"最后一公里"配送的改进建议

（一）提高运输IT系统、GPS的使用率

具体为运输IT系统可以针对具体的配送车辆，自动规划出最优的配送路线，设计出合理的时速，提前规避交通拥堵，实现路径优化，准时到达取货点。同时，GPS有效跟踪货物在路上的情况，及时调整车辆配送计划。

（二）统一包装规格，进行车辆配积载，提高车辆满载率

具体可以使用一些重复使用的包装材料，在物品分类的基础之上，针对不同重量、体积的物品，制定不同的包装规格，使得包装更加标准化，方便装车和配载。

（三）利用物流需求预测模型进行配送需求预测，有效地促进资源对接

具体可以运用时间序列、回归分析等预测方法，预测配送区域的快件量，再结合配送地的人员、设备等基础设施情况，合理地调配车辆人员，做到资源有效对接利用。

（四）实行送取结合，保证线路的稳定性

利用供应链管理中的循环取货思想，配送员在送货的同时，可以对揽件点进行收货，使得包裹可以及早地进入运输环节，也可以通过收取重复利用的包装材料的方式，以保证车辆装载率和线路需求的相对稳定。

（五）改变配送人员的薪资结算方式，建立配送人员评价管理系统

具体可以根据货物价值、服务评价、保险等进行薪资结算。同时，建立专门面向顾客的配送人员评价管理平台，让顾客真实评价配送员的服务，以便于其他顾客也能根据服务评价，选择具体的配送员进行配送。

（六）合理进行配送站点、自提点、自提柜的布局

具体为根据地理情况，划分配送区域，再依据平均周转量、交通条件等情况，运用重心法、层次分析法等方法确定选址。同时，针对自提取货，应将自提点布

局在人员活动相对集中的地点，从而有效避免资源浪费。

思考题

1. 易腐物品有哪些？该如何保存？
2. 冷链配送监管系统有必要吗？为什么？
3. 冷链配送追溯体系的最终任务是什么？
4. 冷链"最后一公里"为什么极其重要？

参考文献

[1] 中华人民共和国国家质量技术监督局. 物流术语:GB/T 18157—2001[S]. 北京：中国标准出版社，2006.

[2] 中华人民共和国铁道部. 铁路鲜活货物运输规则[M]. 北京：中国铁道出版社，2009.

[3] 刘佳霓. 冷链物流系统化管理研究[M]. 武汉：湖北教育出版社，2011.

[4] 刘宝林. 食品冷冻冷藏学[M]. 北京：中国农业出版社，2010.

[5] 周山涛. 果蔬贮运学[M]. 北京：化学工业出版社，1998.

[6] 孙杰，司京成，兰洪杰. 北京2008年奥运会食品冷链物流系统研究[J]. 食品科学，2008，29(7):470-478.

[7] 孙金萍. 预冷及转运环节对冷链运输影响的研究[J]. 制冷学报，1997(4):47-51.

[8] 张英奎，徐广军，邹月华. 食品冷藏供应链的质量管理[J]. 中国物资流通，2001(22)：29-30.

[9] 王之泰. 冷链：从思考评述到定义[J]. 中国流通经济，2010，24(9):15-17.

[10] 吕迎春. 基于实时交通信息的多通路冷链配送车辆动态调度优化研究[D]. 大连：大连海事大学，2022.

[11] 中国冷链物流联盟，中国食品工业协会食品物流专业委员会，中外运物流投资控股有限公司. 中国冷链年鉴（2010）[M]. 北京：航空工业出版社，2011.

[12] 梁波. 我国果蔬品冷链物流的流通模式设计及发展对策分析[D]. 长春：吉

林大学，2012.

[13] 杨方. 试论我国冷链物流的建设和发展[J]. 中国商贸，2011(2):146-147.

[14] 毋庆刚. 我国冷链物流发展现状与对策研究[J]. 中国流通经济，2011，25(2):24-28.

[15] 庾莉萍. 加快发展我国冷链物流的思考[J]. 中国农村科技，2012(1):48-53.

[16] 胡从旭. 冷链物流发展探析[J]. 价值工程，2014(30):30-32.

[17] 史海峰，郭瑞红. 安徽省冷链物流的现状及对策[J]. 企业改革与管理，2014(3):22-24.

[18] 孙春华. 我国生鲜农产品冷链物流现状及发展对策分析[J]. 江苏农业大学，2013，41(1)：395-399.

[19] 张克勇，石珂玮. 基于政府-企业双层模型的冷链物流企业低碳配送的优化决策[J]. 中北大学学报(自然科学版)，2023，44(3):193-199，215.

[20] 张泽政，吴昌林，梁江涛. 协同推进相变材料在冷链物流中的应用及其对策建议：基于"双碳"目标的新视角[J]. 沈阳农业大学学报(社会科学版)，2022，24(5):545-551.

[21] 任向阳，闫园园，孟露，等. 考虑时间满意度的医药冷链配送中心选址研究[J]. 全国流通经济，2022(34):8-11.

[22] 张聪，姚佼，黄志锋，等. 基于改进狮群算法的低碳冷链配送中心选址研究[J]. 智能计算机与应用，2022，12(12):36-43，50.

[23] 梁桂云，陈淮莉. 基于NSGA Ⅱ的生鲜品冷链配送联合调度优化[J]. 上海海事大学学报，2022，43(3):28-35，116.

[24] 刘承子，赵棚，刘丽英. 药品冷链配送问题研究及解决措施探讨[J]. 物流工程与管理，2022，44(8):75-77.

[25] 钟园园. 美国专业药房冷链配送如何"全程不掉链"[J]. 中国药店，2022(8):56-57.

[26] 孙新杰，潘水凡，孙国营. 基于BiLG-A-CNN的冷链配送公司评价模型[J]. 六盘水师范学院学报，2022，34(4):98-105.

[27] 李金萍. 考虑客户满意度的A公司果蔬冷链配送路径优化研究[D]. 阜新：

辽宁工程技术大学，2022.

[28] 邓夏彬阳，徐桥猛，李静鹏，等.不同贮藏和配送条件下菜肴的品质动力学研究[J].食品与发酵科技，2022，58(3):48-55.

[29] 姜明月.低碳视角下D超市生鲜农产品冷链配送路径优化研究[D].阜新：辽宁工程技术大学，2022.

[30] 季金震.基于时间窗的多目标冷链配送中心选址研究[J].中国储运，2022(6):114-115.

[31] 解玉蝶.考虑时间窗和碳排放的冷链物流路径优化研究[D].无锡:江南大学，2022.

[32] 周保昌.专业化经营的新零售生鲜冷链智慧物流平台运营模式研究[J].物流工程与管理，2019，41(9)：88-90.

[33] 党潇涵.我国冷链物流发展优化路径分析[J].高铁速递，2020(1)：20.

[34] 中物联冷链委.智慧冷链将重塑物流行业新格局[J].中国食品工业，2021(1)：81-84.